생각은 어떻게 지식으로 진화하는가

생각의 경계

초판 1쇄 인쇄 2014년 1월 10일
초판 1쇄 발행 2014년 1월 20일

지은이 김성호
펴낸이 김남중
책임편집 이수희
마케팅 이재원

펴낸곳 한권의책
출판등록 2011년 11월 2일 제25100-2011-317호
주소 121-883 서울 마포구 합정동 411-12 3층
전화 (02)3144-0761(편집) (02)3144-0762(마케팅)
팩스 (02)3144-0763
종이 월드페이퍼 **인쇄·제본** 현문인쇄

값 15,000원   ISBN 979-11-85237-03-9 03170

국립중앙도서관 출판시도서목록(CIP)

생각의 경계 / 지은이: 김성호. --서울 : 한권의책, 2014
p. ; cm

ISBN 979-11-85237-03-9 03170 : ₩15000

인식론 [認識論]
지식 [知識]

121-KDC5
121-DDC21   CIP2013027981

생각은 어떻게 지식으로 진화하는가

생각 경계
생각의

김성호 지음

한권의책

새로운 생각은 경계에서부터

책의 제목을 무엇으로 할까 많은 고민 끝에 '생각의 언저리'와 '생각의 경계,' 둘 중에서 최종적으로 후자를 제목으로 잡았다. 전자도 마음에 들었지만 '언저리'라는 말이 가장자리 근처라는 뜻이 있다 보니 자칫 바깥쪽에 더 비중이 있는 듯 여겨져 '경계'라는 말을 택하기로 했다. 경계는 두 개 이상의 서로 다른 영역이 만나는 곳이라는 의미인데, 이 책에서 다루고자 하는 내용을 포괄하는 개념이라 보기 때문이다.

졸졸 흐르는 시냇물에도 많은 경계들이 있다. 물고기와 물 사이의 경계, 돌과 물과의 경계, 물풀과 물, 물풀과 강바닥 흙 사이의 경계…. 경계들은 서로 다른 것들이 만나는 지점이다. 이 경계에서 새로운 경계들이 생겨난다. 물속의 돌들을 보자. 돌이 물과 닿은 곳에 이끼가 생긴다. 물고기들이 모여들어 이 돌이끼를 먹는다. 그곳에 물고기들이 알을 낳기도 한다. 이처럼 경계지역에는 늘 새로운 변화가 일어난다.

사람의 생각도 새로운 생각과 만남이 있는 곳에서 변화의 싹이 돋는다. 변화는 다시 새로운 생각을 유발하고, 이러한 생각들이 끊임없이 세상을 변화시킨다. 사람들이 만나는 곳에는 이렇게 눈에 보이지 않는 경계가 발생하고 바로 그 경계선에서 긴장과 궁금증, 호기심, 창의적 발상, 즐거움, 놀라움과 같은 변화가 창출된다.

수학과 통계학에서 훈련받은 필자는 한동안 교육평가 분야에서 연구생활을 하면서 사람의 생각과 지적인 능력을 평가한다는 것이 무엇을 의미하는지를 고민하였다. 그러면서 뇌의 기능에 대해 조금씩 들여다보게 되었고, 지식이라는 것이 뇌에서 발생하지만 뇌에서 그것을 찾을 수 없다는 것에 신비함을 느꼈으며 그래서 조물주에게 감사하기도 했다.

사람이 새로운 것을 배운다는 것은 어떤 현상일까? 같은 대상을 두고 왜 누구는 호기심을 갖고 어떤 사람은 전혀 관심이 없을까? 자기 생각에 갇혀 있다는 것은 무엇일까? 생각의 변화들은 어떤 계기로 생기는 것일까…? 길거리의 수많은 사람들이 각자의 생각을 자유롭게 교류한다면 어떤 변화가 일어날까? 이러한 질문들에 대한 답을 찾아서 독자들과 함께 여행을 하고 싶다. 필자는 자연과학 분야에서 오랫동안 몸담아온 사람이기 때문에 문장이 딱딱하지 않게 하려고 많은 애를 썼지만 편하게 읽힐 수 있을지 마지막 순간까지 자신이 없었음을 고백한다.

필자의 관심분야는 어떻게 하면 조각 정보들을 이용해 더 많은 정보를 얻어낼 수 있을까 하는 것이었다. 이 문제를 연구하는 과정에서 사람이 지식을 축적하는 과정도 이와 매우 유사하다는 사실을 확인할 수 있었다. 그리고 사람이 접하는 지식이 매우 제한적이고 때로는 왜곡된 상태로 얻어질 수 있으며, 이로 인한 부작용이 사람의 생각에 부정적인 영향을 끼칠 수 있다는 데 주목했다. 이러한 제한적 지식 습득이 지식의 형성에 미치는 영향에 대해 곰곰이 생각한 끝에 이 책을 썼다. 이제 독자 여러분의 아낌없는 비판과 의견, 제안을 겸허히 듣고자 한다.

대전 카이스트 교정에서
김성호

경계

새로운 생각을 만나는 지점

존재하지 않는 것을 상상할 수 없다면
새로운 것을 만들어낼 수 없으며,
자신만의 세계를 창조해내지 못하면
다른 사람이 묘사하고 있는 세계에 머무를 수밖에 없다.

: 폴 호건(Paul Hogan)[1]

열대 바닷속의 그림 같은 풍경을 만들어내는 산호초 지대는 바닷속에서 가장 다양한 어류들이 모여 있는 곳이다. 적당한 수온과 햇빛이 있고 해류가 잔잔하게 흐르는 이곳은 수십 종의 해초류와 형형색색으로 다양한 물고기들이 한데 모여 사는 바다의 밀림이다. 물고기들의 먹이사슬이 집중되어 있어 긴장감을 조성하는 곳이기도 하다. 전 세계 해양생물 25퍼센트의 고향이라고 불리는 이 산호초는 바다 전체 면적으로 따지면 0.1퍼센트에 불과하지만 바위와 물, 햇빛, 식물과 동물이 한데 어우러져 지구상에서 가장 아름다운 공생공간을 이룬다.

———. 경계의 안과 밖

두 개 이상의 서로 다른 물질이 만나면 경계면이 생긴다. 흐르는 속도가 다른 물줄기가 만나면 같은 물이라도 역시 경계면이 생긴다. 그 경계면에서 새로운 현상이 생겨난다. 소용돌이가 생기기도 하고 균열이 생기거나 때로 신기한 소리가 나기도 한다. 마찬가지로 사람과 사람이 만나는 경계에서도 갈등이나 새로운 감정과 같은 변화가 생긴다. 긴장감이 생기고 대화를 나누는 과정에서 새로운 사실을 접하기도 하고 상상 속으로 빠지기도 한다.

이 세상의 다양한 생물들은 서로 만나는 곳에서 공생하기도 하고 한 생물이 다른 생물의 먹이가 되기도 한다. 생각이 다른 사람들끼리 만나면 또다시 새로운 생각들이 생긴다. 문화적 배경이 서로 다른 사람들이 어우러져 사는 곳에 가면 독특하고도 다양한 문화들이 새롭게 창출되는 것을 본다. 모두가 경계에서 발생하는 현상들이다.

생각과 생각이 충돌하거나 중첩되거나 엇갈리는 모든 변화가 경계 근처에서 이루어진다. 이러한 경계는 마치 살아서 움직이는 생명체와 같다.

말하고 듣는 모든 과정 속에서 우리는 생각 여행을 한다. 내가 잘 모르는 내용을 들을 때는 오지 탐험을 하듯 묻고 확인하면서 듣고, 내가 말할 때는 내 생각의 일부를 표현함으로써 듣는 사람이 내 생각 속으로 들어오게 한다. 대화를 통해 생각을 공유하다 보면 새로운 생각공간으로 함께 여행하게 된다. 키득거리며 재미있게 생각공간을 누비고 다니다 보면 시간 가는 줄 모른다. 둘 사이에 경계가 없어지고 함께 생각공간을 걸어가게 된다.

낯설고 새로운 것을 접할 때, 우리는 경계에 서게 된다. 예술작품을 감상하는 시간은 내가 생각의 경계에서 새로움을 접하는 시간이다. 이해할 수 없었던 예술작품을 감상하면서 해설가의 설명을 듣다 보면 그 작품이 한층 구체적으로 인식되는 것을 경험했을 것이다. 예술작품은 전혀 생각하지 못했던 상황을 머릿속에 그리고 상상하게 만든다. 예술작품이 나에게 새로운 생각의 경계를 생성시키고 새로운 발상의 단초를 제공하는 것이다.

어린아이들은 눈에 익숙하지 않은 것을 보면 그것을 응시하는 시간이 길다. 시야에 들어온 것이 무엇인지를 관찰하는 것인데, 조사하고 분석하는 것을 목적으로 보기보다는 단지 생소한 것이기 때문에 잘 봐두는 식이다. 그래서 다음에 또 동일한 것을 보면 처음처럼 오랫동안 응시하지 않게 된다. 같은 물건이 반복적으로 보이면 어느 순간부터는 별로 관심을 기울이지 않는다. 그 물건에 익숙한 상태이기 때문이다. 어른들도 낯선 사물을 접하게 되면 오랫동안 관찰한다. 주의를 기울여 들여다보면서, 자신이 알고 있던 것과 어떤 차이가 있는지 등을 살핀다. 이것이 바로 경계에서 발생하는 긴장감이다.

우리에게 익숙한 것은 이미 우리 생각의 경계 안에 들어와 있는 것이다. 경계 안의 사물들은 금방 확인이 가능하고 특별히 주의를 기울이지 않아도 된다. 그러나 낯선 것, 새로운 것, 그러면서 흥미로운 것을 접하면 우리는 긴장하면서 거기에 주의를 집중한다.

새로운 것을 받아들이기 위해서 우리는 늘 생각의 경계면을 맑고 깨끗하게 유지해야 한다. 그렇지 않으면 경계면이 먼지로 덮인 채 생각의 껍질이 두꺼워져서 새로운 생각을 만나기가 어려워진다.

지구가 둥글다는 주장은 뒷받침할 근거가 없다는 이유로 오랫동안 받아들여지지 않았다. 심지어 그러한 주장을 하는 사람들은 기득권 세력으로부터 불이익과 위협을 당하기도 했다. 지상에서 평범하게 사는 사람들은 자신이 밟고 서 있는 땅의 모양이 둥근 것하고는 거리가 있다고 생각한다. 실제로 눈으로 보이는 세상은 끝없이 펼쳐지는 평평한 땅이었으므로 지구가 둥글다는 말은 이해할 수도 받아들일 수도 없었다. 그러나 갈릴레이(Galileo Galilei)는 이런 엉뚱한 주장을 굽히지 않았고 사람들은 그를 미친 사람이라고 손가락질했다. 보통 사람들에게 갈릴레오는 경계 밖 저 멀리에 동떨어져 있는 사람이었다.

내가 바라보는 시점이 멀어질수록 거리의 사람들과 건물들에서 점차 도시로, 육지와 바다로, 푸르고 붉고 하얀색의 지구로, 태양계의 작은 행성으로, 은하계의 작은 점으로 지구가 다르게 보인다. 지구가 다른 것들과 어떤 관계에 있는지 보게 되고, 지구보다는 지구를 포함하고 있는 다른 것들을 더 많이 보게 된다. 거대하다고 생각했던 지구가 이제 우주의 작은 한 점으로 느껴지게 된다. 그렇다면 나는 어디에 있는가? 지구가 우주의 작은 점으로 느껴질 때 나와 지구는 별 관계가 없는 것처럼 느껴질 것이다. 지구를 단지 하나의 행성으로 인식하면 지구 그 자체가 대상이 되어버렸기 때문에 나는 그 지구와는 별개의 존재로 느껴지게 된다.

세상에는 제각각 관심이 다른 사람들이 함께 어울려서 산다. 다른 관심은 또 다른 관심을 유발한다. 이와 같은 관심의 꼬리 물기 현상이 지속될 때 사람들은 다채로운 관심의 폭을 형성하게 되고 그래서 세상은 다양한 생각을 하는 사람들로 가득 채워진다. 이론물리학자이자 도시모형론의 대가인 제프리 웨스트(Geoffrey West) 박사는 창의성과 혁신이 인구수의 1.25 승의 속도로 발전한다는 것을 발견하였다. 즉, 인구 1,000만의 도시는 100

만의 도시에 비해서 10배가 아니라 10의 1.25승인 18배만큼 빠른 속도로 발전한다. 사람이 많이 모인 곳에서는 그만큼 생각의 경계가 다양하게 형성되고, 그러한 경계면들이 각각 새로운 생각의 시발점이 되기 때문이다. 웨스트 박사가 주장한 1.25승 법칙은 사람들의 숫자가 많을수록, 각각의 관심사가 다양할수록 생각의 공유가 그만큼 활발하게 일어난다는 사실을 반증한다.

사람들은 사물을 볼 때, 대화를 할 때, 영화감상을 할 때 자기의 관심사에 따라서 서로 다르게 보고 듣고, 느낀다. 의도적이건 무의식적이건 사람마다 보고 듣고, 느끼는 정도와 내용에는 조금씩 차이가 있다. 이러한 차이는 보고 듣고, 느끼는 순간 이미 시작된다. 내 생각의 깊은 곳에서 잠재된 어떤 요인에 의해서 나만의 방식으로 보고 듣고, 느끼는 것이다.

나만의 방식은 살아가면서 점점 더 강화된다. 좋아하고 관심을 갖는 것에 대한 지식이 깊어질수록 나의 지식은 다른 사람들과 뚜렷이 구별되고, 나의 생각도 다른 사람들과 달라진다. 마치 나무에서 새 가지가 뻗어나와 자라듯이 사람들의 지식과 생각도 점점 다른 사람들과 다르게 각자의 방식으로 성장한다.

───── 아이의 성장과 경계의 변화

아이는 성장하면서 가족과 친구를 알아가고 선생님으로부터 지식을 습득하며 운동과 공부를 통해 경쟁이라는 것이 무엇인지를 경험한다. 아이가 태어나 가장 먼저 배우는 것이 부모와 남을 구분하는 것이다. 부모는 아이를 위해 무엇이든지 해주는 사람이다. 먹여주고 재워주고 안아주고 씻겨주고 가슴을 토닥거리며 자장가를 불러주고…. 아이에게 엄마는 그렇게 해주는 사람으로 인식되었다.

엄마가 자기가 생각한 대로 해주지 않으면 아이는 불안해한다. 이 불안감은 아이가 지닌 생각의 경계를 건드리는 상황이다. 아이가 운다. 엄마가 달려와 안아준다. 이것을 아이는 배운다. 배움을 통해 생각의 경계가 변한다. 그런데 어느 날 아이가 우는데, 엄마가 아닌 다른 사람이 와서 안아준다. "어, 이상하다? 왜 엄마가 안 오지?" 하고 아이는 불안을 느낀다. 이것이 자꾸 반복되면 엄마에 대한 아이의 생각이 달라진다. "내가 울 때 엄마가 안 오고, 이제 다른 사람이 오는구나" 하고 생각을 바꾼다. 이제 다른 사람이 올 것을 알기 때문에 아이는 당황해하지 않는다. 생각의 경계가 변했다. 엄마에 대한 생각이 달라지고, 엄마에 대한 절대적인 기대감이 많이 낮아진다.

그래도 엄마의 목소리를 들을 때가 가장 마음이 편안하고 기분이 좋은 것은 여전하다. 늘 엄마의 목소리가 기다려진다. 유치원에 처음 가서 또래 아이들을 만난다. 선생님도 만난다. 우! 다 낯설다. 싫다. 집에 가고 싶다. 집에서는 다 내 것이었고 친숙했는데, 이곳은 낯설다. 불안하다. 생각해보지 않은 상황들이 나의 생각공간과 맞닿지 않는다.

그런데 선생님이 나를 보고 웃는다. 그리고 안아준다. 나의 눈물도 닦아준다. 그래도 싫다. 어색하다. 엄마가 점심 때 데리러 온다고 한다. "꼭 올 거야" 하고 약속을 받고 엄마와 헤어진다. 선생님이 내가 좋아하는 장난감을 가져다준다. 나랑 같이 놀아주는데 재미있다. 그 선생님과만 논다. 다른 아이 하나가 내 옆에 와서 앉는다. 선생님이 친구와 같이 놀자고 한다. 나는 고개를 끄덕인다. 그 아이랑 같이 놀기 시작한다. 집에서 혼자 노는 것하고 느낌이 다른데 그래도 괜찮다. 선생님이 내가 좋아하는 과자를 하나 준다. 내가 집에서 먹는 것과 똑같은 과자다. 엄마가 가져다준 것이지만 아이는 그것을 알 리가 없다.

아이는 집 밖에도 자기가 좋아하는 것을 주는 사람이 있다는 것을 배운다. 그리고 좋아하는 장난감을 주고 놀아주는 사람이 있다. 이곳에서도 집에서처럼 먹고 싶은 것과 놀고 싶은 것이 있는 곳이라는 걸 아이는 배운다. 생각공간이 그만큼 넓어진다. 이렇게 해서 아이는 친구와의 놀이를 경험하고 선생님의 보살핌을 경험한다. 집 밖에도 나를 좋아하는 사람이 있다는 것을 배우고 친구들하고 어울려 노는 것도 배운다. 좋은 친구도 있지만 내가 좋아하는 장난감을 빼앗아가는 친구도 있다. 친구가 장난감을 빼앗으려 하면 안 빼앗기려고 떼를 쓴다. 울기도 한다. 빼앗기면 다시 가서 빼앗아오기도 한다. 이번에는 그 아이가 운다. 저 친구도 내가 우는 것처럼 운다는 사실을 경험한다. 선생님이 그 아이를 안아주고 달랜다. 어, 선생님이 나만 좋아하는 것이 아니라는 것도 알게 된다. 내 장난감을 빼앗아간 아이를 안아주는 선생님을 보면서 선생님이 엄마하고는 다르다는 것을 깨닫는다. 나만 예뻐해주는 사람이 아니라는 것을 배우면서 선생님에 대한 생각이 변한다. 아이는 이렇게 사회를 배워간다. 생각공간이 넓어지고 생각의 경계가 시시각각 바뀐다.

생각공간이 넓어지고 복잡해지면서 아이는 성장하여 어린이가 된다. 생각공간도 이전과 비교가 안 될 만큼 확대된다. 새로운 자극에 놀라거나 불안해하던 것은 거의 없어지고 궁금증과 호기심이 가득해진다. 궁금증을 풀면 풀수록 새로운 것이 자꾸 알고 싶어진다. 새로운 것들을 접할 때 당황하고 울던 아이는 이제는 끊임없이 질문을 던진다. 생각공간이 급속도로 확장되면서 궁금증의 새순이 지식공간의 나뭇가지에 쉴 새 없이 돋는다.

인도를 위성발사능력 보유국으로 만든 주인공이자 인도 대통령을 지낸 인도 항공우주공학의 태두 압둘 칼람(Abdul Kalam)은 초등학교 5학년 때 선생님과의 만남이 자신을 새로운 세계로 안내해주었다고 회고한다. 선생님이 칠판에 새를 그려주면서 새가 어떻게 날개를 폈다 접었다 하면서 나는지 설명하는 것을 유심히 듣고 비행이라는 것에 관심을 갖게 되었던 것이다. 그날의 수업은 어느 위대한 우주기술자의 인생에 크나큰 전환점이 되었다. 어린 나이에 어떤 것에 관심을 갖기 시작하느냐가 일생에 걸친 지식 형성 방향에 결정적인 영향을 미칠 수 있다.

———•확률에 숨겨진 비밀

자카리 쇼어(Zachary Shore)의 『생각의 함정(Blunder)』[2]에 보면 다음과 같은 이야기가 나온다. 항공우주과학 분야에서 선도적 여성 과학자였던 리타 듀이어(Rita Dwyer)가 1959년 화학물질 폭발사고로 심각한 전신 화상을 입었다. 그녀의 생명을 구해준 사람은 같은 건물에서 일하던 동료 화학자 에드 버틀러였다. 버틀러는 그 폭발사고가 일어나기 며칠 전부터 반복되는 악몽에 시달렸다고 한다. 꿈속에서 폭발이 일어났고, 그는 아래층 실험실로 달려가지만 실험실 문 앞에서 무서워 망설인다. 결국 용기를 내어 문을 열고, 리타 듀이어를 발견해 끌어낸 다음 불을 끄는 꿈이 되풀이되었다. 실제 폭발사고가 일어났을 때 그는 듀이어가 어디에 있는지 정확하게 알고 있었다.

나중에 생명의 은인인 버틀러에게서 꿈 이야기를 들은 듀이어는 과학자의 상식으로는 도무지 믿기지가 않았다. 도대체 꿈이라는 것이 무엇이기에 미래에 일어날 일을 미리 보게 해준단 말인가? 인간의 인지적 사고의 한계를 초월할 수 있는 현상이 꿈에서 가능한 것인가? 그렇다면 어떤 것이 그것을 가능하게 할까? 이런 의문들이 꼬리를 물면서 그녀는 꿈이라는 미지의 세계에 관심을 갖게 되었다. 그녀는 열린 마음을 가지고 꿈에 관한 문헌 자료를 읽으며 미지의 대상을 이해하기 위한 노력을 기울였다. 그녀는 과학이라는 실증적 학문과 꿈이라는 미지의 세계 경계에서 모든 가능성을 열어두고 그 실마리를 찾고 있다.

일반적으로 경계에서의 특징은 무지 또는 불확실성이다. 이러한 불확실성을 우리는 '확률' 또는 '가능성'이라는 말로 곧잘 표현한다. 로또에 당첨될 확률, 내가 좋아하는 야구팀이 오늘 게임에서 이길 확률, 내년에 경기가 좋아질 확률, 시험에서 성적이 오르거나 합격할 가능성, 자녀 또는 가족이 좋은 직장을 잡을 가능성, 내가 50대까지 직장생활을 할 가능성 등 일상 속에서 100퍼센트 확신하지 못하는 불확실의 영역을 해명하거나 미래의 일을 짐작하기 위해 확률 또는 가능성을 흔히 이야기한다. 앞의 꿈 사건에서도 어떤 초능력이 존재해서 듀이어의 사건이 시간을 초월하여 버틀러의 눈앞에 보여졌을 가능성을 생각할 수 있다.

확률 이야기를 하면 약방의 감초 격으로 나오는 이야기가 동전의 앞면이 나올 확률이다. 동전을 던지면 앞면 또는 뒷면이 나올 수밖에 없으므로 동전의 앞면이 나올 확률은 논리적으로 1/2이다. 실제로 동전을 던지는 횟수가 늘어날수록 이 비율이 1/2에 가까워지는 것을 알 수 있다. 그나마 이것은 실험으로 확인이 가능하다. 그렇지만 동전 실험과 달리 내 아이가 나중에 커서 잘살 수 있는 확률, 지구가 향후 100년 안에 거대 운석과 충돌하여 인류가 멸망할 확률, 현재 사귀는 이성친구와 내가 결혼할 확률, 90세 이상까지 건강하게 살 확률 등 실제 확인해볼 수 있는 확률은 의외로 많지 않다.

일기예보도 우리가 일상생활에서 접하는 확률의 대표적인 예다. 비올 확률이 63퍼센트라는 것은 63퍼센트라고 예보한 날이 총 100일이라면 이중 63일은 비가 온다는 의미다. 이 63퍼센트라는 숫자는 어떤 통계적인 모형에서 나왔을 것이다. 여기서 이 통계적 모형이 어떻게 나왔는지를 논하자는 것은 아니다. 그것은 통계학자들의 몫이다.

일상생활에서 접하는 불확실성들을 이렇게 확률로 표현하는 것은 과학적으로 근거가 있는 것일까? 우리는 확률이라는 용어 대신 기대감, 가능성, 신뢰성 등으로 불확실성을 표현할 때가 많다. 사람도 '신용도'라는 것을 매겨서 은행에서 대출할 때 다른 이자율을 적용한다. 즉, '돈을 갚을' 가능성을 고려해서 가능성이 낮을수록 높은 이자율을 적용하는 것이다. 이처럼 불확실성에 대응하는 지수들은 우리 일상생활에 얼마든지 있다. 이 모든 지수들은 일기예보에서처럼 어떤 통계적 모형을 통해 얻어지는 수치다. 확률을 포함한 이러한 수치들 뒤에 숨은 비밀은 무엇일까?

죄수 세 명이 한 교도소에 수감되어 있다. 광복절을 맞이해서 대통령이 세 명 중 한 명을 석방한다고 한다. 교도소장으로부터 이 소식을 듣고 나서 죄수 3은 곰곰이 생각한다. 한 명만 석방한다는 것은 죄수 두 명은 그대로 남게 된다는 의미다. 그래서 어떤 경우건 자기를 제외하고 적어도 한 사람은 남게 된다. 그러니 소장한테 자기 외에 누가 남게 되는지 물어봐도 되겠다고 생각하고 소장한테 묻는다. 비밀을 보장하겠다는 조건으로.

죄수 3의 요청에 소장은 고민한다. 누가 남게 되는지를 알려주는 것이 죄수 3에게 유리한지 불리한지를. 며칠 생각한 끝에 소장이 죄수 3에게 죄수 1이 남는다고 알려준다. 죄수 3에게 유불리가 없다고 판단했기 때문이다. 이 이야기를 전해들은 죄수 3은 뛸 듯이 기뻐한다. 자신이 석방될 확률이 죄수 2와 3 중 한 명이니 1/2이 되었다면서.

교도소 소장이 잘못 생각한 것일까? 아니다. 교도소장이 죄수 3에게 남을 사람 중에서 한 명이 누구인지를 알려주기 전이나 후나 죄수 3의 석방 확률은 동일하게 1/3이다. 죄수 3이 착각한 것이다. 죄수 3은 소장이 어떤 과정을 거쳐서 죄수 1을 말하게 되었는지를 되새겨봤어야 했다. 죄수 3이 석방 대상자라면 소장은 죄수 1과 2 중에서 아무나 한 명을 말하면 되지만, 죄수 2가 석방 대상자라면 소장은 선택의 여지가 없이 죄수 1을 말해야 한다. 더 자세한 설명은 피하겠다. 다만 여기서 중요한 것은 소장이 "죄수 1이 남는다"고 답하기까지의 과정을 구체적으로 생각하지 않고 말한 결과만 놓고 해석하면 확률을 착각할 수 있다는 점이다.

동전의 어느 면이 나올지, 내일 날씨가 어떨지, 죄수 3이 석방될지는 실제 결과가 나오기 전에는 아무도 알 수 없다. 불확실 그 자체다. 확률은 바로 그 불확실성을 표현한 숫자다. 그 숫자는 과학적인 방법으로 나올 수도 있고, 개인적인 경험으로부터 나올 수도 있다. 동일한 미래 상황에 대한 불확실성을 놓고 사람마다 다른 확률 값을 매길 수 있다. 아직 일어나지 않았거나 알려지지 않은 미지의 세계를 어떤 지식으로 메우려고 하느냐에 따라서 서로 다른 불확실성 지수 또는 확률 값들이 튀어나올 것이다.

확률뿐 아니라 일반적으로 숫자로 압축된 것을 구체적으로 들여다보면 우리가 간과하는 것들이 많다는 것을 알게 된다. 물건의 가격, 영화 관람료, 대통령 지지도, 각종 세율, 의료보험료 등이 그러한 예다. 우리는 일상생활 속에서 압축된 것들을 숫자 외에도 무수히 접하고 있다. 누군가와 주고받는 대화는 물론이고 사진, 포스터, 안내문, 광고 등에서도 압축된 표현을 쉽게 찾아볼 수 있다.

압축은 전달의 수월성과 효과의 극대화를 위해 유용한 수단이다. 그러나 압축된 표현은 한편으로 피상적 지식과 오해, 틀린 지식을 낳는 원인이 되기도 한다. 이러한 오류를 피하기 위해 자세한 설명을 포함시키면 전달해야 할 정보의 양이 많아지고 지식의 폭이 좁아진다. 짧은 시간 동안 많은 지식을 효과적으로 전달하기 위해서는 내용을 압축해서 전달해야 한다. 정보를 전달하는 사람들은 효과적으로 압축한 내용을 통해 많은 사람들을 의도한 생각의 경계로 불러들일 수 있다. 언론매체에서 많이 애용하는 방식이다.

이번에는 다음 두 가지의 압축된 표현 사례를 보자.

중국 돼지고기값, 세계 경제의 운명을 쥐다

중국 물가에서 돼지고기 가격의 영향력은 상당하다. 뱅크오브아메리카(BOA) 메릴린치는 중국의 2011년 6월 소비자물가 상승률을 6.3퍼센트로 추정하고 있는데, 그중 1.6퍼센트포인트가 돼지고기 가격 상승 때문인 것으로 보고 있다. 이런 메커니즘 때문에 '중국 돼지고기 가격상승 → 중국 물가 상승 → 중국 긴축정책 강화 → 중국 인민은행의 기준금리 인상 → 중국기업의 수출에 악영향 → 중국 경제 위축과 소비감소 → 세계경제 위축'이라는 연쇄현상을 예상할 수 있다.

또한 돼지고기 가격의 상승을 억제하기 위한 대책으로 미국에서 돼지고기를 수입할 수 있는데, 중국 내 돼지고기 1퍼센트의 공급을 늘리려면 미국산 돼지고기의 수출이 25퍼센트 늘어야 하며, 이것은 미국 내 돼지고기 공급량의 6퍼센트 감소를 의미한다. 이로부터 미국 내 돼지고기 가격의 인상을 예상할 수 있다. (…) 이처럼 중국의 돼지고기 가격인상은 그 파급효과가 세계 경제에까지 미친다는 것이다.

_ 조선일보 2011년 7월 8일자 참고

문학은 할머니가 건네는 손수건

노벨문학상 수상자 헤르타 뮐러(Herta Muller)[3]는 노벨 문학상 수락연설에서 '손수건' 이야기를 했다. 어린 시절, 헤르타가 학교에 갈 때마다 할머니는 손수건을 챙겨주셨다. 그 당시 여느 할머니들처럼 무뚝뚝하셨지만 항상 헤르타를 위해 서랍에 손수건을 준비해놓으셨다. 아침에 할머니로부터 손수건을 건네받는 것이 좋았던 헤르타는 일부러 서랍을 열지 않고 방을 나서곤 했다. 그러면 할머니가 서랍 속의 손수건을 챙겨서 헤르타에게 주셨다.

그런 할머니의 사랑을 받으며 어린 시절을 보낸 헤르타는 문학이 독자들에게 할머니의 손수건과 같은 것이라고 말했다. 외로운 삶 속에서 누군가의 관심과 사랑이 필요할 때, 문학은 할머니의 손수건처럼 훈훈한 인간미를 느끼게 해주는 만남일 것이다.

_ 조선일보 2011년 11월 29일자 참고

이 두 사례에서 보듯이 압축적이고 호기심을 자극하는 제목은 우리로 하여금 제목이라는 문을 열고 그 안을 들여다보게 이끄는 역할을 한다. 짧은 제목이 새로운 지식세계로 우리를 안내하는 경계의 역할을 하는 것이다.

상상과 지식의 확장

초등학생들에게 화성 탐사용 로봇 만드는 과제를 주었다. 다섯 명이서 한 조를 이루어서 어떤 로봇을 만들지를 논의한다. 화성은 지면의 굴곡이 심하니 바퀴보다는 다리로 걷는 로봇이 좋겠다는 의견과 바퀴가 이동에 편하고 안전하다는 의견이 대립되어 신경전을 벌인다. 선생님이 바퀴와 다리의 장단점을 비교해보고 결정할 것을 조언하자 아이들은 몇 가지 장단점을 적으면서 비교한 끝에 바퀴로 결정했다.

학생들이 만들 로봇은 화성에 물이 존재하는지를 조사하기 위해 토양을 채취해서 성분분석 자료를 지구에 보내는 임무를 수행해야 한다. 적당한 크기의 돌을 집어서 로봇의 몸체 안에 옮긴 다음 분쇄해서 성분분석을 하는 것이다. 따라서 로봇의 임무는 적당한 크기의 돌을 찾는 것에서부터 시작된다. 로봇이 돌의 크기를 구별하는 방법을 놓고 학생들의 의견이 다양하다. 팔을 길게 뻗어서 크기를 잰다는 아이에서부터 가까이 가서 만져본다는 아이 등 가지각색의 의견이 나왔다. 아이들은 계속 로봇을 자신의 일부인 것처럼 상상하며 논의한다. 어느새 아이들이 로봇이 되어 있다.

이 광경을 지켜보던 선생님은 아이들이 수학적인 지식을 활용해 문제를 해결하기를 바라지만, 아이들에게는 로봇의 기능을 수식으로 전환하거나 해결방법을 생각하는 것이 쉽지 않다.

이러한 현상은 초등학교 학생들 사이에서만 일어나는 것이 아니다. 어른들도 마찬가지다. 수학자 앙리 포앙카레(Henri Poincare)[4]는 이와 같은 지식의 단절현상을 '과학의 세계와 실제 세계가 방수벽으로 막아놓은 것처럼 단절되었다'고 표현하기도 했다. 일반적으로 사람들은 로봇의 기능개발을 위한 문제를 다룰 때 로봇 그 자체에 더 익숙한 상태에서 생각한다. 로봇의 기능을 개발하는 과정에 수학적인 접근이 필요한 것은 이해가 되지만, 실제로 일반 사람들이 로봇과 수학을 함께 생각하기란 쉬운 작업이 아니다. 로봇과 수학 두 분야에 아주 익숙한 사람이 아니면 로봇과 수학은 별개의 생각공간에서 다루어진다. 로봇의 특정 기능을 개발하는 과제가 주어지면, 일반인들은 로봇 모형을 만들어가면서 개발 작업을 하는 것이 생각하기에 더 편하다. 그리고 이 생각은 로봇에 기반을 둔 생각이다. 로봇의 기능을 개선하기 위해 수학적 이론과 모형을 함께 생각하는 것은 로봇의 기능을 어느 정도 이해하는 수학자의 도움을 받지 않으면 기대하기 어렵다. 이 협업은 로봇과 수학의 경계에서 진행된다.

퓰리처상을 수상한 작가 폴 호건(Paul Horgan)은 존재하지 않는 것을 상상할 수 없다면 새로운 것을 만들어낼 수 없으며, 자신만의 세계를 창조해내지 못하면 다른 사람이 묘사하는 세계에 머물 수밖에 없다고 말했다. 익숙한 생각의 경계를 넘어 바깥세계를 상상하고 낯선 분야의 또 다른 지식을 습득할 때, 상상은 새로운 지식을 통해 생각의 영역을 넓혀주고 새로운 생각을 탄생시키기도 한다. 생각은 지식에 기반을 두고 있고, 상상은 생각의 경계에서 발생한다. 그리고 생각의 영역을 확장시켜주는 촉매제 역할을 한다.

예술작품을 접할 때, 우리는 어떤 눈으로 그것을 보는가? 새롭다고 할 때 그 새로움은 나에게 어떤 의미가 있는가? 예술작품 자체는 나에게 경계와 같다. 그 작품이 말하려고 하는 세계와의 경계다. 그 작품을 매개 삼아 순간적으로 어떤 착상이 떠올랐을 수도 있다. 중요한 것은 그 작품을 통해서 작가와 얼마나 깊은 교감을 가졌느냐다. 교육철학자 존 듀이(John Dewey)에 의하면 우리가 예술작품을 감상할 때 그것을 형성한 근원적인 경험으로부터 멀어질수록, 예술과 무관한 영역에 작품을 고립시키게 된다고 했다.[5]

여기에서 말하는 '고립'이란 그 예술작품에 개입된 작가의 생각이나 제작 과정에서의 고통과는 무관하게 이루어지는 작품 감상을 의미한다. 내가 생각한 경계의 저쪽에 작가와 무관한 다른 세계가 있는 것을 의미한다. 한 폭의 그림을 마치 문학작품을 읽는 것처럼 볼 수 있을 때, 나는 비로소 그 작품과 제대로 만나게 된다. 작가의 세계를 음미하며 새로운 생각의 나래를 펴면서.

———.지식공감대

'대화'는 영어로 'dialogue'다. 이 말은 '말을 다 쏟아낸다'는 의미의 희랍어에서 유래하였다. 이것은 토론과는 다르다. 토론은 상대의 의견을 변화시키고자 하는 의도로 논쟁을 벌이는 것이고, 대화는 상대의 의견을 잘 듣고 서로의 생각에 어떤 차이가 있는지를 알아가는 과정이다. 대화를 하면 서로가 새로운 발상을 자극할 수 있는 환경이 마련된다.

대화의 기본적인 자세는 동료의식과 협력적 자세다. 상대에 대해 우월의식을 갖거나 반대로 위축되어 있으면 대화를 하기에 적합한 환경이 형성되었다고 볼 수 없다. 서로 등등한 입장에서 새로운 길을 찾아 나간다는 관점으로 대화에 임하는 것이 중요하다.

배경이 다양한 사람들끼리는 지식의 공유 폭이 넓지 않다. 그래서 나와 다른 배경지식을 갖고 있는 사람의 이야기는 상대적으로 신선하게 느껴진다. 이야기를 들으면서 떠오르는 생각도 유사한 배경을 가진 사람과 이야기할 때와 비교하면 많은 차이가 있다. 배경지식이 다른 사람의 이야기에는 생소한 정보가 많기 때문에 귀담아 들어야 하고 자연스럽게 호기심이 유발된다. 평소에는 잘 자극되지 않던 생각들이 자극되기 때문에 소위 듣는 재미가 쏠쏠하게 된다.

무용예술가와 천문학자가 대화하는 장면을 상상해보자. 과학자들은 과장이나 논리의 비약에 익숙지 않다. 논리의 비약이 있다고 판단되면 잘 이해하지 못했다며 되묻거나 확인할 것이다. 그리고 말하는 사람에 대해 신뢰를 갖지 못할 것이다. 반면 감성적인 면이 발달되어 있는 무용예술가는 말하면서 몸동작과 얼굴 표정을 훨씬 풍부하게 사용할 것이다. 과학자가 말할 때 표정과 몸짓이 너무 없는 것을 어색하게 여기거나 낯설어 할 수 있다. 그렇지만 조용하고 차분하게 말하는 과학자의 모습에서 오히려 색다른 진실성을 느낄 수도 있을 것이다.

천문학자가 일상과 동떨어진 세계로 상상의 날개를 펴면서 우주의 팽창 속도와 원리 등을 이야기하면 무용예술가는 신기해하면서 갖가지 질문들을 쏟아낼 것이다. 우리가 보는 별들은 몇 개나 되는지, 이 우주에 태양과 같은 별은 얼마나 많은지, 지구가 몇 년이나 되었고 앞으로 얼마나 오랫동안 유지될 수 있는지, 미지의 행성에 또 다른 생명체가 살고 있을지 등등 꿈같은 질문들을 던질 것이다. 질문을 받는 천문학자는 그야말로 신이 나서 우주 이야기를 늘어놓을 것이다. 듣는 사람이 신기해하면 말하는 사람도 덩달아 흥겨워하지 않겠는가!

감성적인 무용예술가는 복잡하고 치열한 일상과 멀리 떨어져 고요한 우주와 별들을 생각하며 사는 천문학자가 멋지게 보인다며 부러워한다. 그러면서 가끔은 무용을 그만두고 싶을 정도로 힘들고 어려운 때가 많다고 토로한다. 이 말에 천문학자는 사뭇 놀라운 표정으로 묻는다. "아니, 무용이 얼마나 많은 사람들을 즐겁게 해주는 아름다운 예술인데요" 그러나 무용예술가는 사람들 앞에 서서 섬세한 동작을 표현해야 하기 때문에 실수에 대한 두려움이 크고, 그렇기 때문에 하루도 연습을 게을리할 수 없다고 하소연한다. 날마다 같은 동작을 수도 없이 반복해서 연습해야 하고, 호흡을 맞춰야 하는 동료와 손발이 안 맞을 때는 자신의 움직임을 상대에게 맞춰 조절해야 하는 어려움도 토로한다. 관객의 반응에 따라 기분이 크게 좌우된다는 말도 덧붙인다.

이야기를 들은 천문학자는 무용을 통해 무언가를 표현하는 보람이 있지 않느냐고 반문한다. 기쁨과 슬픔, 삶의 의미와 진실을 표현하기 위해 노력하는 것이야말로 삶을 참으로 풍부하게 하는 일이 아니냐며 위로한다. 천문학도 별을 보면서 신비의 세계를 여행하는 것 같지만, 실은 남보다 먼저 새로운 별을 찾아내기 위해 치열한 경쟁을 벌여야 하는 부담이 크다고 말한다. 자신들이 주로 하는 일은 신비로운 별 사진이 아니라 우주로부터 날아온 각종 신호를 포착하는 것이며 신호를 컴퓨터에 입력하여 얻은 자료를 분석하는 것이라고 말한다. 그러면서 우주에 대한 연구를 하면 할수록 우주에 대한 낭만이 많이 사라지게 된다고 푸념한다.

이렇게 무용예술가와 천문학자가 대화를 나누면 새로운 이야기들이 이어지기 때문에 진지하면서도 재미가 있다. 또 두 사람이 머리를 맞대면 우주여행을 무용으로 표현하는 새로운 프로젝트를 구상할 수도 있다.

다른 배경을 가진 사람과 일을 해본 사람은 '나'가 아니라 '우리' 중심이 된다. 크로스오버 안무가 트와일라 타프(Twyla Tharp)는 다양한 배경을 지닌 사람들과 협력하는 자세에 대해 이렇게 말했다. "협력의 가장 바람직한 형태는 상생이지요. 상생하면 자신이 가진 것 이상의 성과를 얻을 수 있습니다. 진심으로 협력해본 사람은 가치를 압니다. 중요한 것은 '내가 누구냐'가 아니라 '다른 사람과 함께 있는 내가 누구냐'는 것이지요." 이 말은 공동목표를 추구할 때, 다른 사람과 함께 일하는 상대적인 '나'를 찾는 것이 협력의 제일 법칙이라는 조언이다. 대화도 피차의 마음을 공유하기 위한 협력 작업이라고 볼 때, 절대적인 '나'가 아니라 상대와 지식공감대를 형성해가는 '나'의 자세로 임해야 한다.

————• 진실과 표본

예술가나 학자들은 지적인 새로움을 추구하며 사는 사람들이다. 지적인 호기심과 의문에 이끌려 상상하고 추론하며 문헌을 조사하고 자료를 모은다. 관련 분야 전문가들과 대화하면서 의문의 실마리를 잡으려고 애쓰기도 한다. 미지의 세계를 향해 가설을 세우고 그 가설의 타당성을 확인하기 위해서 과학적인 방법을 동원해 탐색한다. 가설을 뒷받침할 만한 근거가 부족하면 믿을 만한 근거를 확보하기 위해서 노력하고, 가설을 받아들일 수 없다는 확신이 서면, 그 가설을 버리거나 다른 가설로 대체한다. 이런 방식으로 학자들은 미지의 진리를 향해서 끊임없이 새로운 경계 위에 서는 개척자들이다. 예술가들도 마찬가지로 새로운 작품을 통해 우리들을 생각의 경계로 불러들이기 위해 늘 새로움을 시도한다.

새로운 진실에 접근하는 방법 가운데 통계학의 샘플링(표본조사) 방법이 있다. 대통령 선거나 국회의원 선거 때 자주 접하는 설문조사가 대표적인 예다. 모든 유권자의 의견을 일일이 조사하는 대신 일부를 선택해서 조사한 내용을 토대로 전체 유권자의 후보 선호도를 예측하는 방법이다. 이때 어떻게 하면 전체 의견을 대표할 수 있는 소수 집단('표본'이라고 한다)을 선정하는지 그 방법적인 문제는 통계학자들의 몫이다. 여기서 우리가 생각할 부분은 표본이 우리에게 주는 의미다.

전체를 진실이라고 할 때, 표본은 직접 다룰 수 있는 진실의 작은 파편들에 불과하다. 따라서 진실에 근접하기 위해서는 표본을 과학적으로 다루어야 한다. 과학적이라 함은 논리적이고 자료에 바탕을 둔 절차라는 의미다. 가능한 정교한 방법으로 그 파편들을 다룰 수 있어야만 진실에 접근할 수 있다. 그 방법을 개발하고 연구하는 학문이 바로 통계학이다. 통계학자들에게 표본은 '그 표본을 일부로 하는 전체'라는 진실에의 경계다. 이런 맥락에서, 미지의 진실을 향한 경계에서의 모든 과학적 행위는 표본이 얼마나 잘 수집되었으며 관련 지식이 얼마나 잘 갖추어졌는지에 따라 성공의 여부가 판가름된다.

_____. 경계를 지나면서

경계라는 개념과 생물체 사이의 경계, 생각 사이의 경계, 관점의 차이에 의한 경계, 미지의 세계와의 경계, 학문 분야 사이의 경계 등을 간단히 살펴보았다. 더불어 관심, 응시, 불안, 불확실성, 호기심, 교감, 신선한 느낌과 같은 경계에서의 인지적·정서적 특징도 살폈다. 경계라는 단어는 이 책을 잉

태시킨 핵심어이자 주제어다.

경계 너머는 불확실한 미지의 세계다. 내가 무엇인가로 채워가야 할 빈칸일 수도 있다. 때로는 눈앞에 문제 형식으로 빈칸이 주어지는 경우도 있다. 빈칸을 채울 수 있다면 그것은 경계 너머가 아닌 안쪽에 있는 것이다. 새로운 정보와 지식을 배우고 습득하는 과정은 주어진 빈칸을 하나하나 채워 나가는 과정이다. 그런데 그러한 빈칸을 스스로 만들라고 한다면 상황은 많이 달라진다.

빈칸을 채우기 쉽고 어렵고는 빈칸의 경계가 얼마나 단순한가에 달려있다. 곳곳에 매듭이 있는 그물을 생각해보자. 그물에 구멍이 뚫린다 해도 매듭들이 그대로 남아 있다면, 그물을 때우기는 쉬울 것이다. 그렇지만 구멍이 뚫리면서 매듭 하나가 소실되었다면 이것을 때우기는 훨씬 까다로워진다. 매듭은 그물의 여러 실오리가 모인 곳이기 때문이다. 이런 맥락에서 지식과 관련한 매듭에 대해 살펴보는 것이 필요하다.

학습은 지식의 전달에 의해 이루어진다. 그런데 동일한 내용이라고 해도 전달된 내용은 사람에 따라 차이가 있을 수 있다. 마치 동일한 물체를 투영시킬 때, 투영면의 모양에 따라서 결과가 다르게 나오는 것과 유사하다. 각자 다르게 전달받으면 그에 따라 지식의 빈칸이 다르게 형성될 수 있다. 한편 투영체를 겉에서 보는 대신 지식본체의 속을 들여다보기 위해서 지식이라는 것을 칼로 잘라 단면을 본다고 상상해보자. 그 다음에는 이 단면들을 통해서 지식이나 생각의 변화가 무엇인지를 살피고자 한다.

지식과 생각이라는 메커니즘의 생물학적 현상을 가볍게 들여다본다면, 청진기를 이용해 심장의 박동소리를 듣는 것처럼 실감나게 이해할 수 있을 것이다. 의식 활동에서 우리가 '생각'을 한다는 강력한 증거는 무엇일까? 바로 질문이다.

질문은 생각의 시작이며 새로운 지식을 잘 받아들일 수 있는 준비활동이다. 또한 두뇌활동의 긴장감을 유지시켜주고 생각의 경계를 비옥하게 만드는 역할을 하기도 한다. 그래서 새로운 지식과의 결합이 안정성 있게 진행되도록 돕는다. 지식의 결합은 공유 부분을 통해 이루어지므로 보다 많은 사람들이 지식을 손쉽게 공유할 수 있는 문화를 개발할 수 있어야 한다. 이 것의 유익을 살핀 뒤에, 사람의 생각이라는 것이 얼마나 유연하게 전이되며 그 공간을 확장할 수 있는지, 한편으로는 사람의 생각이 얼마나 특정한 영역이나 틀에 얽매이고 고착될 수 있는지를 짚어보고자 한다.

빈칸

전체를 이해하기 위해 채워야 할 공백

"오늘날 전 세계를 지배하고 있는 현상들의 배후에 작용하고 있는
결정적인 가치는 무엇이라고 생각합니까?
단 한 단어로 말해보시오."
"……"

: 차동엽의 「잊혀진 질문」 중에서

"아버지는 아침에 ○○ 일어나서 산책하신다"의 빈칸을 메운다고 하자. 문맥으로 볼 때 '일찍'이 적당해 보인다. 남의 말을 듣다가 중간에 간단한 말을 놓쳤을 경우 우리는 이와 같은 방식으로 별 어려움 없이 전체 의미를 이해하곤 한다. 말뿐 아니라 몸짓, 표정, 그림 등을 활용한 메움 작업은 우리들의 인식과 지각을 수월하게 하며 지적 활동의 연속성에 중요한 기여를 한다. 이러한 메움은 의식 또는 무의식적으로 뇌 안에서 이루어지는데, 무의식적인 메움 작업은 주로 감각중추에서 발생한다. 여기에 의식적인 메움 기능이 추가되어서 사물과 현상에 대한 인식과 동작이 부드러운 연결

성을 이룬다. 운동경기를 관람할 때 흔히 운동선수들의 몸놀림을 보고 다음 몸동작을 예상하는데, 이는 현재의 상황으로부터 미래의 상황을 예측하는 의식 작용 덕분에 가능하다.

———. 빈칸 메우기

여기에 한걸음 더 나아가서 지식을 전달받는 과정에서도 빈칸 메움은 흔히 일어난다. 즉, 지식의 조각이 비었을 때 이것을 메우는 작업이다. 이론적인 설명을 듣다가 특정 부분의 설명을 놓쳤다고 하자. 못 들었을 수도 있고, 순간적으로 이해가 되지 않았을 수도 있다. 놓친 부분의 앞뒤를 분명히 알아들었다면 빈칸은 어렵지 않게 메울 수 있다. 이 메움은 나의 지적인 상상 또는 추론에 의한다. 물론 빠진 부분의 앞뒤에 대한 지식이 있을 경우에 가능한 일이다.

　이러한 빈칸 메움과 다른 현상은 작은 조각을 보고 전체적인 구조 또는 큰 그림을 상상하는 것이다. 연상 작업의 좋은 예라고 볼 수 있다. 아홉 개의 그림조각이 있다. 다음 표는 필자의 강의를 수강한 대학생들을 대상으로 모은 자료를 정리한 것이다. 우선 그림을 먼저 보면서 어떤 생각이 떠오르는지 정리해보자. 각 그림을 너무 오래 보지 말고 30초 정도면 충분하다. 보는 순간에 떠오르는 생각을 적어보자. 그런 다음 오른쪽에 적힌 사례들을 보고 얼마나 다양한 생각들이 연상되었는지 비교해본다.

　표를 보면 학생들의 생각이 얼마나 다양한지를 실감하게 된다. 예컨대 7번 그림조각을 보고 그릇, 컵, 사람 얼굴과 같은 상대적으로 평범한 생각

번호	그림조각 모양	순간적으로 떠오른 생각들
❶		쭈뼛하게 선 머리, 샤프심, 고속도로 일부, V자 손가락, 토끼 귀, 여자 둘, 맥도날드, 비, 인삼, 절댓값 곱하기, 로켓 두 대, 안경 (12가지)
❷		파도, 알파벳 W, 계란프라이, 페트병, 돛단배, 만세 하는 모습, 나비, 스키, 콧수염 할아버지, 얼굴, 책, 여우, 바퀴벌레 (12가지)
❸		종, 사람 팔, 로켓 발사, 깡패 얼굴, 외계인, 주전자, 우산, 무, 보온병, 테니스 라켓, 낚싯대, 여학생 머리 뒷모습 (12가지)
❹		거꾸로 본 산, 메롱 하는 혀, 가방, 스키, 우산 두 개, 고드름, 코끼리 상아, 당근, 두 사람 얼굴, 그네, η(에타), 수갑, 낚시 바늘, 미끄럼틀 (14가지)
❺		원화 표시, 아기 다리, 접시형 안테나, 소시지 두 개, 사람의 다리, 팔짱 긴 모습, 도로 위의 차, 여자의 꼰 다리, 잠자리, 접시 두 개, 팔 근육, 샤프심 (12가지)
❻		숫자 3, 맥도날드 로고, 사람 다리의 무릎 아래, 미사일, 개구리, 누운 튤립, 웃는 얼굴, 기차, 스노보드 두 개, 달리는 자동차 (10가지)
❼		튤립, 토끼의 귀, 동물의 얼굴, 사람의 배, 날개 편 박쥐, 사람 얼굴, 밥그릇, 소시지 꼬치, 두 손 모은 아줌마 모습, 상아, 유리컵, 불꽃 (12가지)
❽		도로, 제갈공명의 모자, 누운 장미꽃, 생선 튀김, 썰매, 진동 파동, 티세트용 접시, 슬리퍼, 종, 자석, 소용돌이 바람, 곤충의 더듬이, 스키, 아이스크림 (14가지)
❾		분수, 웃는 얼굴, 산, 보아뱀, 바퀴 두 개, 꽃봉오리, 안경, M, 바퀴벌레, 식빵, 맥도날드 로고 (11가지)

표 1 ┃ 대학생들이 그림조각을 보고 연상한 생각들

에서부터 토끼의 귀, 상아, 두 손을 모은 아줌마의 모습에 이르기까지 열두 가지의 다른 생각을 떠올렸다. 2번 그림조각을 보면, 열두 가지의 연상 중에서 알파벳 'W'나 사람 얼굴은 자연스러워 보인다. 그러나 그 밖의 것들을 보면 상상의 폭이 얼마나 넓은지를 알 수 있다. 계란프라이, 페트병, 나비, 책, 만세 하는 모습이 어떻게 이 그림조각과 연관이 있는지 각자 상상해보면 재미있을 것이다.

그림의 빈칸을 메우는 것은 위의 그림조각 연상과는 반대되는 상황이다. 아래에 제시된 [그림 1]은 1~2분 안에 그림 속에 있는 규칙을 찾아내 전체 그림을 완성하는 문제다.

우측 상단 그림을 보면 두 개의 규칙이 있음을 알 수 있다. 하나는 여섯 개의 네모가 사선 방향으로 연결되어 있다는 것이고, 다른 하나는 선 하나

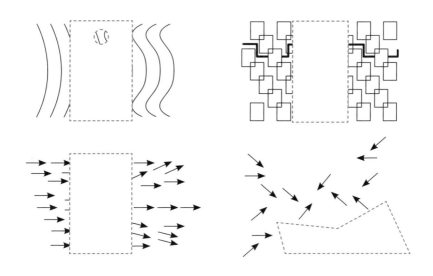

그림 1 빈칸 메우기 문제의 예. 좌측 위 그림부터 시계방향으로 어려운 것으로 나타났다. 1~2분 정도의 시간 안에 제대로 완성한 학생의 비율은 94, 37, 31, 13퍼센트 순으로 나타났다.

가 이 네모들의 연결을 번갈아가며 엇갈리게 지나가고 있다는 것이다. 이 규칙을 찾아 빈칸에 메모와 곡선을 그려 넣으면 된다.

좌측 상단 그림은 상대적으로 규칙을 찾아내기가 쉽다. 32명의 대학생 중에서 30명이 맞췄다. 우측 하단 그림은 그림의 중심을 향해서 화살표가 그려져 있는데, 중심점을 향해 대칭 구조를 이루고 있음을 알 수 있다. 본래의 형태가 완성되도록 빈칸을 채우면 된다. 네 문제 중에서 가장 어려운 것은 좌측 하단 문제다. 이 문제는 조금 더 상상을 해야 한다. 빈칸에 어떤 움직임이 작용해서 화살표의 방향이 일부 바뀌었기 때문이다. 이 문제는 38명 중에서 다섯 명(13퍼센트)만이 합리적인 완성도를 제출했다. 여기서 소개한 빈칸 메움 문제는 제시된 단서의 규칙성을 찾아서 전체 그림을 완성해야 하는데, 규칙성이 단순한 것에서부터 복합적인 것 순서로 어려운 정도가 나타났다.

지식 전달과 빈칸 메우기는 관련성이 깊다. 빈칸 메움 문제에서 내용이 복잡할수록 빈칸 메우기의 난이도가 높다는 것은, 지식 전달에 있어서도 복잡한 내용일수록 어느 한 부분이라도 놓치면 전체 내용의 흐름이 흐트러질 수 있다는 것을 암시한다.

그러나 아무리 복잡한 내용이라고 해도 내용의 핵심은 반드시 있다. 이 핵심 내용을 상대가 알아듣기 쉽게 풀어서 전달하는 것은 지식 전달의 기본 원칙에 해당한다. 핵심 내용을 잘 이해하도록 돕기 위한 보조 수단으로 흔히 사례와 반사례를 든다. 사례를 통해 전하고자 하는 지식의 내용을 보다 차별적으로 전달할 수 있기 때문이다.

빈칸 메움을 할 때 잘 모르는 부분은 빈칸으로 남겨두는 것이 안전하다. 빗나간 추측으로 섣불리 잘못된 지식을 형성하는 오류를 방지할 수 있기 때문이다. 다시 말해, 오류학습의 저주를 피하기 위해서다. 새로운 지식을 습득할 때, 지식의 접붙임 자리에서 시작된 지식의 확산이 잘못된 빈칸 메움에 의해 도중에 오류가 발생하면, 이 오류는 전체 지식을 불완전하게 할 뿐 아니라 관련된 오류 지식을 확대·재생산하는 원인이 되기도 한다. 잘못된 지식이 잘못된 줄 모르는 채 다른 지식이 접붙고 확대되면 나중에는 어디에서부터 잘못되었는지 바로잡을 수도 없이 굳어지게 된다. 잘 모르거나 불확실할 때는 어림잡아서 메우려고 하지 말고, 질문을 통해 명확하게 확인하거나 의문점으로 남겨두는 것이 좋다. 의문으로 남겨두는 그 자체만으로도 지식의 건강성을 유지할 수 있다. 다만 이 의문을 짧은 시간 안에 해결하는 것이 중요하다.

———.지식합치와 불합치

'괴상망칙'과 '괴상망측' 둘 중 맞는 말이 무엇인가? 맞는 말은 '괴상망측(怪常罔測)'이다. 일상적으로 빈번하게 사용하는 이 말도 막상 정확한 표기를 고르라고 하면 헷갈린다. 아무 생각 없이 걸을 때는 발과 팔이 자연스럽게 엇갈리는데, 팔과 다리의 움직임에 신경을 쓰고 걸으면 부자연스럽게 팔다리가 같이 움직이는 것과 같다. 일상적인 대화 속에서 우리는 '괴상망측'을 '괴상망칙'이라는 말보다 자주 접했을 것이다. 전자가 표준어이기 때문이다. 무의식중에 '괴상망측'이 자연스럽게 입에서 나온다. 그런데 갑자기 어느 것이 옳은지를 묻는다면 멈칫해진다. 비슷하게 들리는데 엄연히 다르기 때문이다. 논리적으로 이해해서 기억한 것이 아니기 때문에 의식적으로 두 단어를 비교하면 헷갈린다. 물론 언어에 밝은 사람은 제외하고.

　문제가 어렵다는 것은 빈칸의 폭이 그만큼 넓다는 의미다. 그 빈칸이 숨겨놓은 부분이 클수록 대상의 진실을 파악하기에 한계가 있다. 통계학에 거리개념이 있다. 이것은 수학적 공간에서의 거리개념과 차이가 있다. 그 대상에 대한 나의 지식으로 대상의 빈칸을 잘 메울 수 있는지를 나타내주는 지수가 통계학에서의 거리개념과 상통한다. 만약 그 빈칸을 실제 대상과 동일하게 메웠다면 대상에 대한 나의 지식은 '완벽'이고 그 대상과 나의 지식 간의 거리는 0이다. 그러나 내가 메운 내용이 실제와 차이가 많이 날수록 거리는 큰 값으로 표시된다.

　흔히 사회현상이나 자연현상에 대한 관찰 자료를 바탕으로 앞으로 나타날 상황을 예측하거나 밝혀지지 않은 부분을 추측하곤 한다. 여기에서 예측과 추측 모두 빈칸을 메우기 위한 지적 활동의 일종이다. 특히 예측은 일종의 외연 메움이다. 자료를 확보하고 이를 바탕으로 실제와 근접한 지식을 습득한 사람은 그만큼 빈칸 메움을 잘할 것이다.

　우리가 일상적으로 접하는 소식들이 어떤 사람에게는 빈칸 메움—외연 메움이건 사이 메움이건—이 되고 어떤 사람에게는 새로운 지식이 된다. 빈칸 메움인 사람에게 이 소식은 궁금했던 내용이 되고, 새로운 지식으로 받아들이는 사람에게는 관련 지식이 없던 사람이다.

　어느 날 주유소의 휘발유 가격이 급등했다는 뉴스가 보도되었다고 하자. 이 소식이 어떤 사람에게는 '갑자기'이고 어떤 사람에게는 '예상했던 대로'다. '갑자기'와 '예상했던 대로'는 문자 그대로 지식의 연속성의 다른 표현이다. 휘발유 가격 상승에 대한 사전 정보를 갖고 있던 사람에게는 '예상했던 대로'다. 이 사람은 휘발유 가격과 관련하여 실제와 근접한 지식을 갖고 있었던 셈이다.

'갑자기'인 사람은 휘발유 가격과 관련해서 실제와 지식 사이에 거리가 매우 큰 상태다. 이 사람은 휘발유 가격 상승 뉴스를 접할 때 지식의 충격(shock) 또는 불연속(discontinuity)을 경험한다. 그렇지만 휘발유 가격이 급등하게 된 요인을 정확히 인식하고 나면 충격은 이제 '이해된' 상태가 된다. 더 나아가서 급등한 가격이 얼마나 오랫동안 유지될 것인지에 대한 궁금증도 어느 정도 해소된다. 이것을 상징적으로 나타낸 것이 아래의 [그림 2]다.

우리가 흔히 '당혹스럽다,' '갑작스럽다,' '놀랍다,' '충격적이다'라는 말을 할 때 우리 뇌 속에서는 왼쪽 그림과 같은 상황이 발생했다고 보면 된다. 이것은 어떤 고립된 자극이 들어온 상태로, 마치 평지에 높은 돌탑이 우뚝 솟아 있는 모습을 연상시킨다.

어떤 물체의 모양에 대해 무지하다는 의미는 그 물체의 모양에 대해서 모든 가능성이 열려 있는 상태임을 의미한다. 반면 약간의 지식이라도 있다면 그 물체의 모양에 대한 가능성은 아는 만큼 제한된다. 만약 그 물체

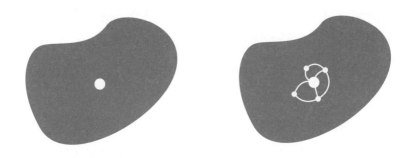

그림 2 지식의 충격 상태와 지식의 충격 완화 또는 연속성 형성 상태

지식합치 상태   일반적 지식불합치 상태   극단적 지식불합치 상태

그림 3 지식합치 상태의 여러 형태

의 한 단면이 사각형이라는 지식을 갖고 있다면 적어도 완전한 구는 아니다. 그 물체의 완전한 모양이 세 개의 단면으로 표시될 수 있다고 하자. 한 단면, 두 단면, 세 단면… 내가 알고 있는 단면이 늘어날수록 나는 그 물체의 실제 모양에 접근하게 된다. 즉, 나의 지식이 무지 상태에서 점점 완전 지식 상태로 발전하게 된다. 실제와 내 지식과의 거리가 점점 0으로 수렴하는 것이다.

어떤 대상에 대하여 사람들 사이에 지식거리가 0에 가깝다면 그것은 사람들의 생각이 매우 비슷한 상태임을 암시한다. 어떤 대상에 대해서 두 사람 사이의 지식 거리가 0에 가까울 때, 이 상태를 지식합치 상태라고 하고, 지식 거리가 매우 클 때 지식불합치 상태라고 하자. 사람들 사이에 지식합치에 해당하는 지식은 많다. 예를 들어 1+1 =2와 같은 수학적 사실은 사람들 사이에 다를 수 없다. 그러나 '민주주의는 최선의 정치 형태다'라는 사회적 명제에 대해서는 사람들마다 생각이 다를 수 있다. 주로 자연현상이나 법칙에 대해서는 지식합치가 일반적인 상태이지만 사람의 행태와 관련되는 사회현상에 대해서는 지식합치와 지식불합치가 공존한다. 이러한 현상은 사회적 이슈를 둘러싼 각종 설문조사에서 쉽게 볼 수 있다.

지식의 약도

우리는 일상적으로 빈칸 메우기식 문제 풀기를 하면서 살아간다. 문제 풀기의 거꾸로 작업이 문제 만들기다. 이것은 의사가 환자를, 혹은 건축 전문가가 건물의 안전성을 잘 진단하기 위해서 어디를 검사해야 할까 생각하는 것과 같다. 평가 대상과 목적에 따라 검사계획은 달라지게 마련이다. 의사는 환자의 기본 정보를 검토한 다음 가장 의심되는 질병과 관련되는 부분부터 검사를 할 것이다. 흡연량, 음주량에 따라 의심되는 질병의 종류가 달라지기 때문에 우선적으로 검사하는 부분이 달라진다.

지식이나 건강, 건물의 안전성 등의 상태를 파악하기 위해 질문지를 만드는 것은 약도를 그리는 작업과 비슷하다. 누구나 자기 집에 찾아가는 길은 잘 알지만, 집을 모르는 사람이 쉽게 찾아올 수 있도록 약도를 그리는 것은 쉽지 않다. 길을 모르는 사람의 입장이 되어 생각하기가 어렵기 때문이다. 어디에서 출발하는지, 밤에 오는지 낮에 오는지에 따라서도 목적지를 찾는 난이도가 달라진다. 집이 널찍한 대로변이나 알아보기 쉬운 건물 근처에 있으면 약도를 그리기 쉽겠지만 골목길을 통과해 깊숙한 안쪽에 있다면 설명하기는 더욱 까다로워진다. 찾아오는 사람은 길을 걸어서 위치를 찾는 것이지 새처럼 위에서 내려다보는 것이 아니라는 점을 고려해야 한다.

길 안내서를 작성하려면 먼저 골목길이 어떤 상태인지부터 살펴야 한다. 골목길에 이름이 있는지, 길목에 어떤 특징들이 있는지를 확인해야 한다. 그런 다음에 그 길을 처음 걷는 사람의 입장에서 헤매지 않도록 이정표를 중심으로 최대한 간결하게 안내서를 작성한다.

약도를 보고 집을 찾는 사람이 제대로 오고 있는지를 확인하려면 이정표들을 보았는지를 점검하면 된다. 마찬가지로 역사 수업을 듣는 학생이 지식을 제대로 구성하고 있는지를 확인하려면 역사적 사건들 사이의 배경과 인과관계를 잘 파악하고 있는지 점검하면 된다. 의사 견습생이 환자를 잘 진단하고 있는지를 보려면 어디를 검사했는지를 보면 가늠할 수 있다. 특정 지식영역에서 지식체계가 잘 잡혀 있는지는 이정표에 해당하는 부분을 확인하는 문제를 만들었는지로 판단할 수 있다. 묻는 기술이 미숙하다고 해도 이정표 부분을 건드리는 문제를 생각했다면 그 사람의 지식은 체계적으로 구성되었다고 볼 수 있다.

차동엽 신부는 박사학위 과정 중에 치른 구두시험에서 논문 지도교수로부터 다음과 같은 질문을 받았다고 한다.

"오늘날 전 세계를 지배하고 있는 현상들의 배후에 작용하고 있는 결정적인 가치는 무엇이라고 생각합니까? 단 한 단어로 말해보시오."

질문을 받은 차동엽 신부는 한동안 답을 못하고 우두커니 앉아 있었다고 한다. 그 교수는 정해진 답을 요구한 것이 아니라 제자가 스스로 숙성시킨 학문적 내공을 점검하고자 질문을 던진 것이었고, 아는 것보다 더 중요한 것은 핵심요소를 파악하는 것임을 가르치려는 의도였던 것 같다. 이처럼 하나의 문제를 통해 점검을 하면서 동시에 교훈을 줄 수도 있다.

─────. 빈칸에 대한 접근법

2008년에 미국 뉴욕시에서 당시 시 교육감이었던 조엘 클라인(Joel I.

Klein)은 교육학자 에릭 허시(Eric D. Hirsch) 박사가 개발한 '핵심지식(core knowledge)' 프로그램을 도입해 유치원생과 초등학생 1, 2학년 500명을 대상으로 사회·과학·예술 분야 논픽션 도서들을 집중적으로 읽고 토론하게 했다. 교과과정에 포함된 책들을 중심으로 '이집트 문명과 메소포타미아 문명의 차이는 무엇인가?', '기후패턴은 어떻게 분류하나?', '태양계의 형성과정'과 같이 아이들한테 다소 어렵고 재미가 없는 내용의 책들이었다.

그런데 3년 뒤 핵심지식 프로그램의 효과를 추적해보니, 딱딱한 내용의 책들을 읽고 토론한 아이들의 성적이 뚜렷하게 우수하게 나타났다. 이러한 차이는 물론 다른 요인들(예컨대 학습동기, 가정환경, 교사 등)의 영향도 있을 수 있다. 그렇지만 아이들이 별로 재미를 못 느끼는 어려운 책을 읽으면서 소화하고 축적하였던 지식이 향후 고학년으로 올라갈수록 접하게 될 새로운 지식을 받아들이는 바탕지식 역할을 하게 된 것이다. 어려서부터 좋아하는 책만 골라 읽은 아이들과 비교했을 때 이 바탕지식의 효과는 컸다.

소위 핵심지식 프로그램에 참여한 아이들은 역사·문화·과학과 관련된 기초지식을 골고루 섭취했기 때문에 좋아하는 책 위주로 공부한 아이들에 비해 지식에 치우침이 없었다. 후자의 아이들은 일종의 지식편식을 한 셈이다. 자라면서 다양한 분야에 걸쳐 새로운 지식을 끊임없이 접해야 하는 학생들은 바탕지식이 골고루 갖추어져 있지 않으면 점점 구체적이고 고차원적인 지식을 습득하기가 힘들어진다. 이것은 마치 거미줄에 구멍이 뚫려 있어서 벌레들이 잘 걸려들지 않은 것과 유사하다. 지식편식 상태로 성장한 아이들은 결국 지식편식이 더 심화되는 방향으로 고정될 수밖에 없다. 지식의 선택적 강화현상이다.

그러나 지식편식은 음식처럼 절대적으로 좋고 나쁘고를 평가하기 쉽지 않다. 편식된 지식이 보통 사람들과 차별적으로 심화된 독특한 전문지식으로 발전할 가능성이 있기 때문이다.

지식이 풍부하다는 것은 빈칸 메우기를 잘하는 상태를 말한다. 어떤 현상을 보고 그 배경이나 원인을 유추할 수 있는 지적 능력이 있으면 관련 지식이 풍부하고 활용을 잘하는 사람이다. 실제로 특정 분야의 전문가들은 자기 분야에서 빈칸 메우기의 고수들이다.

일상생활 속에서 우리들도 끊임없이 빈칸 메우기를 한다. 남의 말을 듣다가 한두 마디 놓치면 문맥을 고려하여 별 어려움 없이 내용을 이해하고 알아듣는 것도 그 때문이다. 빈칸이 잡음 형식으로 주어지는 경우도 흔하다. 라디오를 듣거나 전화통화 도중에 "지지지" 하는 잡음이 섞이면 신경을 곤두세워서 귀를 기울이게 된다. 잡음에 가려진 신호를 잘 골라서 듣기 위해서다. 제한된 정보에서 잡음을 걸러내고, 정보의 출처에 대한 진실을 유추하는 것이 통계학의 주된 작업이다.

어디까지가 잡음이고 어디부터가 출처의 진실인지 정확히 구분하기는 매우 어렵다. 주어진 정보와 관련한 전문가들의 풍부한 지식을 먼저 수집하고, 그 자료를 토대로 진실에 대한 외연적 빈칸 메움의 초벌 작업을 해야 한다. 그런 다음 손에 넣은 정보를 이용해 그 초벌 메움을 꼼꼼하게 개선하고 점검한다. 여기서 초벌 메움은 전문가들의 지식에 근거하여 이루어지는 직관적인 작업이다.

예를 들어 훼손된 백제시대 풍속도가 있다고 가정해보자. 색깔이나 형체가 상당 부분 훼손되었다면 이를 복원하기 위해서 백제역사 전문가들의 자문을 받아 기초그림의 윤곽을 잡아야 한다. 본래의 그림이 섬세할수록 빈칸 메움 작업은 더 어려워진다. 곰팡이 같은 '잡음'이 붙어 있으면 그 어려움은 한층 가중된다. 의상, 색채, 물감 등 그 시대의 역사·문화 분야 전문가들의 풍부한 지식에 이 풍속도가 투영되면 훼손된 빈칸이 비로소 메워진다. 곰팡이와 같은 잡음의 특성도 그 곰팡이가 본래의 색채에 어떠한 영향을 주는지 전문지식을 바탕으로 분석하고 나면 색채 훼손이라는 빈칸을 더 잘 메우게 된다.

일상생활에서 접하는 사회현상을 놓고 보았을 때 전문가와 비전문가가 그 현상의 배경과 출처의 진실을 생각하는 내용과 구체성은 그야말로 빈익빈 부익부다. 비전문가들은 자기에게 투영된 현상 그대로를 인식할 뿐, 배경이나 출처에 대한 빈칸은 비워놓을 수밖에 없다. 남들이 채워주면 수동적으로 받아들이거나 비판적으로 확인해가면서 메워 나가는 수준에 그친다. 그러나 전문가들은 드러난 현상의 원인이나 배경에 대해서 논리적으로 유추하거나 관련 정보를 수집해 100퍼센트까지는 아닐지라도 비교적 정확하게 빈칸을 채운다. 빈칸 부분이 지식의 중요한 부분인지 아닌지를 판단할 수 있는 것도 아마추어와 구별되는 전문가의 주요한 특성이다. 지식의 중요한 맥 혹은 매듭이 빈칸에 들어가 있는지 없는지에 따라서 전문가들은 메움을 위한 접근을 달리한다.

매듭

복잡한 상황을 단순하게 접근하는 방법

"이게 내가 잡은 실마리 중 하나야. 이것을 시작으로 뭔가 알아낼 수 있겠지. (…) 초인종을 울린 사람은 누굴까? 허세를 부린 범인의 짓일까? 범인과 같이 있던 누군가가 다음 범죄를 막기 위해서 울린 걸까? 실수였을까? 아니면…" 홈스는 의자에 앉아 다시 깊은 생각에 빠졌다. 그러나 홈스의 일거수일투족을 잘 알고 있는 나는 홈스에게 어떤 새로운 생각이 떠올랐다는 것을 알아차렸다.

: 아서 코난 도일(Arthur Conan Doyle)의 「해군 조약문(*The Naval Treaty*)[6]」 중에서

아인슈타인(Albert Einstein)은 "지나치게 단순해서도 안 되지만 가능한 단순할수록 좋다(Make things as simple as possible, but not simpler)"고 말했다. 같은 맥락에서 그는 또한 다음과 같은 말을 남기기도 했다. "누구나 일을 더 크고 더 복잡하게 만들기는 쉽다. 그러나 그 반대로 하기 위해서는 남다른 천재성과 용기가 필요하다(Any intelligent fool can make things bigger and more complex. It takes a touch of genius-and a lot of courage to move in the opposite direction)." 사물을 단순하게 표현하고 이해하기 위해서는 그만큼 현상들을 꿰뚫어보는 통찰력이 중요하다는 의미다.

현상의 복잡성

아이슈타인의 말을 빌리지 않더라도, 사람은 누구나 단순한 것을 좋아한다. 내가 잘 모르는 것에 대한 설명을 들을 때 간결하게 요점만 말하는 사람을 보면 마음이 끌린다. 군더더기 없이 이해하기 쉽게 알려주기 때문이다.

좋고 나쁘고를 명확하게 표현하면 듣는 사람이 분명하게 알 수 있어서 편하다. 그런데 이 편리함에는 제각각의 기준이 있다. 어떤 사람은 정장이 편리하다. 남에게 깔끔한 인상을 주는 손 쉬운 방법이기 때문이다. 그런가 하면 어떤 사람은 청바지에 티셔츠를 편하게 생각한다. 활동하기에 편하기 때문이다. 이처럼 편리함의 기준은 각자의 기준과 취향에 따라 차이가 있다. 그러나 가구를 운반하기에 편리한 복장에는 사람마다 차이가 거의 없다. 조이지 않은 긴팔에 긴 바지, 신축성 있는 옷이면 그만이다. 더 많은 사람에게 편리함을 제공하고 더 많은 사람이 쉽고 단순하게 느끼는 것도 많은 사람들을 공통적으로 만족시키는 기준이 있기 때문에 가능하다.

이 세상에 나 혼자만 산다면 복잡할 것이 별로 없다. 나를 기준으로 하면 그것이 단순한 것이고 편리한 것이 되기 때문이다. 나에게 익숙한 것이 나에게 편리하다. 그러나 현실에는 내 주위에 많은 사람들이 살고 있고, 그들과 함께 일하거나 생활하면서 느끼는 불편함과 복잡성은 기하급수적으로 늘어나게 된다.

한 사람과 같이 일할 때하고, 두 사람하고 함께 일할 때를 생각해보자. 역할 분담이라든가 일의 속도, 음식을 먹으러 가거나 관람할 영화를 고르는 일에 내가 마음을 써야 하는 정도는 사람 수에 비례하지 않고 어느 정도 기하급수적이다. 왜냐하면 각자가 상대에 대해 마음을 쓰기 때문이다.

각자가 표현하는 것들의 복잡성이 늘어날수록 그만큼 내가 느끼는 복잡성은 몇 배 더 늘어난다. 살아가면서 이러한 복잡성을 줄일 수 있다면 삶의 질은 그만큼 좋아지고 여유가 생길 것이다. 우리가 사는 세상에서 복잡성은 주위에서 많이 볼 수 있다.

우선 도로의 경우를 생각해보자. 한강처럼 폭이 넓은 강을 사이에 두고 도시가 나뉘었다. 도시 남북으로 각각 세 개의 도로가 남북 방향으로 쭉 뻗어 있고, 강 한가운데에서 이 세 개의 도로가 만나는 원형교차로가 있다. 이곳에서 강의 양쪽에서 뻗어온 세 개의 도로가 만난다. 그런데 어느 날 이 교차로가 무너져서 더 이상 교차로를 이용할 수 없게 되었다. 교차로가 패쇄되었기 때문에 사람들은 배를 이용해 강을 건널 수밖에 없다. 배가 강 양쪽에서 도로가 시작되는 곳으로 사람들을 실어 나르기 때문에 선착장은 강 북쪽에 세 곳, 남쪽에 세 곳에 있다. 남쪽의 한 선착장에서 출발하는 사람은 반드시 북쪽의 세 선착장 중 한 곳으로 가게 된다. 마찬가지로 북쪽의 한 선착장을 출발한 사람은 남쪽의 선착장 세 곳 중 한 곳으로 가게 된다.

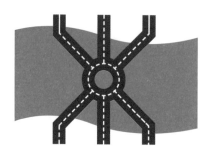

그림 4-1 강 양쪽 길이 원형교차로를 통해서 다리로 연결된 모습

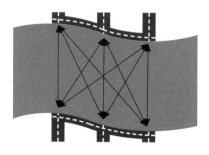

그림 4-2 원형교차로가 없어진 뒤 배로 강을 건널 때의 통행로 모습

뱃길이 총 아홉 개가 생긴 것이다.

달라진 점은 또 있다. 이전에는 강을 건널 때 원하는 길을 자유롭게 선택해서 교차로에 들어갈 수 있었다. 그런데 배로 이동하게 되면서부터는 내가 원하는 시간에 원하는 선착장으로 갈 수 없는 경우가 종종 생겼다. 그래서 나는 이웃하는 선착장으로 가서 그곳에서 다시 내가 원하는 길로 들어가야 한다.

기존의 원형교차로를 통하면 강 건너에서 온 도로가 모였다가 다른 쪽으로 빠져나가는 도로로 수월하게 연결될 수 있었다. 모든 도로의 연결고리 역할을 해오던 원형교차로가 무너진 뒤에는 이전보다 훨씬 통행로가 많아졌음을 알 수 있다. 이와 같은 현상의 복잡성은 도로와 같은 물리적 현상뿐 아니라 사람 집단에서도 나타날 수 있다.

어떤 집단에 속한 사람들은 생명의 기원에 관한 이론적 배경이 공통적으로 창조론에 있다. 이들은 학교에서 창조론과 진화론을 같이 공부했지만, 학문적으로는 진화론에 대해 이해는 하되 사람이 원숭이로부터 진화해왔다는 내용에 거부감을 갖고 있다. 주거환경의 변화에 적응하는 과정에서 생체적 변화를 통해 오늘날의 인간이 되었다는 진화론적 이론을 수용하기는 하지만, 사람이 원숭이에서 시작하여 오랜 세월에 걸쳐서 진화한 끝에 언어와 도구를 사용할 수 있게 되었다는 내용은 받아들이지 않는다.

이들이 공통적으로 갖고 있는 생각이 모두 학창 시절 생물 교사로부터 영향을 받은 결과라고 가정해보자. 정도의 차이는 있겠지만 생명의 기원과 관련한 지식에 있어서 이들 사이에는 지식의 공유가 이루어져 있다고 볼 수 있다. 소위 말해서 생명의 기원과 관련해서는 이들 사이에 서로 대화가 통한다는 의미다. 두 사람 사이에 지식의 공유가 이루어져 있거나 대화가

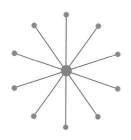

모든 점들이
선으로 연결됨

그림 5-1 생물 교사(가운데 점)가 지
식의 전달자인 형태

그림 5-2 지식공유 상태로 본 사람
들 사이의 관계

통하는 상태를 선으로 나타낸다면 다음 그림과 같을 것이다.

열 명의 사람들이 공유한 지식의 공급원(생물 교사)을 포함해 지식공유
상태를 나타내면 [그림 5-1]과 같이 되지만, 생물교사를 제외하면 열 명
각각에 대한 지식공유 상태를 나타내야 하므로 45개의 선이 필요하다. 그
만큼 지식공유 상태를 나타내는 그림이 복잡해진다.

만약 당신이 지금 주변 상황에 대해서 생각이 많고 복잡해서 머리가 터
질 것 같다면, 원형교차로를 놓치고 있지는 않은지 생각해보자. 사물을 단
순하게 이해할 수 있는 맥점을 놓치면 간단한 문제도 필요 이상으로 우회
하게 될 수 있다. 이러한 맥점을 '상황의 매듭'이라고 부르겠다.

단순한 것이 최선이다

세계적 행동심리학자 해리 벡위드(Harry Beckwith)의 저서 『언씽킹(*Unthink-ing*)』[7]을 보면 인간의 본성을 다음의 12가지로 정리하고 있다.

+ 놀고 싶다.

+ 놀라움을 갈망한다.

+ 진짜 이야기를 원한다.

+ 밀린 사람(루저)을 사랑한다.

+ 눈에 띄고 싶어 한다.

+ 특별한 것의 일부가 되고 싶어 한다.

+ 익숙한 것을 좋아하고 진부한 것을 싫어한다.

+ 내일의 태양을 믿는다.

+ 눈으로 생각한다.

+ 단순한 것에 사로잡힌다.

+ 디자인 때문에 바뀐다.

+ 기대가 모든 경험을 바꾼다.

이 12가지를 표현하는 용어의 핵심적인 속성을 나열하자면 즐거움, 놀라움, 진실, 공유감, 관심 받기, 편함, 긍정적 사고, 직관, 단순함, 기대감 등이다. 더 압축하면 진실, 편리, 관계, 단순, 즐거움이라고 할 수 있다. 사람은 즐거워야 하고, 편하고 단순하고 진실해야 하며, 소속감이 있는 것을 좋아한다.

지식의 속성도 벅위드가 말한 인간의 본성과 유사하다. 지식이 단순하게 표현되었을 때 강한 인상을 남기고, 그 지식을 습득했을 때 나에게 만족감을 주면 더욱 잘 기억하며, 쉽게 그 지식을 확장할 수 있다. 반대로 지식이 거짓이거나 진부한 것이면 직감적으로 불편함을 느끼거나 흥미를 잃게 된다. 지금 접하는 정보가 내가 보유한 지식과 관계가 없으면 그것을 받아들이고 이해하기 위해 의식적으로 정신을 집중해서 노력해야 한다.

　듣고 배우는 것과 보고 배우는 것은 지식화 하는 과정에서 차이가 있다. 눈으로 볼 때는 보는 방향과 각도에 따라 사물이 다르게 보이기 때문에 보이지 않는 부분에 대해서는 이미 보유한 지식을 사용해서 메우는 과정이 필요하다. 이렇게 해야 기억하는 데 편리하기 때문이다.

　지식과 인간의 본성 사이에는 서로 어떠한 연관성이 있을까? 벡위드는 심리학을 마케팅에 이용하는 방식을 전문적으로 연구한 사람이다. 즉, 사람의 마음이 어떻게 반응하는지를 살핌으로써 제품에 호감이 가게끔 유도하는 방법을 연구하였다. 여기에서 말하는 호감은 마음의 이끌림, 즉 관심을 유발시키는 자극이다. 어떻게 하면 특정 사물이 소비자에게 효과적으로 각인되게끔 할 수 있을까? 이때 사람의 직관적 판단도 중요한 역할을 하지만 더 중요한 것은 받아들이기 쉬우면서 더 알고 싶다는 호기심이나 관심을 유발하는 자극이다. 즐거움이나 편안함, 소속감을 갖게 할 때 대체로 목표하는 자극을 줄 수 있다. 예컨대 내가 어떤 새로운 내용을 보거나 들었을 때 전하는 사람 또는 상황이 믿을 만하거나, 나에게 즐거움을 줄 것이라 기대되는 것, 내용이 간단명료하거나 나의 존재감을 높여주는 것들이라면 기억에 잘 남는다.

　새로운 지식을 습득할 때 관련 지식이 형성되어 있지 않았거나 관심이 없거나 이해가 잘되지 않으면 습득하기 어렵다. 새로운 상품을 보아도 그 물건에 대한 지식이 나에게 형성되었을 때만 구매하겠다는 생각이 떠오를 수 있다. 두메산골에서 염소를 키우며 평생을 살아온 할머니한테는 처음 보는 명품가방보다 염소새끼 그림이 그려진 헝겊가방이 더 예쁘게 보일 것이다. 염소 그림이 그 할머니에게는 정겹고 아름답기 때문이다. 삶의 의미를 안겨주는 그림 하나면 할머니는 더없이 만족할 것이다.

스마트폰 사용자들을 위해 수십만 개가 넘는 어플리케이션(줄여서 앱)이 개발되어 나왔지만 그처럼 많은 앱은 사용할 수도 없고 필요하지도 않다. 세계적 시장조사 기관인 닐슨(Nielsen)의 보고서에 의하면 2011년 현재 우리나라 스마트폰 이용자들은 열한 개 정도의 앱을 주기적으로 사용하는데, 이 숫자는 일본(8개), 미국(열 개)과 거의 유사한 수준이다. 우리는 수없이 많은 앱 중에서 겨우 열 개 안팎의 기능만을 주로 사용하지만 별 불편함을 느끼지 못한다. 이것은 또한 우리가 열 개 이상의 앱을 사용할 정도로 스마트폰의 다양한 기능을 쓰지는 않는다는 의미다.

───── 상황의 매듭

복잡하게 얽힌 이야기나 현상 또는 사건들을 들여다보면 반드시 그렇게 되는 이유가 있다. 그 이유를 알면 이해의 물꼬가 트인다. 중학교 때 전교에서 1, 2등을 도맡고 고액 사교육을 받으며 부모에게 기쁨을 선사해주는 모범적인 아이가 있었다. 공부 잘하는 아이들이라면 누구나 가고 싶어 하는 명문 고등학교에 입학했고, 그곳에서도 잘 적응했다. 우수한 성적으로 우리나라 최고 대학에 합격했고, 부모는 더 바랄 것이 없었다.

그런데 아들이 대학 생활을 한 학기 마치고 난 어느 날, 부모는 학교로부터 걸려온 전화를 받는다. 아들이 전 과목 F를 받아 경고 대상자라는 내용이었다. 그 다음 학기에도 거의 모든 과목이 F였다. 결국 그 학생은 대학에서 자퇴하고 말았다. 이 학생은 대학에 들어와서야 자신이 왜 공부를 해야 하는지, 진짜 하고 싶은 일이 무엇인지 비로소 회의를 느끼기 시작했던 것이다. 고민을 해도 뾰족한 답을 구하지 못한 학생은 왜 해야 하는지도 모르는 공부는 제쳐둔 채 보고 싶었던 책을 쌓아놓고 실컷 읽었다. 만화에서부터 문학에 이르기까지 자기의 호기심을 채울 수 있는 책이라면 가리지 않고 읽고 또 읽었다.

학생의 방황은 그동안 부모의 자랑스러운 아들이 되기 위해 공부하는 기계로 살았다는 자괴감과 불만이 걷잡을 수 없이 커졌다가, 대학에 들어와 한꺼번에 표출된 것이었다. 학생은 부모에게 "더 이상 나를 간섭하지 말라"며 반발심을 드러냈고, "이제부터는 그동안 참아왔던 것을 나를 위해 실컷 해보고 싶다"라면서 부모와의 대화를 거부한 채 자기만의 세계에 들어박혔다.

이 학생은 외양상 건전하고 여유 있는 가정에서 자란 재능 있는 아이였다. 그렇지만 이 학생의 마음속에 불만이 차곡차곡 쌓여가는 것을 부모는 알지 못했다. 아들의 성적이 우수하다며 기뻐하고 자랑스러워하는 부모 앞에서 차마 공부를 하기 싫다고 말할 용기를 내지 못한 것이다. 이 학생은 마음속에 불만이 고무풍선처럼 팽팽하게 채워졌다가 대학에 들어와 펑 터진 것이다. 이 학생이 느닷없이 학업을 거부하고 자기만의 세계에 틀어박힌 데에는 억눌림과 불만 누적이라는 이유가 있었던 것이다.

다른 상황을 생각해보자. 어떤 학생이 분수의 덧셈에 대해서 배웠다. $\frac{1}{5}+\frac{2}{5}=\frac{3}{5}$을 배웠는데, 기본 원리는 배우지 못하고 분모가 같은 분수의 덧셈 문제만 다루었다고 하자. 이 학생은 $\frac{2}{5}+\frac{2}{3}$을 어떻게 처리해야 하는지 모른다. 어쩌면 단순하게 생각해 $\frac{2}{8}$라고 답할 수도 있다. 분자가 같으니 이번에는 분모를 더하는가 보다 생각한 것이다. 분수의 더하기 빼기 문제에서 계산의 단위를 같게 해야 한다는 원리를 모르면 얼마든지 이렇게 생각할 수도 있다.

$\frac{2}{5} + \frac{2}{3}$의 계산을 위해서는 계산의 단위를 $\frac{x}{15}$로 통일해야 한다. 그러면 $\frac{6}{15} + \frac{10}{15} = \frac{16}{15}$ 이라는 결과를 얻는다. 이와 같이 분수의 더하기 빼기에서 기본 원리를 알면, 더하는 두 분수가 각각 어떤 값이라 해도 셈을 할 수 있다. 분수의 덧셈, 뺄셈이라는 지식에서 기본 원리는 계산단위를 통일하는 것이다. 이렇게 하면 정수의 더하기 빼기 규칙을 적용해서 분수의 덧셈, 뺄셈을 할 수 있다.

앞의 두 가지 사례를 통해 여러 상황, 사실, 또는 규칙들을 하나의 큰 덩어리로 묶어주는 매듭이 있음을 확인하였다. 전자의 경우에는 불만 누적이고, 후자는 계산 단위의 통일이다. 이러한 매듭들은 다시 다른 지식덩어리들을 연결하는 데 중요한 역할을 한다.

라디오를 통해서 정확한 시간을 알고 있는 사람이 길을 가다가 거리의

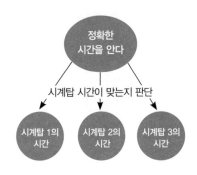
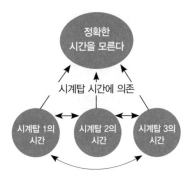

그림 6-1 정확한 시간을 알면 시계탑의 시간이 정확한지를 판단할 수 있다. 이 경우 각 시계탑의 시간은 서로 관련성이 없다. 각각의 시간은 틀릴 수도 있고 맞을 수도 있다.

그림 6-2 정확한 시간을 모르면 시계탑의 시간들이 나에게는 서로 관련이 있어 보인다.

시계탑을 보았다. 이 사람은 시계탑의 시간을 보고 그 시계의 시간이 정확한지 틀린지를 판단할 수 있다. 그러나 정확한 시간을 모르는 사람은 시계탑이 가리키는 시간을 곧이곧대로 받아들인다. 이 사람은 계속해서 길을 가다가 다른 곳의 시계탑을 보고 두 시계탑의 시간이 다르다는 것을 발견한다. 그는 어떤 것이 정확한 시간인지 몰라 혼란을 느낀다.

정확한 시간을 모르면 세 시계탑의 시간들이 서로 관련이 있어 보일 수밖에 없다. 첫 번째와 두 번째 시계탑의 시간이 각각 9시 5분, 9시 7분이었다고 하자. 그러면 세 번째 시계탑의 시간으로 9시 8분과 9시 21분 중 어느 것을 기대하겠는가? 대부분의 사람들이 "9시 8분"이라고 답할 것이다. 실제 시간을 모르고 두 개의 시계탑을 본 사람들은 지금 시간이 9시 5분에서 7분 사이일 거라고 생각할 가능성이 크다. 이런 의미에서 실제 시간을 모르는 사람에게는 세 개의 시계탑이 가리키는 시간이 서로 연관되어 보인다. 복잡해지는 것이다.

같은 맥락에서 환자의 증상에 대한 정확한 원인을 모르면 여러 증상들이 서로 연관되어 복잡하게 느껴진다. 그러나 원인을 정확히 알면 증상들은 독자적인 고유의 원인을 갖는 것들로 정리된다. 상황의 매듭을 아는 것과 모르는 것의 차이다.

이처럼 우리를 둘러싼 많은 상황들은 그 원인이나 배경을 알면 간단하게 정리될 수 있는 것들이 많다. 일상생활에서 "왜?" 하고 묻는 것이 중요한 이유는 내가 혼란을 느끼는 지점을 인식하고 상황의 핵심에 접근하는 가장 효과적인 방식이기 때문이다. 이 "왜?"를 통해서 원인과 이유를 알고 배경과 의도를 이해하게 되면 상황 접근이 쉬워진다.

우리가 사람을 인식할 때는 대부분 분석적인 관점보다는 포괄적으로 바라본다. 만일 관찰 대상에 어떤 두드러지는 특징이 있으면 그것은 별도로 인식한다. 포괄적 인식은 사람의 주된 특징 중의 하나다. 음악을 감상할 때, 전문가와 일반인의 차이를 생각해보자. 전문가는 음악을 분석적으로 듣는다. 화음 구성과 음악의 전반적 흐름이 잘 구성되었는지, 연주가 부자연스러운 부분은 어디인지 등 전체와 부분을 동시에 관찰하는 방식으로 듣는다. 그러나 일반인들은 그저 음악이 아름답다, 매혹적이다, 어깨가 절로 들썩일 만큼 흥겹다는 식의 전체적인 분위기에 반응한다.

우리가 사람을 묘사할 때도 마찬가지다. 아이가 엄마를 묘사하는 것을 들으면 "엄마는 무섭다", "우리 엄마는 내 마음을 다 안다", "엄마는 나를 믿는다", "우리 엄마는 참 좋다"는 식으로 감성적으로 묘사한다. 어른이 되어서도 크게 다르지 않다. "그 사람은 참 믿을 만하다", "그 사람은 실속파다", "그 사람은 경쟁심이 많다", "그 사람은 교만하다", "그 사람은 허풍을 잘 떤다", "그 사람은 정이 많다", "그 사람은 안 그런 척하면서 욕심이 많다" 등 압축적인 표현이 주를 이룬다.

그런데 이러한 포괄적이고 압축적인 인식이 인간관계에서 갈등의 주된 원인이 될 수 있다는 것을 유의해야 한다. 예를 들어 A라는 사람을 '인정이 많은 사람'이라고 생각하고 있었다고 하자(포괄적 인식). 그런데 어느 날 A가 나를 찾아오더니 자신의 어려운 입장을 헤아려주지 않는다며 노골적으로 서운함을 표시한다. 이런 A의 태도를 나는 이해하기 어렵다. 나는 여태 A가 인정 많고 사려 깊은 사람인 줄 알았는데 내가 사람을 잘못 보았구나 하고 생각을 고쳐먹게 된다. 그러면서 동시에 A에 대한 전체적인 인상이 바뀐다. A는 '자기중심적인 사람'이라는 새로운 방향으로 인식을 수정하게 된 것이다. 이러한 인식 수정은 새로운 갈등이나 계기가 발생하면 그에 따라 수정된다. 좋든 싫든 A에 대한 경험이 축적되어가면서 포괄적 인식은 계속 수정된다.

이러한 인식 수정의 이면에는 위험 요소가 있다. 사람은 간단한 형용사나 명사로 분류되는 존재가 아니기 때문이다. 사람의 지적 능력으로 다른 사람을 완벽히 분류하는 것은 불가능하다. 그러나 일상생활 속에서 대상의 가치관을 파악하면 어느 정도의 구체적인 분류는 가능하다. 남을 잘 도우면서도 인색하게 보이는 사람이 있는가 하면 친구들 앞에서는 너그러운 척하면서 집안에서는 고집불통인 사람도 있다. 남에 대한 배려심이 깊은 것 같은데 실은 매우 교만한 사람도 있다. 열 길 물속은 알아도 한 길 사람속은 모른다는 속담이 이런 데서 나왔을 것이다.

사람의 가치관을 정확히 파악한다는 건 결코 쉬운 일이 아니지만 크게 명예, 돈, 권력 세 분야와 관련하여 어떤 생각을 가지고 있는지를 살펴보면 크게 치우치지 않고 그 사람의 유형을 파악하고 적절하게 대응할 수 있다. 앞에서 말한 A에 대한 인식의 변화도 '자기중심적'이라는 포괄적인 정의 대신 '명예욕이 잠재해 있으며 절제력이 부족한 사람'으로 구체적으로 분류하면 더욱 현실적이다. 이렇게 가치관이라는 매듭을 통해서 사람의 행동패턴을 구체적으로 분류해놓고 보면 나와의 갈등관계를 떠나서 객관적으로 대상을 파악할 수 있기 때문에 교유하는 과정에서 편안하게 대처할 수 있다.

내가 어떤 사람과 인간관계가 불편하다는 말은 내가 그 사람을 포괄적으로 인식하고 있는 상태에서 예외적인 상황이 발생했기 때문이다. 그 예외적인 상황이 상대에 의해서 야기되었다면, 중요한 것은 그 사람이 어떤 가치관에 따라 그 행동을 했는지를 아는 것이다. 절제력이 부족해서 그랬을 수도 있고 의도적으로 그렇게 했을 수도 있다. 그러나 어떤 상황에서건 행동의 근본 원인, 즉 상황의 매듭이 무엇인지를 파악하게 되면, 나와의 관계에서 분리시킨 상태에서 객관적으로 대처할 수 있다. 상대가 이해 못할 행동을 했을 때 그것이 자기중심적 가치관에 근거했건 절제력이 부족해서건, 그 사람의 전부를 상황의 원인으로 인식해버리면 근본적인 원인을 규명하거나 구체적 분류를 하기 어려워진다. 이럴 때는 사람 대 사람의 문제로 인식되기 때문에 오히려 갈등이 증폭되기 마련이다.

———.전문가와 비전문가

이러한 매듭은 전문가와 아마추어를 구분하는 중요한 단서가 된다. 전문가와 아마추어는 생각하는 방식에서 차이가 난다. 전문가는 사물을 단순화시켜서 볼 수 있는 능력이 있는 반면, 아마추어는 사물을 눈에 보이는 대로 본다. 전문가는 사물을 접할 때 특정한 부분을 확인하고 싶어 하지만 아마추어는 보여주는 대로 본다. 전문가는 곧바로 구체적인 의문을 품지만, 아마추어는 무엇을 물어야 할지를 모른다. 전문가는 사물이 왜 그렇게 보이는지 설명할 수 있지만, 아마추어는 사물이 보이는 형태에 의존하여 제한된 상상을 한다.

　낯선 사람에게 길을 안내할 때, 전문가는 그 사람이 가는 길목에 있는 특정한 이정표들을 아느냐고 물어본 다음, 그 결과에 따라서 길 안내를 해주고, 아마추어는 상대의 사전 지식을 확인하지 않고 그냥 자기 생각대로 안내해준다. 전문가는 맞춤형 서비스를 해줄 수 있지만, 아마추어는 조립형 서비스 이상을 해줄 수 없다. 전문가는 상대가 어떤 점이 궁금한지를 먼저 파악하고 나서 대응하는 데 비해 아마추어는 자기가 준비한 것을 전달하는 데 급급하다. 전문가는 잘 듣는 사람이고, 아마추어는 미리 준비한 내용을 벗어나는 말에 귀 기울일 여유가 없다. 전문가는 청중의 수준에 따라 전달하는 내용과 방법을 자유자재로 변화시킬 수 있지만, 아마추어는 미리 준비한 것을 바꾸기가 어렵다.

이것은 장난감을 정리할 때 어떤 기준을 세워 분류하는 사람과 무작정 쌓아놓은 사람의 차이로도 설명할 수 있다. 전자는 아이의 성향과 상황에 적합한 장난감을 제공해줄 수 있고, 후자는 아이가 무엇을 원하는지에 관계없이 자기가 정리해놓은 순서에 따라서 장난감을 건네준다. 전자는 장난감을 세분화해서 분류하면서 매듭으로 정리했기 때문에 그때그때 상황에 따라 적절한 매듭을 찾으면 되지만, 후자는 단순히 나이 순 또는 정리한 시간 순서에 따라 제공해주는 것과 같다.

어떤 내용을 설명할 때 전문가는 허락된 시간에 따라 설명 방법을 다르게 할 수 있다. 그러나 초보자는 주어진 시간이 짧으면 불안해한다. 내용을 어떻게 압축해서 전달해야 할지를 잘 모르기 때문이다. 전문가는 내용을 자유자재로 변용할 수 있지만, 초보자는 포괄적인 지식이 부족하기 때문에 기계적인 압축이나 부분적 내용 제거 외에는 변용이 어렵다.

이러한 전문가와 초보자의 차이는 경험을 포함한 지식의 차이에서 비롯된다. 전문가는 해당 내용뿐 아니라 관련된 지식이 풍부하기 때문에 예시적 방법, 요점 정리, 강조에 대한 다양한 기술과 방법을 알고 있다. 그러나 초보자는 해당 내용에 대한 포괄적 이해가 부족하고 기타 관련 지식이 부족하기 때문에 상황에 따른 지식 전달 방법이 제한적일 수밖에 없다.

모든 분야에서 전문가인 사람은 없다. 그러나 적어도 한 분야에서 전문가인 사람은 많다. 만약 같은 분야에서 전문가인 두 사람이 새로 습득한 지식을 상대에게 전하려 한다면 어떤 현상이 벌어질까? 마치 사람은 다르지만 한 사람이 학습하는 것과 같을 것이다. 즉, 새로운 지식을 먼저 습득한 사람이 다른 전문가에게 전달할 때는 자기가 알게 된 경로와 방식을 전달하기 편한 방법으로 표현하면 된다. 예컨대 야구 투수가 손가락으로 볼을 어떻게 잡았을 때 볼이 어떤 방식으로 뻗어 나간다고 한마디하면 다른 투수가 금방 알아듣는 것과 같다. 이야기를 듣는 상대 투수는 볼을 잡는 손가락의 위치에 따라 볼의 스핀이 어떻게 걸리는지를 잘 알기 때문에 동료 투수의 말뜻을 알아듣기 쉽다. 그렇지만 야구 초심자한테는 볼을 어떻게 잡아야 하는지를 직접 시범으로 보여줘도 전혀 엉뚱한 볼이 나간다. 볼을 던지는 순간 볼이 손을 어떻게 벗어나는지 경험이 없기 때문에 가르쳐주는 투수가 의도하는 대로 볼이 나가지 않는 것이다.

　투수 초보자가 어느 정도 볼에 대한 감각이 생기면 전문 투수의 설명을 조금씩 알아듣게 된다. 이렇게 되면 초보자 투수는 이런저런 질문을 하게 된다. 질문은 생각의 갈피를 잡아가고 있다는 중요한 신호다. 그리고 전문 투수는 질문 내용을 들으면서 질문자가 어느 수준에 있는지를 가늠할 수 있다.

_____ 지식 형성의 이정표

궁금증은 나무로 말하면 나뭇가지에 새순이 돋아나는 것과 같다. 새순이 자라서 가지가 되고 거기에서 다시 새순이 나온다. 궁금증이 해결되지 못하고 머물면 자리만 잡은 채 자라지 못한 새순이 되고 만다. 지식이 나무와 다른 점은 나뭇가지끼리 서로 연결되면서 자라난다는 점이다. 궁금증이라는 새순이 돋아나 가지로 성장하면 다른 가지와 연결된다. 그래서 궁금증이 해결되면서 기존의 지식이 재구성되기도 한다. 또 다른 궁금증을 유발하면서 새로운 지식으로 발전할 수도 있다.

일상적인 이야기를 나눌 때 "왜 그렇지?", "무슨 이유로?"와 같은 질문을 언제 하는지를 생각해보자. 자기의 생각과 다를 때, 잘 이해가 안 될 때, 애매해서 확인하고자 할 때, 또는 상대의 주의를 환기시키고자 할 때다. 여기서 '왜?'는 상대의 이야기가 나의 생각과 다를 때 자연스럽게 튀어 나오는 말이다. 속으로 하건 말로 하건 간에. 상대의 이야기가 나에게 친숙한 내용이라면 '왜?'는 유발되지 않는다. 사람의 궁금증이 자연 발생적이듯이 '왜?'도 자연스러운 현상이다.

궁금증은 섬과 섬을 연결해주는 다리와 같다. 상대의 이야기를 잘못 알아들었거나 관련 내용에 대해 더 알고 싶어지면 자연스럽게 질문의 형식으로 궁금증을 표현하게 된다. 이때 질문은 상대의 지식이라는 섬을 더 잘 살피기 위한 두드림과 같다. 어느 정도 섬의 윤곽은 보이지만 소상하게 드러나지 않은 섬의 이모저모를 알고 싶을 때 질문을 던지게 된다. 이 질문의 다리를 통해 우리는 그 섬을 더 자세히 들여다볼 수 있다. 섬으로 통하는 다리를 건너지 않으면 나는 다만 '나의 지식'이라는 섬에 머물면서 '상대의 지식'이라는 섬의 보이는 부분만 볼 수 있을 따름이다.

만일 내가 그 섬에 대해 이미 잘 알고 있다면, 나는 상대가 들려주는 섬 이야기와 정보를 충분히 즐길 수 있다. 5년 전에 이미 섬을 방문한 일이 있었다고 하자. 5년이 지난 현재 시점의 섬 이야기를 들으면 어디가 어떻게 달라졌는지 궁금증이 생길 것이고, 질문을 통해 그 궁금증을 해결하다 보면 섬이 어떤 광경인지 구체적으로 머릿속에서 그려볼 수 있다. 그러나 내가 그 섬에 대해서 사진으로만 본 게 전부라면 이미 알고 있는 다른 섬의 모습을 떠올리고 비교하면서 질문을 할 수 있다. 만약 내륙에서만 살아서 섬을 실제로 다녀본 경험이 없다면 섬에 대한 설명을 아무리 자세하게 들어도 이야기가 귀에 잘 들어오지 않을 수 있다. 이런 경우에는 질문이 생기기 어렵다. 그저 '나도 한번 가보고 싶다'는 막연한 생각만 들 것이다.

궁금증도 듣는 사람의 지식수준에 따라서 다르다. 듣는 내용과 관련한 지식이 있으면 내용의 전개에 따라 듣는 사람이 궁금하게 여기는 내용도 달라진다. 지식을 전달하는 사람도 자신의 이야기가 잘 전달되는지 궁금함을 느낀다. 그러나 많은 경우 궁금증은 전달하는 사람이 아니라 듣는 사람에 의해 자생적으로 생겨나며, 듣는 사람의 지식상태에 따라 궁금증의 내용에도 차이가 난다. 다음 그림을 보면 어떤 궁금증이 생기는가?

그림 7 │ 서태평양 지역에 위치한 팔라우공화국의 섬들

+ 이 섬들에 어떤 나무들이 살까?

+ 이 섬들에 어떤 동물들이 살까?

+ 이 섬들은 어떻게 이렇게 형성되었을까?

+ 이 섬들에 여행자용 숙박시설은 되어 있을까?

+ 이 섬에서 텐트를 치고 잘 수 있을까?

+ 가장 큰 섬은 넓이가 얼마나 될까?

+ 가장 높은 산은 높이가 얼마나 될까?

+ 식수는 어떻게 구할까?

+ 이 섬 주위에는 어떤 어류들이 살까?

+ 이 섬에서 먹을 수 있는 음식은 어떤 것들일까?

+ 섬 주위의 바다는 얼마나 깊나?

+ 이 섬에 직접 가보려면 어떻게 해야 할까?

+ 섬 주위의 기후는 어떨까?

+ 지질적으로나 생태적으로 또는 역사적으로 이 섬들의 두드러진 특징에는

　무엇이 있을까?

　사진을 보고 이렇게 많은 질문들을 떠올릴 수 있다. 직접 그림 속의 섬
들을 찾아가 여행한다고 생각하면 자연스럽게 궁금해질 만한 질문들이다.
섬 자체에 대한 궁금증, 섬 지역을 여행할 때를 대비한 질문들을 통해 답을
구하면 섬에 대한 지식을 구체적으로 얻을 수 있게 된다.

　문서로 제공된 지식은 하나의 체계를 이룬다. 지구상의 모든 자연적·사
회적 현상들은 인간에 의해 발견되면서 체계적인 내용으로 정리된다. 이것
이 문서로 주어진 지식의 모양이다. 이 정리된 지식을 습득하면, 내 머릿속

에서도 하나의 체계가 갖추어진다. 체계가 제대로 갖추어져 있지 않으면 아직 지식이 잘 형성되어 있다고 볼 수 없다.

2×2는 처음에는 하나의 현상으로 인식된다. 그러나 이 현상에 익숙해지면 2×2=4가 하나의 단순 사실로 머릿속에 입력된다. 단순 사실이라는 의미는 역사 속의 한 장면을 기억하는 것과 같다. 역사는 이러한 장면들의 연속이다. 역사를 기억한다는 것은 이러한 장면들의 연속된 흐름을 기억한다는 의미다. 이때 이 장면들을 별도의 사실로 하나하나 따로 기억하지는 않을 것이다. '2에 2를 곱하면 4가 된다'가 이제 '2×2=4'처럼 하나의 수식으로 기억된다. 이 흐름을 면밀히 살펴보면 사실들을 연결하고 하나의 큰 사실로 정리해서 기억하게 된다는 것을 알 수 있다. 장면과 장면 사이가 '그래서'로 연결되어 하나의 큰 사실로 기억된다. 역사 속의 사건도 처음 발단과 마무리가 있기 때문에, 사건 전체가 하나의 덩어리로 기억되는 것이다.

복잡하게 얽힌 이야기나 현상 또는 사건들에는 그렇게 되는 이유가 있으며 이 이유가 사건들의 매듭 역할을 한다. 이러한 매듭들은 대부분이 '왜?'라는 궁금증이 생기는 바로 그 지점이다. 이처럼 궁금증은 지식의 형성 과정에 중요한 매듭 역할을 한다. 지식에 있어서 길 안내에 필요한 이정표 역할을 해주는 것이 지식매듭이다. 낯선 길을 갈 때 이정표를 놓치면 길을 잘못 들거나 방향감각을 잃어버리게 되므로 목표지점에 도달할 수 없다. 역사적인 사건들도 '왜냐하면'과 '그래서' 등으로 연결하면 사건의 시작과 끝을 자연스럽게 이해할 수 있다. '그래서'가 사건의 맥락을 꿰는 지식매듭의 역할을 하는 것이다. 환자가 앓고 있는 병의 원인을 알아내기 위해 의사가 어떤 부분을 검사해야겠다고 생각한다면, 그 부분이 환자에 대한 의사의 지식매듭에 해당한다. 그 검사 결과에 따라 의사는 환자의 질병 유형을 분류한다.

지식투영

우리가 아는 지식은 완벽하지 않다

나는 심심풀이로 맬더스(Thomas R. Malthus)의 『인구론(*Malthus on Population*)』을 읽게 되었다. 그러고 나서 내가 오랫동안 관찰해왔던 동식물들의 생존을 위한 투쟁을 잘 이해할 준비가 되었다. 바로 그 순간 나의 머리를 스치고 지나가는 생각은 바로 이러한 환경에서는 환경 친화적 변화가 보존되고 그렇지 않은 것은 파괴된다는 것이었다. 이러한 변화의 결과가 새로운 종족의 형성을 이루게 되리라. 자, 이제 나는 내가 일할 이론(진화론)을 비로소 갖게 되었구나.

: **찰스 다윈(Charles R. Darwin)의 자서전에서**

어떤 물체를 자른 흔적을 '단면'이라 한다. 보통 철사를 자르면 단면이 동그랗다. 직육면체 빵을 자르면 자르는 방향에 따라 단면이 삼각형, 사각형, 오각형, 육각형이 나온다. 이제 이 빵 안에 건포도와 같은 다른 재료들이 들어 있다고 하자. 그러면 각각의 단면에 재료들이 위치에 따라 다양하게 노출될 것이다.

　이러한 3차원 공간에서의 단면을 넘어 시간까지 포함하는 4차원에서의 단면을 생각해보자. 시간에 대해 자른 단면이 바로 어제와 오늘이다. 어떤 사람의 성장과정을 사진으로 찍어서 보관했다고 하자. 사진 한 장 한 장이 그 사람의 모습을 시간 축에서 잘라서 본 단면이 된다.

───•우리가 아는 지식의 단면

직육면체 빵을 어느 한 면에 평행하게 일정한 간격으로 잘랐다고 가정하자. 빵을 자른 간격이 좁을수록 단면으로부터 빵의 내부구성을 더 잘 살펴볼 수 있다. 마찬가지로 어떤 사람의 성장과정을 매우 짧은 시간 간격으로 찍은 사진이 있다면 그 사람의 성장과정을 비교적 구체적으로 그려볼 수 있다. 이처럼 지식에서도 단면을 생각할 수 있다.

각 나라 고유의 인사법은 오랜 문화적 배경에서 나온 하나의 생활양식이다. '세계의 인사법'이라는 지식을 문화권이라는 축을 따라 살펴보면 해당 문화권 고유의 인사법이 나타난다. 이 고유의 인사법을 '인사법이라는 지식'의 한 단면으로 볼 수 있다. 다른 예를 들어보자. 일반적으로 물은 섭씨 100도에서 끓는 것으로 알려져 있다. 그러나 기압이 낮은 곳에서는 100도 이하에서도 끓는다. 즉, 물의 비등점은 기압에 따라 달라진다는 것을 하나의 지식이라고 할 때, 물이 100도에서 끓는다는 것은 보통 기압에서의 '지식의 단면'이라고 볼 수 있다. 알고 보면 우리가 갖고 있는 지식은 지식 그 자체라기보다 실제로는 '지식의 단면'인 경우가 많다.

지식의 진화는 $(a_1, b_1, c_1) \longrightarrow (a_2, b_2, c_2)$ 형태로 진행된다. $(a_1, b_1, c_1) \longrightarrow (a_1, b_2, c_1)$ 와 같이 서로 연관되어 있는 지식요소들 중에서 $b_1 \longrightarrow b_2$처럼 b_1하나만 변하기는 어렵다. 관련되는 지식이 함께 변하기 때문이다. $\frac{1}{5} + \frac{2}{5} = \frac{3}{5}$ 을 배울 때와 $\frac{1}{5} + \frac{1}{3} = \frac{8}{15}$ 을 배울 때를 비교하면 이해의 수준이 다르다. 전자는 단순한

수의 합으로 이해할 수 있지만, 후자의 경우에는 분수의 의미를 충분히 이해해야만 풀이가 가능하다. $\frac{1}{5} + \frac{1}{3} = \frac{8}{15}$을 이해하고 나면 $\frac{1}{5} + \frac{2}{5} = \frac{3}{5}$의 이해 수준이 동일한 분수 단위들의 계산이라는 개념으로 발전한다.

지식은 공간적인 구조를 갖고 있지 않다. 따라서 우리 두뇌에 어떤 형태로 구성되어 있는지 알 수 없다. 지식이 두뇌에 어떻게 저장되어 있으며, 저장되어 있는 지식들이 어떻게 활용되는지는 밝혀진 바가 없다. 다만 특정한 자연적·사회적 현상이 논리적인 틀 안에서 인식되면, 학습과정을 거쳐 지식이 된다. 보통 '지식'이라고 할 때는 객관적으로 인정된 내용을 의미하는데, 이것은 언어를 통해 우리에게 전달된다. 그러나 전달된 내용이 고스란히 학습된다고 볼 수는 없다. 설령 학습이 된다고 해도 시간의 흐름에 따라 뇌 안에서 그 내용이 어떻게 변화될지는 알 수 없기 때문이다. 뇌 안에 있는 '지식'은 우리가 그것을 활용할 시점의 '지식'을 의미한다.

뇌 안의 지식은 무형(無形)이고 가변적이다. 그래서 지식의 단면은 도형의 단면처럼 간단하게 표현할 수 없지만, 그 특징을 고려할 수는 있다. 한 50대 주부가 왼손의 손 저림 증세로 몇 달째 고생하다가 문화센터의 생활체육 강사에게 왜 그런지 묻는다. 그러자 강사는 혈액순환이 잘 안되어서 그런 것 같다고 조언하고, 왼손을 마사지해주며 혈액순환에 도움이 되는 운동을 권한다. 운동을 해도 별다른 효과를 못 느끼자 그 주부는 전문의를 찾아가 상담을 받는다.

의사는 언제부터 손 저림이 시작되었고 증상이 어떻게 변화해왔는지를 묻는다. 처음에는 손끝만 저렸는데 시간이 흐르면서 왼팔 전체가 저릿저릿하게 되었다고 주부가 답한다. 그러자 의사는 혈액순환에 문제가 있어서일 수도 있고 목 디스크일 가능성도 있다고 한다. 그러면서 손 저림이 한쪽에만 있느냐고 묻는다. 그렇다고 하자 의사는 목 디스크가 원인인 것 같다면서, 혈액순환에 문제가 있다면 저림 증상은 대개 양쪽 손에 같이 온다고 설명한다. 여기서 살필 점은 동일한 손 저림 증상을 놓고 생활체육 강사와 의사가 다른 결론을 내렸다는 것이다. 체육 강사는 혈액순환이 문제라고 생각했으나, 의사에게는 혈액순환과 목 디스크가 같이 떠올랐고, 그래서 의사는 저림 증상에 대해 더 구체적으로 탐색한다. 그리고 추가 지식을 검토한 다음에는 목 디스크 이상에 더 비중을 둔다. 각자의 지식 상태에 따라서 떠올리는 지식 단면들이 다르게 나타난 사례다.

의사가 환자를 대상으로 진단과 검사를 많이 하면 할수록 환자에 대해 그만큼 세분화된 지식 단면들이 형성되고, 의사는 환자에 대하여 더 구체적이고 심층적인 지식구조를 갖게 된다. 지식의 단면은 사람의 의사결정 과정에서 동시적으로 활성화되는 지식의 일부다. 우리가 생각을 할 때 뇌에서는 동시다발적으로 뇌세포의 활성화가 이루어진다. 즉, 생각하는 과정이란 다양한 지식 단면들이 영화필름처럼 연속적으로 발화되는 것이다. 마치 여러 악기들이 동시에 소리를 내면서 아름다운 화음을 만들어가는 것과 같다. 그 악기들이 소리를 멈추면 화음도 동시에 사라지는 것처럼, 지식이라는 것도 뇌가 활동을 멈추면 쉬는 상태가 된다.

———. 지식투영체

우리가 사물을 볼 때 눈에 보이는 것은 그 사물의 일부다. 둥근 공은 원으로, 직육면체는 다각형으로 보인다. 3차원 물체는 2차원으로 인식할 수밖에 없기 때문이다. 그렇지만 2차원 형상이라도 여러 방향에서 관찰할 수 있다면 원래의 물체 형태를 유추할 수 있다.

자연현상 역시 우리가 접하는 부분밖에는 볼 수가 없다. 앞에서 말한 지식의 단면은 그 내부의 상태를 말하지만, 지식의 투영은 문자 그대로 우리가 보는 방향에서 인식되는 지식이다. 이것을 가든포스(Peter Gärdenfors)는 세상을 "개념 공간(conceptual space)"이라는 안경을 통해 보는 것으로 표현했다.[8] 같은 맥락에서 아인슈타인은 좀 더 구체적으로 말하였다.

"우리가 일상적으로 생각할 때 사용하는 개념 또는 지식과 오관을 통해서 얻는 경험적 복잡성 사이의 연관성(connection)은 단지 직관에 의해서 이해될 수 있다. (…) 이 연관성을 통해서, 우리 생각에 속한 순수한 개념적 명제들(purely conceptual propositions of science)들이 우리가 직접 경험하는 복잡성에 대한 이해를 도와주는 일반화된 명제로 발전한다."[9]

두 사람이 동일한 지식구조를 서로 다른 방향에서 접했다면 이들이 습득한 지식의 내용은 각각 다를 수밖에 없다. 인체건강 관련 지식에 대해서 생각해보자. 이것을 치아건강, 호흡기건강, 소화기건강 등 특정 분야에 국한해서 지식을 습득했다고 가정하자. 이럴 때 치아건강 관련 지식은 건강 관련 지식이 치아건강에 투영된 것으로 볼 수 있다. 인체의 전반적인 건강 관련 지식이 치아건강 분야에 투영된 상태다. 종합병원에 근무하는 의사 한 사람 한 사람은 인체건강 관련 지식의 종합체를 특정 분야에 투영한 것이라고 이해하면 된다.

어떤 제품의 제조 과정을 예로 들어보겠다. 하나의 제품이 기획 단계에서부터 고객에게 판매될 때까지는 기능 설계, 디자인, 품질개발 등 여러 과정을 거치는데, 이러한 전 과정을 잘 다룰 수 있는 전체 지식이 있다고 하

자. 이때 제품의 기능, 디자인, 품질, 판매를 잘 처리할 수 있는 전문지식은 해당 분야에 대한 전체 지식의 투영체라고 볼 수 있다.

학습과정을 생각해보면 어떨까? 학습자는 전문가에 의해 설계된 내용을 학습내용의 위계에 따라 배우게 된다. 전체 학습내용을 10회에 걸쳐서 마친다고 하자. 매 회의 학습내용을 완벽하게 습득하였다면, 각 회마다 형성된 지식구조는 전체 학습과정을 마친 뒤의 지식구조가 투영된 셈이다. 물론 이전의 지식투영체가 전체 지식구조의 올바른 투영체가 아니라면 그 다음에 습득되는 학습내용도 올바른 투영체를 형성하는 데 장애가 될 수 있다.

[그림 8]에 나타난 것처럼 피사면이 평면인지 굴곡 면인지에 따라 투영된 모습이 다르게 나타나듯이, 공부하는 사람들이 어떤 관련된 지식을 갖고 있는지에 따라 받아들이는 지식의 양상이 다양해질 수 있다.

이런 이유로 매 학습단계마다 이전 단계의 지식투영체가 올바르게 형성되었는지를 점검하는 것은 매우 중요하다. 또한 학습과정의 설계가 불완전한 경우에도 학습자의 지식투영체가 제대로 형성되지 않을 수 있다.

이것은 앞에서 이미 언급한 지식매듭과 밀접한 관계가 있다. 각 단계마

그림 8 피사면의 모양에 따라서 투영된 모습이 다르게 나타난다.

다 지식의 매듭이 잘 형성되도록 학습 설계가 되어 있으면 지식의 투영체가 상대적으로 수월하고 올바르게 형성될 것이다.

지식투영체와 지식 단면이 완전히 별개의 것으로 분류되는 것은 아니다. 직육면체 식빵을 자르지 않은 상태에서 본 모습도 식빵 전체의 투영체이고, 식빵을 잘라서 단면을 수직 방향으로 바라본 모습도 역시 투영체다. 그렇지만 온전히 투영되었다면 그 자체는 단면과 동일한 형태다.

우리 주위에서 다양한 모양의 투영체를 떠올릴 수 있다. 3차원 물체를 한쪽에서 바라봤을 때의 투영체는 우리가 투영체에 대해 생각할 때 가장 생각하기 쉬운 예다. 그러나 투영하는 방법을 달리하거나 어디에 투영시키는가에 따라 다양한 투영체를 생각할 수 있다. 형상이 있는 물체건 추상적인 것이건 나에게 인식된 것 자체를 투영체로 보면 된다.

[그림 9]는 숫자 1, 2, 3, 4 ,5를 1 주변에 배치한 그림을 보고, 숫자를 모르는 사람이 인식하는 것과 아는 사람이 인식하는 것이 다를 수 있음을 나타낸 것이다. 대상을 아는 사람과 모르는 사람에게 투영된 내용은 다르게 나타난다.

그림 9 숫자를 모를 때(왼쪽)와 알 때(오른쪽)의 투영 사례

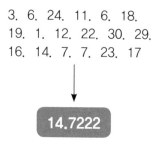

그림 10 18개 숫자들의 평균으로 본 투영 사례

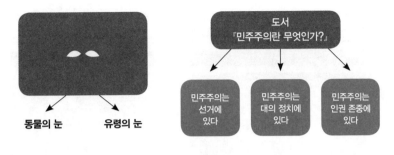

그림 11 동일한 대상을 다르게 인식하는 투영 사례

그림 12 책의 내용을 한 줄의 문장으로 압축한 투영 사례

　[그림 10]은 여러 숫자들의 집합을 하나의 값인 평균으로 단순화시킨 것이다. 18개의 모든 값을 1/18배율로 줄여서 합하는 과정이 하나의 투영 과정인 셈이다.

　[그림 11]는 깜깜한 곳에서 보이는 두 개의 눈 모양의 발광체를 보고 인식한 내용이다. 밤에는 동물들의 눈에서 밝은 빛이 나온다는 것을 아는 사람은 그것을 동물의 눈이라고 인식하고, 전혀 그런 지식이 없는 사람은 유령이 나타난 것이라고 생각할 수 있다.

　[그림 12]는 『민주주의란 무엇인가』라는 책을 읽고 나서 핵심 내용을 한 줄로 적은 것이다. 동일한 책을 읽고서 사람마다 핵심 내용을 다르게 적었다. 같은 책이라도 읽는 사람의 지식에 투영될 때 강조점이 다르게 나타날 수 있음을 의미한다.

　[그림 13]은 수학자 괴델(Gödel)과 아인슈타인의 사진을 블라인드와 격자무늬로 각각 투영한 모습이다. 사진 속의 인물을 잘 아는 사람은 블라인드 사이로 투영된 모습을 보아도 누구인지 알아보는 데 어려움이 없지만 이들 인물에 대한 지식이 없는 사람이라면 그저 두 남자가 서 있는 정도로

그림 13 블라인드(왼쪽)와 격자무늬 문(오른쪽)을 통해서 보이는 모습

만 인식할 것이다. 그런데 격자무늬로 가려진 사진은 투영된 부분이 너무 적어서 사진 속의 내용이 무엇인지를 인식하기가 쉽지 않다. 이처럼 투영이 얼마나 많이 되었느냐에 따라서 진실을 인식하는 데 영향을 받게 된다.

[그림 14]는 분수가 무엇인지를 아는 사람과 모르는 사람이 $\frac{1}{4}+\frac{1}{5}$라는 문제를 봤을 때의 투영 사례를 그린 것이다. 분모가 다른 분수의 덧셈에 대하여 수학적 지식이 없는 사람은 이 문제를 단순하게 $\frac{1}{4+5}$로 풀이할 가능성이 있다.

이처럼 나에게 투영된 내용은 내가 갖고 있는 지식의 한계를 벗어날 수 없다. [그림 15]도 같은 맥락에서 생각할 수 있는 투영 사례다. 기본 원리를 잘 이해하고 있는지를 묻는 문제를 보고 세 사람이 A, B, C의 세 가지 방식으로 반응한다. A는 기본 원리에 대한 이해가 깊어서 문제의 의도를

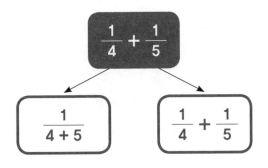

분수를 모르는 사람(왼쪽)과 아는 사람(오른쪽)의 인식

분명하게 인식한다는 반응이다. B는 문제 유형별 풀이방법에 잘 훈련된 사람이 보이는 반응이다. 왜 그런 문제가 나왔는지에 대해서는 인식하지 못한다. 기본 원리를 깊이 이해했다기보다 기계적으로 문제풀이에 적응한 탓이다. C는 문제에서 묻는 기본 원리는 물론이고 문제 자체에도 익숙하지 않은 사람이 나타내는 반응이다. 문제의 내용을 제대로 파악하지 못한 상태로, 격자무늬를 통해 사진을 바라보는 상태와 유사하다고 볼 수 있다.

투영은 일상적인 대화 속에서도 일어난다. 상대가 이야기한 내용은 나

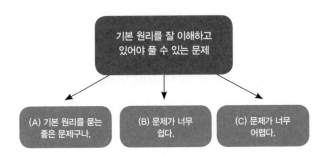

그림 15 기본 원리를 잘 알고 있는 사람(A), 문제만 많이 풀어본 사람(B), 관련 지식이 거의 없는 사람(C)의 인식

의 지식에 투영된다. 상대방의 말은 블라인드나 격자무늬 무늬를 통해 나에게 전해지는 그림과 같다. 보통 이야기를 듣다가 내용이 이해가 안 되면 질문을 통해 나의 지식과 어떻게 다른지를 파악하려고 한다. 의도적으로 노력하기도 하지만, 이러한 투영은 거의 무의식적으로 일어난다. 상대의 말을 들으면서 나의 뇌는 바쁘게 활동하여 관련되는 지식을 찾고, 그 배경지식에 내가 들은 내용을 투영시켜가며 블라인드에 가려진 빈칸을 메우는 식이다.

같은 사람의 이야기라도 여러 사람이 들을 때 각자의 지식에 따라 투영되는 지식이 저마다 다르기 때문에 다르게 이해하는 경우가 자주 발생한다. 그럼 이제 대화 중에 발생하는 지식투영의 사례를 살펴보자.

———. 대화와 지식투영

2011년도의 교육 관련 설문조사 결과를 보자.[10] '한국 교육의 가장 큰 문제점이 무엇인가?'라는 질문에 응답자들은 "수시로 바뀌는 교육제도"(31퍼센트)와 "과도한 사교육비"(28퍼센트), "부실화된 공교육"(17퍼센트) 순으로 문제점을 지적했다. 우리나라 저출산의 원인으로는 "부담되는 양육비와 교육비"(43퍼센트)와 "불안정한 소득과 직업"(35퍼센트) 순으로 답했고, 이에 대한 해결 방안으로는 "양육비 지원 확대"(33퍼센트)와 "사교육비 절감을 위한 공교육 활성화"(25퍼센트) 순으로 나왔다.

저출산이 교육비 부담과 밀접한 관계가 있다는 조사 결과는 어느 정도 예상할 수 있는 내용이었는데 이번 설문조사를 통해 확인한 셈이다. 이러한 결과를 접한 사람들의 의견은 조금씩 다를 수 있다. 아래에 공교육 씨와 국민의식 씨의 의견 차이를 들여다보자.

공교육 씨는 공교육이 내실화되면 사교육비가 경감될 것이라고 생각하고, 국민의식 씨는 공교육이 내실화되어도 국민의식 수준이 근본적으로 바뀌지 않으면 별다른 효과가 없을 것이라고 생각한다. 공교육 씨는 선진국의 경우 교육정책이나 교육시설, 교육지원 체제가 잘되어 있기 때문에 굳이 사교육 시장이 형성되지 않은 것이라고 보기 때문에 우리도 하루빨리 선진국 수준으로 공교육이 내실화해야 한다고 주장한다.

반면에 국민의식 씨는 공교육 씨의 주장에 일리가 있음을 인정하면서도 우선 국민의식부터 바뀌지 않으면 사교육의 문제가 개선되지 않을 것이라고 주장한다. 또한 국민의식 씨는 경쟁이란 항상 있는 것이고, 우리나라 부모들의 교육열이 어느 나라보다 강하다는 것을 지적하면서, 특히 '일류대학 출신이어야 출세가 보장된다'는 사회적 의식이 바뀌지 않는 한 공교육 내실화가 아무리 잘 이루어진다고 해도 사교육 시장에는 큰 영향을 미치지 않을 것이라고 주장한다. 이 두 사람의 주장을 간단하게 그림으로 나타낸 것이 [그림 16]과 [그림 17]이다. 그림에서 화살표는 직접적으로 영향을

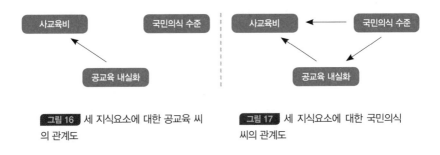

그림 16 세 지식요소에 대한 공교육 씨의 관계도

그림 17 세 지식요소에 대한 국민의식 씨의 관계도

미치는 방향을 의미한다.

공교육 씨는 공교육 내실화가 대학 입학정책에 영향을 줄 것이고, 대학 입학정책은 다시 사교육에 영향을 미친다고 본다. 즉, '공교육 내실화 → 대학 입학정책 변화 → 사교육 시장 대응 변화'라는 흐름을 염두에 두고 [그림 16]과 같은 생각을 하게 된 것이다.

한편 국민의식 씨의 [그림 17]은 다음과 같은 배경에서 나왔다. 국민의식 수준은 사교육비에 직접적인 영향을 미치지만, 공교육 내실화에 미치는 영향은 상대적으로 약하다고 보는 것이다. '국민의식 수준 → 공교육 내실화'의 관계가 약하다는 것은 다시 말해 '국민의식 수준이 높으냐 낮으냐에 따라 → 개인 국민소득이 증대 또는 감소하고 → 이것은 교육비 국가지원의 증감에 영향을 미친다. 결과적으로 공교육 내실화와 밀접한 관계가 있다'는 관계고리에서 처음(국민의식 수준)과 끝(공교육 내실화)의 두 요소이기 때문이다.

[그림 18-1]과 [그림 18-2]는 국민의식 씨와 공교육 씨가 사교육비, 공교육 내실화, 대학 입시정책, 개인 국민소득, 교육비 국가지원, 국민의식 수준이라는 여섯 가지의 지식요소들 사이에 어떤 인과관계가 있다고 생각하는지를 그림으로 나타낸 것이다. 두 그림의 차이는 국민의식 수준, 사교육비, 개인 국민소득 세 요소들 간의 관계에 있음을 알 수 있다. 나머지 요소들 사이의 관계는 두 사람이 동일하다.

두 사람 모두 개인 국민소득과 사교육비 사이에 '개인 국민소득 → 사교육비'의 인과관계가 있다고 생각한다. 그러나 여기에도 약간의 차이가 있다. 국민의식 씨는 이 인과관계의 정도에 국민의식 수준이 영향을 미친다고 생각하지만 공교육 씨는 국민의식 수준과는 무관하다고 본다는 점이다.

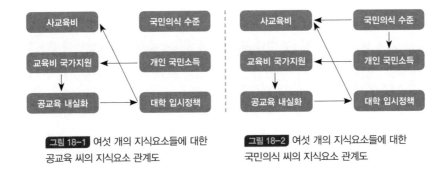

그림 18-1 여섯 개의 지식요소들에 대한 공교육 씨의 지식요소 관계도

그림 18-2 여섯 개의 지식요소들에 대한 국민의식 씨의 지식요소 관계도

입체도형 투영체의 사례와 직접적인 비교는 어렵겠지만, [그림 18-1]을 사교육비, 국민의식 수준, 공교육 내실화라는 요소에 투영한 것이 [그림 16]이라고 볼 수 있고, 같은 맥락에서 [그림 18-2]의 투영체가 [그림 17]인 셈이다.

이 3단계의 관계고리가 그 위의 1단계 관계고리로 단순화된 것은 마치 4차원 물체를 2차원 평면에 투영시킨 것과 유사하다. 연결된 네 요소에서 처음과 끝 요소만 본 것인데, 이것이 어떻게 3차원의 투시도와 같으냐고 의아해할 수도 있다. 이것은 기다란 것을 짧게 한 것이다. 서로 다른 특성이 있는 네 요소 사이의 관계를 4차원 구조라 한다면 양끝의 두 요소에 대한 관계를 2차원 구조로 볼 수 있다는 의미다.

대화를 하다 보면 상대에게 공감하는 부분도 있고 상반된 의견을 가질 수도 있다. 대화에 사용된 지식요소들에 따라 서로가 갖는 지식구조의 투영체들이 다르기 때문이다. 다양한 주제를 가지고 대화를 하면, 상대가 전반적으로 어떤 생각을 하는 사람인지 가늠할 수 있다. 이것은 어떤 물체를 다양한 각도에서 바라본 투영도를 토대로 그 사물의 전체 모양을 가늠할 수 있는 것과 같다.

다른 예를 하나 더 들어보자. 랜덤워크 이론[11]으로 유명한 버튼 맬키엘(Burton G. Malkiel) 프린스턴대학 교수가 학생들에게 동전을 던져 주식가격 차트를 만드는 과제를 내주었다. 맬키엘 교수는 이렇게 해서 무작위로 만들어진 차트 가운데 눈에 띄는 부분이 있는 것을 골라서 월스트리트[12]의 기술분석가에게 보냈다.

차트를 검토한 분석가는 "그래프 패턴이 아주 전형적이다. 다음 주가 되면 분명 주가가 15퍼센트 상승할 것이다. 주식을 당장 사고 싶다"고 했다. 주가의 패턴분석을 전문적인 업으로 삼은 사람에게는 머릿속에 많은 패턴들이 있을 것이고, 그들은 경험적으로 특정 패턴에 대한 향후 경향을 예측할 수 있다고 자신한다. 이것도 지식투영의 한 예다. 직업적 습관이라고 볼 수도 있겠다. 한 사람은 앞으로 상승할 주가 그래프라고 분석하였고 한 사람은 이것이 단지 동전 실험결과일 뿐임을 알고 있다.

리처드 파인만(Richard P. Feynman)은 저서 『물리법칙의 특성(The Character of Physical Law)』에서 동일한 물리적 법칙을 다르게 표현하면 다른 심상(mental picture)을 유발시킬 수 있고 이것이 새로운 발견에 도움이 된다고 말했다. 생각을 표현할 때 어떻게 하느냐에 따라 듣는 사람의 머릿속에는 나와는 전혀 다른 생각이 유발될 수 있다(Gigerenzer).[13] 표현방식에 따라 듣는 사람에게 투영되는 내용과 강조점이 다르게 나타나기 때문이다.

분센 버너를 고안했던 화학자 로베르트 분센(Robert W. Bunsen)[14]은 어떻게 하면 가스불꽃을 통해 가스성분을 알아낼 수 있을까 연구하다가 물리학자 키르히호프(Gustav Robert Kirchhoff)[15]를 만나 우연히 가스성분에 관한 고민을 털어놓는다. 이야기를 듣던 키르히호프는 곧바로 프리즘을 사용해서 빛을 분석해보라고 조언한다. 이 방법은 나중에 우주론 연구에 중요한 방법으로 발전한다. 물체가 연소할 때 내는 빛의 파장이 물체에 따라 다르다는 것을 알고 있던 키르히호프는 분센이 고민하는 주제를 빛의 파장이라는 지식에 투영했던 것이다.

———•눈속임과 가치오류 현상

눈속임도 일종의 지식투영 현상이다. 사람은 자기의 지식을 토대로 이해하고 행동하는데, 이러한 현상을 역이용해서 눈속임하는 현상이 우리 주위에 빈번하게 발생한다.

오리 브래프먼(Ori Brafman)과 롬 브래프먼(Rom Brafman)의 『스웨이(*Sway*)』[16]에는 천재 바이올리스트 조슈아 벨(Joshua Bell)의 이야기가 나온다. 어느 날 아침 7시 51분, 출근하는 인파로 붐비는 지하철역 한쪽에서 청바지와 야구모자 차림의 젊은이가 350만 달러짜리 스트라디바리우스 바이올린을 꺼내들고 43분 동안 연주하였다. 연주가 계속되는 동안 그곳을 지나간 1,097명 중 걸음을 멈춘 사람은 단 몇 사람에 불과했다. 출근길을 서두르는 사람들의 눈에 젊은 바이올린 연주자는 주목할질 만한 사람으로 투영되지 않은 것이다. 물론 1,097명 중에는 음악을 잘 모르는 사람도 많았을 것이다. 그러나 고작 몇 사람만이 연주를 듣기 위해 걸음을 멈추었다는 것은, 연주의 내용보다는 연주자의 초라한 상황이 연주의 질을 오판하게 만든 가치오류 현상이라 볼 수 있다. 이와 유사한 가치오류 현상은 자주 일어난다.

파리대학의 바이올린 음향학 전문가인 클라우디아 프리츠(Claudia Fritz)와 연구팀은 2010년에 미국 인디애나폴리스에서 열린 국제 바이올린 경연에 참가한 바이올린 연주자들을 대상으로 한 가지 실험을 했고 그 결과를 국립과학아카데미 회보(Proceedings of National Academy of Sciences) 온라인판에 게재했다.

그들은 바이올린 연주자 21명에게 1700년대에 제작된 스트라디바리우스와 과르네리 델 제수(Guarneri Del Gesu) 바이올린 세 대와 최근에 제작된 고품질 바이올린 세 대를 직접 연주하게 한 뒤 음색, 음향반사 등을 기준으로 악기의 가치를 평가하게 하였다. 그런 다음 가장 갖고 싶은 바이올린을 고르라고 했다. 이 실험에서 바이올린의 외관이나 냄새를 통해 판별하지 못하도록 연주자들의 눈을 가리고 실험실에 향수를 뿌렸다.

실험 후 가장 선호하는 바이올린을 묻자 연주자 21명 중 여덟 명만이 오래된 악기를 선택했고, 나머지는 모두 최근 악기를 선호했다. 결과적으로 제작된 지 300년이 넘은 스트라디바리우스 바이올린과 갓 제작된 새 바이올린이 음질 면에서 차이가 없다는 것이 밝혀진 셈이다. 특히 주목할 부분은 가장 낮은 평가를 받은 악기가 스트라디바리우스 중 한 대였다는 점이다. 우리가 명품이라는 인식에 얼마나 영향을 많이 받는지를 가늠하게 하는 연구 결과라고 할 수 있다.

벼룩시장에 놓인 진귀한 물건, 명품 진열대에 놓인 가짜 보석, 지방의 무명 대학을 나온 천재, 고액과외를 받고 명문대학에 입학한 학생 등 우리가 범하는 가치오류 판단은 모두 지식투영의 다른 모습이다.

돌발적인 행동을 통해 자기를 드러내는 것도 일종의 지식투영 효과라고 볼 수 있다. 자기를 드러내는 수단으로 특별한 이유 없이 반대의견을 내거나 돌출 행동을 하는 사람들이 있는데, 집단의 의견과 다른 의견을 제시하면 일단 사람들의 주목을 받게 된다. 익숙지 않은 자극이 사람들에게 투영되었기 때문이다. 마치 동물들의 세계에서도 낯선 동물이 나타나면 주위의 동물들이 한동안 주시하는 것과 같은 이치다. 저 '낯선 것'의 정체가 무엇일까 하는 궁금증이 생기기 때문이다. 그러다 나에게 피해를 주지 않는다는 판단이 서면 동물들은 이내 관심을 다른 데로 돌린다. 사람도 다르지 않다. 낯선 현상이 투영될 때 사람들은 그 현상을 더 주목해서 관찰하지만, 자신에게 피해를 주지 않는다는 확신이 들면 관심을 거두거나 긴장의 수준을 평상시의 수준으로 낮춘다.

———.지식투영과 다윈의 진화론

다윈이 갈라파고스 군도에서 작성한 새들에 관한 기록이 있다. 그 기록을 연구한 동물학자 존 굴드(John Gould)는 서식지에 따라 생김새가 다른 새들을 보고 각각 다른 종류로 분류했다. 그는 서식지에 따라 새들이 어떤 차이가 있는지 눈여겨본 다윈의 관점보다 자신의 전문분야인 동물의 분류에 더 관심을 가졌던 것 같다. 반면 굴드에 비해 새에 대한 지식과 정보가 부족했던 다윈은 어째서 새들이 서식지에 따라 차이를 나타내는지 호기심을 가졌다.

두 사람 사이에 나타나는 관심의 차이는 그들이 보유한 지식의 차이만큼이나 크다고 볼 수 있다. 갈라파고스 새들에 대한 다윈의 기록은 굴드의 해박한 지식에 너무나 잘 투영되어서 그의 분류표를 한층 풍성하게 하는 데 도움이 되었다.

굴드에 비하면 아마추어에 가까웠던 다윈의 궁금증이 그로 하여금 동물의 진화현상을 과학적으로 연구하는 길로 이끌었던 것이다.

─────. 미래를 예측하는 선구안

미국의 대표적인 기업들의 가치를 종합적으로 대변해주는 지수로 다우존스(Dow Jones) 지수가 있다. 이 지수가 사용된 지 115년이 되는데, 그 사이이 지수에 편입된 기업의 목록이 48번이나 바뀌었다. 그만큼 기업의 가치가 시시각각 변화한다는 것을 상징적으로 보여준다. 다른 분야와 달리 비즈니스 세계는 치열한 경쟁 속에서 순간순간의 의사결정에 따라 기업의 존폐가 갈리는 경우가 허다하다. 따라서 기업가들은 자신의 지식에 투영되는 세상의 다양한 현상이 어떤 의미인지를 더욱 구체적이고 긴장감 있게 받아들인다. 기업의 흥망성쇠란 기업가가 세상을 어떻게 인식하는지, 그리고 다가올 변화를 어떻게 예측하는지에 달려 있기 때문이다.

20세기 초에 자동차가 상용화되면서 기업들은 경쟁적으로 자동차 관련 사업에 뛰어들었다. 엔진 개발, 차체 개발, 타이어 제조업 등 다양한 사업 분야에서 많은 사람들이 성공의 축배를 들기도 했고 비참한 몰락의 길을 걷기도 했다. 그야말로 약육강식 현장이었다. 이런 와중에 전혀 새로운 시각에서 자동차 산업의 부흥을 내다본 사람이 있었다. 미국 플로리다주의 부동산 산업 부흥을 예견한 칼 피셔(Carl G. Fisher)가 그 주인공이다.

어려서 자전거 경주에 관심이 많았던 그는 1904년에 전조등의 특허권을 인수했다. 10년 뒤 미국의 자동차 산업이 성장하고 전조등에 대한 수요가 급증하면서 그는 엄청난 부를 거머쥐게 되었다. 1913년에 그는 미국의 동서를 관통하는 도로의 건설에 관심을 갖게 되었고, 1년 뒤에는 남북을 달리는 딕시(Dixie) 하이웨이 건설에 착수했다. 이 고속도로의 남쪽 끝은 플로리다 주의 마이애미였는데, 당시 이곳은 황량하기 그지없는 땅이었다. 앞을 미리 내다본 피셔의 예견력은 여기에서 빛을 발했다. 그는 이곳에 부동산 산업을 일으켜 1926년 당시 금액으로 약 1억 달러의 자산가가 되었다. 훗날 미국의 경제 대공황으로 그는 거의 모든 재산을 잃게 되었지만, 미국역사가들은 플로리다 주의 가장 영향력 있는 인물 50명에 선정할 정도로 그의 예견력을 인정하고 있다.

피셔의 예에서 확인할 수 있듯이 사람의 예견력은 전혀 엉뚱한 곳에서 나오지 않는다. 그의 관심경로를 보면, 자전거 → 전조등 → 자동차 경주장 → 고속도로 → 부동산업으로 밀접하게 연결되어 있다. 물론 이것은 어디까지나 결과론적인 분석이다. 그렇지만 한 치 앞을 내다볼 수 없는 치열한 경쟁 속에서 10년 혹은 그 이후 변화를 예측할 수 있는 힘은 평소 어떤 분야에 관심을 갖고 있었고 그에 따라 어떤 지식을 축적했는가에 달려 있다는 것은 부정할 수 없다.

———•본체지식과 주변지식

정신분석학자 프로이트(Sigmund Freud)는 심리적 과정을 단지 전체적 정신체계의 부분적 현상으로 보았으며, 정신적 증상은 보다 포괄적인 정신적 체계와의 관계 속에서 살펴야 한다고 주장했다.

아인슈타인도 이와 맥을 같이하는 주장을 했는데, 특히 눈에 보이는 것에 집착해 물리학을 현상학적으로만 접근하는 태도를 경계해야 한다고 강조했다. 즉, 현상을 이해하기 위해서는 전체적인 체계와 그 체계를 구성하는 요소들을 빠짐없이 면밀히 고려해야 한다는 것이 그의 주장이었다. 그래야만 각 구성요소와 전체 체계가 어떤 관계를 맺고 있는지를 올바르게 이해할 수 있다는 것이다.

프로이트와 아인슈타인의 주장은 사물을 보다 정확히 이해하는 데 중요한 기준이 된다. 그러나 부분적 현상을 전체와의 관계 속에서 파악하려면 그럴 만한 지식이 축적되어 있어야 가능하다. 그렇지 않으면 눈에 보이는 것에 의존해 판단할 수밖에 없기 때문이다.

프로이트와 아인슈타인의 관점에서 보면, 많은 사람들이 일상생활 속에서 부분만을 보면서 산다고 할 수 있다. 나는 나에게 인식되는 부분을 통해 내가 아는 지식범위 안에서 전체를 추측할 수밖에 없다. 전체와 대비해서 볼 때 부분은 주변지식에 불과하다. 이러한 주변지식에 대한 대비 개념으로, 관심 대상 전체에 대한 지식을 본체지식이라고 부르겠다.

여기서 주변지식과 지식의 투영을 구분할 필요가 있다. 지식의 투영은 어떤 지식이 나에게 투영된 내용이다. 예를 들어서, 원기둥을 본체지식이라고 하자. 투사체에 투영된 원기둥 그림자를 지식의 투영이라고 하고, 특정한 투시점에서 원기둥을 바라봤을 때의 모양을 주변지식이라고 가정하겠다. 이때 본체지식이 진리라면 주변지식도 진리다. 그러나 지식의 투영은 반드시 진리가 아닐 수도 있다. 받아들이는 사람이 잘못 받아들이는 경우 그것은 진리가 왜곡된 형태이기 때문이다.

지식을 언어로 전달할 때, 전달되는 내용은 전달자의 의도에 따라 단순화되어서 전달된다. 압축적으로 또는 추상적으로 전달하거나, 쉽게 알아듣게 하기 위해서 구체적인 사례를 덧붙여 전달하기도 한다. 따라서 전달받은 사람이 전달자의 의도를 잘 이해하였다고 해도, 여전히 전달된 내용은 일부에 불과하다. 전달하고자 하는 내용을 온전히 상대방의 머릿속에 옮겨 놓을 수 있을 만큼 언어가 충분하지 않은 것도 한 이유다.

물론 온전히 전달 가능한 지식도 찾아보면 있다. 그렇다고 해도 내가 전달한 지식이 온전하게 전달되었다고 확신하는 것은 언제나 위험하다. 동일한 언어라고 해도 받아들이는 사람의 해석이 가미되면 그 내용이 일치하지 않을 수 있기 때문이다. "내가 먹은 사과는 빨갛고 물이 많았다"라고 했을 때, 이 말을 듣는 사람은 그 자신의 지식과 경험 안에서 받아들인다. 사과의 색깔과 맛을 있는 그대로 전달하기란 거의 불가능하다. 말하는 사람과 듣는 사람이 공유할 수 있는 범위 안에서 전달이 이루어지는데, 이때 전달되는 것은 어디까지나 진실의 일부다. 이것을 두고 주변지식이 전달된다고 말한 것이다.

우리가 접하는 것들은 모두 주변지식에 불과하기 때문에 지식의 확장을 위해서는 논리적 사고능력이 필요하다. 아인슈타인은 과학자로서 인간의 지식과 경험이 얼마나 제한적인지를 일찍부터 간파하고 있었다. 우리의 지식은 눈에 보이는 물리적 현상에 의존하여 형성되고 발달하기 때문에 눈으로 보거나 직접 경험한 것이 아니면 그 이상의 지식을 형성하기 어렵다. 현실은 주변적인 데 반해 진실은 인간이 경험할 수 없는 영역까지를 포함하기 때문에 과학적 사고는 경험의 한계를 뛰어넘는 무엇인가가 있어야 가능하다는 것을 그는 깨달았던 것이다.

비록 모든 것을 포괄하는 진실을 알기는 어렵지만, 적어도 생활 속에서 접하는 것들이 어디까지나 주변적이라는 것을 인식한다면, 그 자체가 우리의 사고를 건강하게 유지할 수 있는 버팀목이 될 것이다. 갈릴레이가 경험을 뛰어넘는 상상을 하지 않았다면 진공 상태에서 모든 물체가 같은 속도로 자유 낙하한다는 사실을 발견할 수 없었을 것이다.

현재 우리가 일상생활 속에서 접하는 것들이 우리의 지식으로 이해되고 설명 가능하다고 해도, 그것들이 살아가는 데 부담과 긴장을 초래하거나 이미 삶의 방식 자체에 빠르게 영향을 미치고 있다면, 우리는 이미 새로운 변화의 흐름에 노출되어 있다고 볼 수 있다. 아마존 삼림지역이 점점 황폐화되고 훼손되어가면서 원주민들의 생활영역이 극한으로 내몰리고 삶의 위협을 받고 있는 것처럼, 우리의 지식공간도 왜곡되고 무질서해지며 필요 이상으로 복잡해지고 있다.

우리나라의 경우 사람들은 90년대 중반에 본격적으로 등장한 생수에 빠르게 적응했고, 어느새 마시는 물은 당연히 생수라야 한다는 인식이 자리잡았다. 지난 100년간 평균 섭씨 1.7도가 상승한 한반도 온난화 현상으로 인해 제주도 한라봉이 이제는 전라도 지역에서도 생산되고, 경상도 지역에서 나던 포도가 이제는 강원도 북쪽 지역에서도 생산되고 있다. 한반도를 넘어 전 지구적으로 발생하는 자연환경의 변화를 우려하면서도 한편으로는 적응하면서 살아가고 있는 것이 오늘날 우리들의 현실이다.

많은 사람들이 고령화 사회에 대한 사회적 문제를 인식하면서도 당장 자녀교육에 대한 부담감 때문에 출산을 기피한 지도 오래다. 우리 사회에 만연한 출산율 저하현상을 한 꺼풀만 들춰보면 미래사회에 대한 불안감이 도사리고 있음을 알 수 있다. 자녀를 많이 낳고 싶지 않은 현상은 "내 아이를 이 험한 세상에서 살게 하고 싶지 않다"는 잠재의식이 크게 작용한다. 많은 젊은이들이 대학을 졸업하고도 일자리를 얻지 못하는 사회 분위기를 주변지식으로 받아들이면서, 출산에 소극적인 자세로 변해버린 것이다. 경제활동 인구가 많이 필요하고 노인층에 비해 젊은 층이 많아야 사회가 건강하게 성장한다는 사실을 머리로는 알고 있지만, 그것이 나와 나의 가정으로 투영되면 현실적인 우려가 압도한다. 나의 아이들에게 무거운 짐을 지우게 하고 싶지 않은 것이다.

지식공간 안에서 그 지식과 걸맞은 결정을 하기 위해서는 미래에 대한 불안감을 극복할 수 있을 정도의 신념이 있어야 한다. 내가 살기 위한 유일한 방법이 눈앞의 불길을 뚫고 나가는 것이라는 사실을 분명히 알고 있다면, 그 길을 택할 수밖에 없지 않은가? 반면 살 길이 여러 갈래가 있다면 자신에게 유리하다고 생각되는 길을 택하는 것이 당연하다. 이때 유리하다는 것은 대개 익숙한 것이나 결과가 예측 가능한 것이다. 즉, 생각하기 수월한 것을 선택하는 것이다. 하지만 자신을 둘러싼 모든 현상들을 단지 주변지식으로 받아들이면서 임기응변식으로 적응하며 살아가는 우리들의 모습은 금전적 이익을 좇아 무분별하게 자행되는 벌목 탓에 생존을 위협받고 있는 아마존 원주민들과 다르지 않다.

우리 주변에서 아마존 삼림의 훼손과 같은 위협은 다양한 형태로 진행되고 있다. 인터넷의 자극적인 내용들은 우리의 눈길을 유혹하면서 시시각각 지식공간으로 침투해오고 있다. 게임은 어린이들의 유연한 머리를 굳어지게 하지만 문제는 그뿐만이 아니다. 판에 박은 주입식 교육을 하는 일부 교사들, 그리고 아이의 성적과 진학에 무턱대고 열을 올리는 부모들에 의해 지식공간은 점점 훼손되거나 굳어지고 있다.

자본주의적 불평등 현상이 심화되면서 사회적 불균형과 기회편중은 이미 심각한 수준으로 진행되었다. 게다가 누구든 마음만 먹으면 불특정 다수를 향해 자기의 생각이나 가공된 내용을 전달할 수 있다. 오늘날 우리가 접하는 주변지식들은 점차 무의미한 소음과 파편으로 채워지고 있으며 이런 상황에서 보다 많은 사람들이 세상의 관심을 끌기 위해 진실에 충실하기보다 자극적이기를 택한다.

"인간의 지적 능력은 자연법칙과 자연 속의 사실을 이해하도록 특별히 적응되어 있다. 이것은 더 이상 부정할 수 없는 사실이다"라고 주장한 찰스 피어스(C. S Pierce)[17]의 말처럼 우리의 지적 능력이 자연현상을 이해할 수 있도록 특별히 적응되어 있다고 본다면, 조물주는 사람이 자연과 조화를 이루며 살아갈 수 있도록 만들었다. 온갖 자연현상에 둘러싸인 사람들은 각자의 주변지식을 교환하면서 자연에 대해 더 풍부하게 이해했을 것이다. 어디에 가면 어떤 짐승이 많고, 어떤 물고기가 많이 잡히고, 어떤 과일이 많이 열린다는 등 자연에 대한 주변지식들을 차근차근 축적했을 것이다. 그러나 오늘날 우리가 접하는 내용들은 그 성격이 전혀 다르다. 우리에게 유익한 내용들도 있지만 무익한 것들이 훨씬 더 많다. 특히 무익한 내용 중의 상당 부분은 특정인이나 집단의 사리사욕을 위해 유포된 정보가 대부분이다.

모든 주변지식에는 본체지식이 있다. 우리가 접하는 정보들이 모두 본체지식에서 비롯된 주변지식들이라면, 우리는 그야말로 제대로 된 본체지식에 접근하지 못한 채 시간낭비만 하면서 겉돌고 있는 셈이다. 주변지식을 습득하는 바람직한 태도는 하나의 본체에 대해서 끈기 있게 관련 지식들을 탐구하는 것이다. 물론 본체지식 여러 개가 서로 연관성이 있을 수 있다. 연관된 본체지식에 대해 일관되게 주변지식을 습득해놓으면 탄탄한 지식 형성에 도움이 된다. 인터넷상에 무작위적으로 퍼져 있는 내용들은 양질의 주변지식과는 거의 관계가 없다.

무분별한 소음으로부터 우리 자신을 건강하게 지켜내기 위해서는, 일관된 목표에 따라 주변지식을 구하고 그로부터 본체지식에 더 가까이 접근하려는 노력이 필요하다. 이런 성숙한 지식의 수용만이 무익한 인터넷 벌목꾼들의 지식훼손 행위를 억제할 수 있을 것이다. 비판적인 시각이나 확인질문 없이 인터넷 벌목꾼들의 무익한 정보에 노출되면 우리는 정확한 시간을 모르는 체 헤매는 지식 품팔이 일꾼으로 전락할 수밖에 없다.

──• 심프슨 역설

먼 곳에서 보면 빌딩 A가 B보다 높다. 그러나 건물의 실제 높이는 그 반대다. A빌딩의 지반이 B빌딩보다 높은데, 먼 곳에서 보면 지반이 가려지고 건물의 윗부분만 보이기 때문에 A가 더 높게 보이는 것이다.

전년에 비해 소비율을 줄이겠다고 답한 가구 비율이 80퍼센트인데, 실제로 보면 가구당 소비량이 15퍼센트가 늘었다고 하자. 어떻게 된 걸까? 80퍼센트라는 숫자는 전체 가구 수에서 소비를 줄이겠다고 답한 가구의 비율이다. 그러나 15퍼센트라는 숫자는 전체 소비금액의 증가 비율이다. 80과 15는 계산 대상이 다르다.

다른 예를 보자. 살인자의 사형선고율을 보면 백인보다 흑인에 대한 사형선고율이 더 높게 나온 자료가 있다. 그런데 살인사건의 통계를 자세히 살펴보면 상황은 달라진다. 일단 전체 살인자 비율을 보면 흑인이 절대적으로 많다. 따라서 실제로는 살인자 대비 사형선고율은 흑인이 백인보다 낮지만, 흑인 살인자의 숫자가 백인 살인자보다 월등히 많기 때문에 결과적으로 사형선고 대상자 수로만 보면 흑인이 차별대우를 받는 것처럼 느껴지는 것이다. 살인자 대비 사형선고율을 헤아리지 않고 사형선고 대상자 수만 보면 이런 착시현상이 생긴다.

어느 대학의 모든 학과에서 여학생의 평균성적이 남학생보다 높다. 그렇지만 전체를 보면 남학생의 평균성적이 여학생보다 높을 수 있다. 어떻게 이게 가능할까? 간단한 예를 들어 생각해보자. 그 대학에 학과가 두 개만 있고 두 학과 모두 학생이 100명씩 있다고 가정해보자. A학과의 평균성적은 80점인데, 여학생이 열 명밖에 없다. B학과 평균성적은 50점인데, 여학생이 90명이다. A학과의 남녀 평균성적이 각각 79점, 89점이라고 가정하고(이렇게 하면 학과평균이 80점이 된다), B학과의 남녀 평균이 각각 41점, 51점이라고 할 때(이렇게 하면 학과 평균이 50점이 된다) 그러면 학교 전체의 남녀 평균은 각각 75.2점, 54.8점이 된다. 남녀 점수 차이를 놓고 보면 학과와 학교가 서로 상반된다. 점수만 보고 학생 수를 보지 않았기 때문에 생기는 착시현상이다. 이처럼 어떤 요소를 보고 판단하는가에 따라 일상생활에서도 착시현상을 흔히 경험하게 된다. 이러한 착시현상을 심프슨 역설(Simpson's paradox)[18]이라고 한다.

우리나라의 교육열은 사회적 문제로 대두될 정도로 심각하다. 그런데 여기에도 심각한 착시현상이 있다. 시험 성적을 올리기 위해 각종 사설학원에서 준비한 학생과 학교 수업만 충실하게 한 학생을 비교해보면 학원에서 공부한 학생의 성적이 평균적으로 높게 나올 가능성이 크다. 그러나 두 학생 모두 같은 조건에서 시험공부를 한 상황이라면 이야기가 달라질 것이다. 학생의 잠재능력을 측정할 수 있다면 오히려 학교 수업에 충실한 학생의 점수가 높게 나올 수 있다. 사교육의 부정적인 영향을 배제하지 않고 학교성적만으로 학생을 비교하는 것은 착시 유발적 비교라고 할 수 있다. 이러한 착시적 비교로 인해 아인슈타인과 같은 잠재성을 발굴할 기회를 놓친다면 국가적으로 얼마나 큰 손실인가!

심프슨의 역설에서 학과성적과 대학성적 간의 남녀차이에 대한 착시현상을 다시 생각해보자. 어느 대학의 모든 학과에서 여학생의 평균성적이 높은데, 그 대학의 남녀 평균점수는 그 반대인 경우가 있을 수 있을까? 충분히 가능하다. 남학생이 많은 학과의 평균점수가 높고, 여학생이 많은 학과에서 평균점수가 낮다면, 결과적으로 학교 전체의 남녀 평균점수의 차이는 학과와 학교 간에 서로 엇갈리게 나올 수 있다.

누군가 각 학과에서 남녀 평균점수만 받아보고 여학생의 평균점수가 더 높은 것을 확인했다면, 그 사람은 당연히 학교 전체적으로 여학생들의 학업 성취도가 더 우수하다고 말할 것이다. 이러한 결과를 본 사람들 역시 별다른 의심 없이 수긍할 것이다. 그리고 왜 그 학교에서는 여학생들이 남학생보다 더 성적이 좋은지 의아해할 것이다. 전체적으로 보면 성적 우수 학생은 여학생보다 남학생들 사이에 훨씬 많은데도 말이다.

이러한 심프슨 착시현상은 우리가 마주하는 현상이 어떻게 형성되었는지를 모르기 때문에 겪는 오류다. 우리에게 익숙한 '평균'이라는 값은 거의 무의식적으로 우리의 의사결정에 개입한다. 위에서 본 대학교의 남녀 성적에서 학과의 평균 성적만을 접한 사람은 학교 전체의 평균성적이 자기의 예상을 빗나가는 것을 보고 무엇인가가 잘못되었다며 믿지 않으려 할 것이다. 둘 다 진실인데도 말이다. 남녀 학생 수가 중요한 변수라는 사실을 고려하지 못하면 진실 앞에서 둘 중 하나를 거짓이라고 생각하게 된다.

그림 19 사각형과 원의 모양이 배경그림에 의해서 조금씩 일그러져 보이는 착시현상

일상생활 속에서 상반되어 보이는 주장들을 자주 접한다. 영어 조기교육, 부자 증세, 비정규직 철폐 등의 민감한 사회문제에 대해 상반된 의견을 내놓는 사람들을 본다. 보는 시각에 따라 일리 있는 주장이다. 학문적인 분야 특히 경영학 분야에서는 어제의 대표적 이론이 오늘은 폐기되어야 할 이론으로 비판받는 일도 종종 있다.

최근 들어 상반되어 보이는 이론을 들여다보자. 하버드 경영대학원의 마이클 포터(Michael Porter) 교수는 소수의 대기업이 장악한 산업 분야에는 다른 기업들의 신규 진입이 어렵다고 주장했다. 반면 스탠포드대학 경영대학원의 글렌 캐롤(Glenn Carol) 교수는 이미 소수가 장악한 시장이라도 차별화 전략을 내세워 틈새시장을 공략하는 작은 기업들에게는 창업 기회가 열려 있다고 주장하였다. 얼핏 보기에 두 사람의 주장은 서로 상반된 것처럼 보이지만, 모두 일리 있는 주장이다. 포터 교수의 주장은 이미 장악된 산업에 들어가봐야 경쟁력이 없다는 내용이고, 캐롤 교수의 주장은 시장의 장악을 통해 새로운 시장이 형성되었으니 새로운 기회를 포착할 수 있다는 내용이다. 모두 합리적인 주장이라고 볼 수 있다.

포터 교수가 주장하는 맥락에서 캐롤 교수의 주장을 보면 서로 대치되는 주장처럼 보이기 때문에 둘 중 한 사람은 틀렸을 것이라고 생각하게 된다.

그렇지만 경쟁적 측면이냐 아니면 시장의 확장 측면이냐로 생각하면 두 사람의 주장은 관점 자체가 다른 접근이므로 모순되지 않는다.

———•지식의 선택적 강화현상

에릭 칸델(Eric R. Kandel)을 포함한 많은 뇌 과학자들의 연구에 의하면 뇌의 기억은 기억내용과 관련된 감각기관을 관장하는 뇌 부위에서 주로 이루어진다. 즉, 맛과 관련된 기억은 맛을 관장하는 감각중추를 중심으로 저장된다는 것이다. 예컨대 푸른색 줄기가 있는 대리석 모양의 푸른곰팡이 치즈는 그 모양과 색, 맛이 각기 다른 뇌 부위에 기억되어 있다. 마찬가지로 요리, 수학, 문학의 지식은 각기 다른 뇌신경 부위에 형성되어 있을 것이다. 물론 무 자르듯 완전히 분리된 상태는 아니다. 수학에서의 논리적 사고능력은 문학이나 요리에도 공통적으로 필요하기 때문이다.

런던대학의 엘리노어 맥과이어(Eleanor Mcquire)[19] 교수의 연구 결과에 의하면 런던의 택시기사들은 런던 시내 2만5,000개에 달하는 복잡한 도로를 기억하는데, 이들의 뇌를 일반 시민들과 비교한 결과 공간기억을 담당하는 후해마체(posterior hippocampus)가 훨씬 크다는 것을 밝혔다. 뇌의 발달이 선택적으로 강화된다는 것을 보여주는 단적인 예다. 선택적으로 강화되는 것은 뇌뿐 아니라 신체 발달에도 해당된다. 운동선수들을 보면 확인할 수 있는 사실이다.

토머스 키다(Thomas Kida)는 저서 『생각의 오류(Don't Believe Everything You Think)』[20]에서 사람의 선택적 지식 강화현상을 다음과 같이 피력했다.

우리에게는 확인을 받으려는 타고난 성향이 있다. 기존의 믿음과 기대를 지지 해주는 정보에만 선택적으로 주의를 기울인다는 말이다. 예를 들어 대통령 간 담회를 볼 때도 자신의 정치적인 견해에 부합되는 정보에 더 주의를 기울인 다고 한다. 또 초감각적 지각력을 믿는 이들에게 초감각적 지각력에 대한 연 구 자료들을 보여준 결과, 상반되는 자료들보다는 초감각적 지각력을 지지해 주는 자료들을 더 많이 기억해냈다. (…) 새로운 정보들 중에서 기존의 믿음과 일치하는 것만 액면 그대로 신속하게 받아들이기 때문이다. 반면에 우리의 믿 음과 모순이 되는 정보는 외면하거나 비판적으로 뜯어보거나 무시해버린다.

사람에게는 보고 싶은 것만 보고, 믿고 싶은 것만 믿으려는 성향이 있다. 이것은 알고 있는 것과 다른 내용을 처음 들었을 때, "일단 거부 → 비판적 인식 → 차이 비교 → 지식 재구성 또는 원상 유지"의 과정을 따른다는 이 론에서 크게 벗어나지 않는다.

극단적으로는 아예 정보입력이 안 되는 경우도 있다. 예를 들어보자. A 회사의 임원회의에서 김 이사가 이런 발언을 하였다. "내년부터는 B회사 에서 우리 회사에 대한 지원을 (가)와 (나) 두 품목에서 (가) 한 품목으로 줄이겠다고 합니다. 그 이유는 품목 (나)는 B사에서 자체적으로 조달하는 것이 적절하다고 판단하기 때문이랍니다. 그 대신에 품목 (가)에 대한 지원 을 더 강화하겠다고 합니다." B사의 이런 결정에 대해 전혀 몰랐던 박 이사 는 갑작스러운 소식에 서운한 마음이 앞서서 대뜸 "그렇다면 B사와 거래 를 끊자"고 말한다. 박 이사는 김 이사의 전반부 발언 내용만 듣고 '그 대신 에' 이후의 후반부 발언이 귀에 들어오지 않는다. 그리고 흥분한 상태에서 자구책 마련에 온통 생각이 쏠린 것이다. 그 밖에도 지식 전달을 받는 도중에 다른 생각을 하거나, 내가 믿고 있는 것과 다른 말을 듣거나, 의견이 무시당했다고 생각하면 상대의 말이 원활하게 입력되기 어렵다.

저널리스트인 파하드 만주(Fahad Manjoo)는 『이기적 진실(*True Enough*)』[21]에서 재미있는 예를 들었다. 1951년 가을, 미국 프린스턴대학과 다트머스대학 간에 아이비리그 미식축구 시합이 있었다. 이 시합에는 대학 미식축구에서 가장 재능 있는 선수에게 수여하는 '하이스먼 트로피(Heisman Memorial Trophy)'의 수상자 딕 카즈마이어(Dick Kazmaier)도 출전했다. 그런데 경기 도중 카즈마이어는 상대팀으로부터 거친 태클을 당해 코가 부러지고 경미한 뇌진탕을 입었다. 상대 팀인 다트머스 선수들도 상당한 부상을 입었다. 카즈마이어의 심한 부상에 격분한 프린스턴 학생들은 다트머스 팀이 고의로 부상을 입혔다고 주장했고, 다트머스 학생들은 경기를 하다 보면 얼마든지 거친 플레이가 나올 수 있다고 맞섰다.

같은 경기를 보고 서로 다른 의견이 팽팽하게 맞서자 두 대학의 심리학자와 사회학자가 모였다. 학자들은 의견이 특히 분분한 경기 장면을 두 대학의 학생들에게 보여주고서 두 팀의 반칙 횟수를 물었다. 결과는 많은 차이가 있었다. 다트머스대학 학생들은 양팀 모두 네 번씩 반칙했다고 답했고, 프린스턴대학 학생들은 다트머스대학 팀이 열 번, 프린스턴대학 팀이 상대 팀의 절반인 다섯 번 정도의 반칙을 했다고 답했다. 공통점은 두 대학 학생들 모두 상대 학교의 선수들이 훨씬 노골적인 반칙을 했다고 주장한다는 것이었다. 동일한 경기를 보고도 전혀 다른 경기 장면을 본 것처럼 의견이 엇갈린 것이다. 이것은 사람이 자기가 보고 싶은 장면만 본 전형적인 사례다.

고대 중국의 기우사(祈雨師) 이야기가 있다. 어느 마을에 흉년이 들어서 기우사를 불러다 비를 내리게 하자는 의견이 나왔다. 마을 전체의 의견을 모아 늙은 기우사를 모시게 되었다. 그 기우사는 마을에 도착하자마자 작은 오두막에 들어가서 밖에 나오지 않았다.

사흘째가 되자 그토록 기다렸던 비가 내렸다. 그러자 마을 사람들이 기우사에게 몰려와 물었다. "어떻게 오두막 안에서 비를 내리게 할 수 있었습니까?" 그러자 노인은 답했다. "나는 비를 만들지도 않았고 비와 아무 관계도 없소." 그러자 마을 사람들은 반색을 하며 끈질기게 물었다. "당신이 오기 전까지 우리가 얼마나 오랫동안 기근에 시달렸는지 아십니까? 그런데 당신이 우리 마을에 온 지 겨우 3일 만에 비가 내리지 않았소?" 그러자 기우사는 잠시 생각하다가 이렇게 대답했다. "내가 여기 도착했을 때, 당신들은 이미 제정신이 아니었소. 그래서 나는 당신들의 눈에 옳다고 생각하는 것을 볼 수 있을 때까지 이 오두막에 들어가 있었던 겁니다."

누구나 무의식중에 자기가 믿고 싶은 것을 믿으려는 경향이 있다. 지식의 투영이 선택적으로 발생하는 것이다.

생물신경학자들에 의하면, 아이들은 신경세포 간의 시냅스(또는 신경접속)가 폭발적으로 성장하여 네 살이 되면 시각피질의 시냅스 밀도가 높아지고, 열한 살이 되면 전두피질에 있는 시냅스의 밀도가 높아진다고 한다. 시각피질은 당연히 시각과 직접적인 관련이 있지만, 한편으로는 시각적 사고 및 상상력과도 연관이 있다. 이 연령대에 도달한 아이들의 상상력이 두드러지게 왕성해지는 이유가 부분적으로는 그와 연관된 뇌 부위의 시냅스가 조밀해지기 때문임을 알 수 있다.

취학 전 아동들의 시각피질에서는 지나치게 많거나 약한 신경접속이 선택적으로 제거되는데, 이러한 작업은 6년간 지속된다고 한다. 이와 같은 선택적 시냅스 강화현상은 아이들이 커갈수록, 특히 다양한 언어를 접하고 그 언어를 사용하는 환경에 있을수록 영향을 많이 받는다. 이는 더 많은 시냅스들이 좌반구가 언어문법을 전담하게끔 정리된다는 것을 의미한다. 야생에서 자라다 구조된 아이들은 네 살에서 일곱 살, 또는 여덟 살에 그 시기에 필요한 언어적 자극을 받지 못했기 때문에 언어기능이 특화되는 선택적 강화현상이 나타나지 않는다. 따라서 적절한 언어자극을 받았던 또래 아이들의 언어능력을 따라잡기 어렵다. 언어자극에 따른 뇌세포의 활성화가 이루어지지 않은 탓에 그 자극에 상응하는 지식 부분이 반응하지 않는 것이다. 즉, 언어자극을 제대로 투영받을 수 있는 지식이 발달되지 않았기 때문이다.

05

지식 단면

내가 알고 있는 것은 무엇인가

"내가 애초에 찾으려고 하지 않았던 것 중에
무엇을 발견하였는가?"

: 리차드 파인만

내일 직장 동료와 나는 신입사원의 부서 배치와 관련해 우리 부서에 지원한 사원을 면담하기로 되어 있다. 그런데 오늘 저녁에 갑자기 직장 동료가 사원 면담에서 자기는 빠지면 좋겠다고 말한다. 나는 그 말이 이해되지 않아 왜 그러냐고 물었다. 동료의 말이, 나중에 오해를 살 수 있을 것 같다는 것이다. 나는 순간적으로 무슨 오해일까 머리를 갸우뚱했다. 한참 생각한 뒤에야 동료의 말이 무슨 의미인지 이해할 수 있었다. 여기서 '한참 생각'하는 것은 지식 단면이 생성되는 과정이다.

처음에 그 말을 들었을 때는 '어째서 그 동료는 오해를 살 수 있는데 나는 거기서 자유로운가' 의아하게 여겼다. 어차피 나나 그 동료나 같은 입장, 즉 우리 부서에 적합한 신입사원을 선정하는 역할인데, 동료는 왜 오해를 살까 봐 염려하면서 면담을 기피하는 것일까? 그런데 곰곰이 생각해보니 그 동료가 조만간 다른 부서의 책임자로 이동하게 되었다는 사실이 떠올랐다. 그래도 처음에는 그것과 면담 기피가 어떤 연관성이 있는지 이해되지 않았다. 그러다 면담한 신입사원이 동료가 책임자로 가게 될 부서로 배치될 수도 있다는 데 생각이 미쳤다. 이렇게 되면 면담한 신입사원과 그 동료는 실제로 불편한 관계가 될지 모른다. 확률은 낮다고 해도 동료는 그런 가능성을 생각해서 면담을 기피한 것이다.

이 결론에 도달하기까지의 과정을 살펴보면 자문자답(自問自答)이 반복되고 있다.

자문 1 : 왜 갑자기 면담을 안 한다고 할까? 면담이 별 도움이 안 된다고 생각하나?

자답 1 : 이전에 신입사원을 선정할 때는 항상 같이 면담을 했는데 그것이 이유는 아닌 것 같다.

자문 2 : 그러면 진짜 이유는 무엇일까?

자답 2 : 신입사원한테 오해를 살 수 있을 것 같아서라고 말했다.

자문 3 : 무슨 오해를 산다는 걸까? 그러면 나도 오해를 살 수 있다는 것인가?

자답 3 : 우리 부서에 적합한 사람을 뽑기 위해 면담은 당연한 절차인데 이게 왜 오해받을 일이라는 걸까? 오히려 면담을 하지 않는 것이 부서 배치를 희망한 신입사원한테 예의가 아니지 않을까? 면담은 당연히 해야 할 일이다.

자문 4 : 동료가 염려하는 오해란 어떤 것일까? 우리 부서에 신입사원이 배정
　　　　되지 않을 경우를 고려하는 건가? 어차피 면담 소견서가 모든 인사
　　　　를 결정하는 것은 아니다. 혹시 그 동료가 새롭게 책임을 맡게 될 부
　　　　서에서 불편할 수도 있어서인가?

자답 4 : 만약 신입사원이 우리 부서가 아닌 그 동료가 옮겨 갈 부서에 배치
　　　　된다면 서로 불편해질 수도 있다. 아마 이런 이유에서 면담을 꺼렸
　　　　나 보다.

　자문 1은 자연스러운 자문자답 과정의 시작이다. 자답 1에서는 과거의
경험으로부터 동료가 면담을 불필요한 절차로 생각하지 않는다는 결론을
내린다. 자답 2는 오해를 산다는 동료의 답변을 다시 한 번 되짚어본다. 자
문 3은 면담이 우리 부서의 일인데 왜 이것이 오해를 부른다는 것인가에
대한 의문이다. 자문 4는 그래도 여전히 오해의 소지가 있다는 점이 마음
에 걸리는 상황이다. 그러면서 동료의 부서 이동에 관한 생각이 떠오른다.
이것이 단서가 되어서 자답 4가 나온다. 사소한 오해의 가능성이라도 피하
고 싶다는 동료의 의중을 짐작하면서 결론짓는다.
　동료가 처음부터 구체적인 이유를 설명하면서 신입사원 면담을 거절했
다면 위에서와 같은 자문자답 과정은 필요하지 않았을 것이다. 자문자답
은 일종의 빈칸 메움 과정이다. 동료의 갑작스러운 면담 약속 취소와 오해
의 소지가 있다는 이유가 처음에는 연결이 잘 안 된다. 자문자답을 거쳐 연
결이 안 되던 부분을 상당 부분 해결한 셈이다. 만약 동료의 부서이동이 떠
오르지 않았다면 아마 이 연결은 계속 막힌 상태로 남게 될 것이다. 동료
가 말한 '오해'가 단순히 면담에서 빠지기 위한 핑계라고 생각했다면 이 같

은 미로 찾기식 자문자답을 건너뛴 채 나는 동료를 무책임하고 신뢰할 수 없는 사람으로 낙인찍었을 것이다. 그러나 내가 아는 한, 동료는 그런 사람이 아니다. 그래서 이유가 궁금했던 것이다. 내가 납득할 수 있는 답을 찾는 과정에서 그 동료가 부서이동을 앞두고 있다는 것이 생각난다. 새로운 단서에 관하여 생각한 끝에 동료가 면담을 기피하는 이유를 찾기 위한 미로를 통과하게 된다.

자문은 답을 찾는 과정에서 어떤 길로 들어가기 위해 내딛는 첫걸음과 같다. 첫걸음을 내딛은 뒤 그 길의 방향을 점검하는 것이 자답과정이다. 자답이 긍정적이면 그 길로 들어선다. 그렇지 않으면 또 다른 길을 찾아야 한다. 앞선 예에서 동료가 말한 '오해'가 무슨 의미인지를 정확하게 이해할 때까지 길 찾기는 계속되었다. 일단 어떤 길로 들어선 뒤에는 그 길을 거쳐 또 다른 길로 들어갈 수밖에 없다. 신입사원 면담은 반드시 필요하다는 쪽으로 길을 택했다면 '오해를 살지 모른다'는 동료의 말을 좀 더 상세하게 탐색할 필요가 있다. 마침내 동료가 새로운 부서의 책임자로 간다는 사실이 떠오른다. 면담 당위성의 길에서 고려할 만한 새로운 길이 생겨난 것이다. 이처럼 자문자답은 길 찾기 과정과 매우 흡사하다.

내가 어떤 길을 걷는가에 따라서 다음에 들어설 길의 내용이 제한받는다. 다른 예를 보자. 30대 주부가 교통사고를 겪은 뒤 후유증으로 두통을 앓아왔다. 여러 차례 뇌 사진을 찍어봐도 아무런 이상을 발견하지 못했다. 그러던 중 우연히 아는 치과의사를 만나 두통을 하소연하였다. 의사는 혹시 음식을 먹을 때 불편하지 않느냐고 묻는다. 두통 때문에 별로 신경을 쓰지 않아 못 느꼈는데, 그 말을 듣고서 생각해보니 음식을 먹을 때마다 턱에서 소리가 나는 것 같았지만 대수롭지 않게 여겼다고 말했다. 그 말을 들은 치과의사는 턱관절(아래턱 뼈와 머리뼈가 만나 이룬 관절)장애로 인한 두통일 수 있다며 진료를 받아볼 것을 권했다. 주부는 치과에 가서 검사를 받았고 치료 후 두통이 완치되었다.

두통이 있을 경우 뇌신경과를 가는 것은 상식적으로 자연스러워 보이지만, 치과에 가는 것은 아무래도 거리가 있어 보인다. 뇌신경 전문의와 치과 전문의가 두통을 보는 시각이 다르다는 것을 보여주는 예다.

우선 두 의사는 전문지식 분야가 다르다. 물론 뇌신경, 두통, 치아신경은 서로 연관된다. 이런 면에서 두 의사의 지식 분야에는 약간의 공유 지점이 있다고 볼 수 있다. 두통을 호소하는 환자가 있다면 뇌신경 전문 의사는 뇌신경계통의 문제점을 살필 것이고, 치과의사는 치아 신경계통의 문제점을 살필 것이다. 두통이라는 증상의 원인을 찾는 경로에 있어서 두 의사 사이에 확연한 접근방식의 차이가 나타난다. 신경정신과의 경우에는 신경외과적 이상이 있는지, 정신적 장애 또는 스트레스성 질환이 있는지를 먼저 확인할 것이다. 반면 치과의 경우에는 치과적 외상이 있었는지를 살피고 그로 인한 후유증 여부를 확인하는 접근방법을 택할 것이다. 이러한 방법상의 차이는 두통의 원인을 보는 시각 차이에 있고, 이런 시각의 차이는 관련된 지식구조의 차이에서 기인한다.

치과의사는 두통이라는 말을 듣자마자 턱관절장애를 의심한다. 물론 치과의사의 개인적인 학습과 진료 경험에서 형성된 지식이겠지만, 그에게 있어서 두통의 원인으로 가장 먼저 떠오르는 원인은 턱관절장애다. 치과적 장애는 여러 증상으로 나타나는데, 턱관절장애도 대표적인 증상이다. 턱관절장애와 관련한 여러 현상과 증상들을 하나의 지식구조 안에 표현한 것은 턱관절장애와 관련한 지식의 단면이다. 치과의사는 다양한 치과적 증상을 접할 때마다 그 증상에 해당하는 지식 단면을 머릿속에 떠올리면서 환자를 관찰할 것이다.

앞서 이야기했던 교육 관련 이야기에서 국민의식 씨는 국민의식 수준이 사교육과 공교육 내실화에 모두 영향을 미친다고 생각한다. 여기에서 국민의식 수준을 간단하게 두 가지 경우로 나눠보자. 의식수준 1은 '사회질서에 대한 신뢰감이 높고, 성실한 사람이 존중받는 의식수준'이고 의식수준 2는 '사회질서에 대한 신뢰감이 낮고, 학벌 위주의 의식수준'이다. 의식수준 1의 경우라면 공교육 내실화의 여부가 사교육에 영향을 미친다고 생각할 것이고, 의식수준 2라면 공교육 내실화와 관계없이 사교육비는 사회적 문제라고 생각할 것이다.

이처럼 '공교육 내실화'와 '사교육비'의 서로 다른 관계가 각 의식수준에서의 지식 단면이고 이것을 그림으로 표시하면 [그림 20]과 같이 나타낼 수 있다. 지식 단면은 지식요소가 어떤 특정한 상황일 때의 지식구조이고, 전문가란 특정한 분야에서의 지식 단면이 매우 세밀하게 형성되어 있는 사람이다.

그림 20 [그림 18-2]에서 의식수준에 따른 국민의식 씨의 지식 단면도

——·편견과 집착

사물에 대한 치우친 견해를 뜻하는 편견은 사물에 대한 충분한 지식이 없을 때 생겨난다. 그러나 이 편견 또한 지식의 단면일 수 있다. 편견의 반대 개념으로는 열린 생각을 들 수 있다. 지식의 한 단면을 단면으로 인식하지 못하고 전체로 확대해 받아들이면 편견이 된다. 어떤 현상에 대한 인식이 특별한 상황과 조건하에서 생겨났는데, 그것을 인식하지 못한 상태에서 습득한 지식 내용을 지식의 단면으로 보지 못하면 편견이 되는 것이다.

일상적인 편견에 대해 생각해보자. 흔히 외모를 보고 그 사람이 어떠한 성격일 것이라고 미리 단정 짓는 경우가 많다. 이러한 유형의 편견은 성격과 외모가 서로 밀접한 관련이 있다는 불완전한 지식과 개인적인 경험, 그리고 문화적 특수성에 영향받았을 것이다. 자신의 특별한 경험으로부터 습득한 지식은 불완전하다. 성격은 외모가 아닌 다양한 요소와 관련이 있음을 습득하려는 노력이 요구된다. 이러한 학습과정을 거치면 성격과 관련하여 보다 신뢰할 만한 지식을 얻게 될 것이다.

지식의 단면이 지닌 제한적 특성을 인식하면 의사결정이나 지식습득 과정이 건강하게 진행될 수 있다. 지식의 단면으로 인식한다는 말은 자신의 지식이 어떤 상태인지를 파악하고 있다는 것을 의미한다. 외모로 사람을 판단하는 데 익숙하다면, 그 판단 기준 때문에 편견의 늪에 빠지는 꼴이 된다. 스스로 정립한 외모의 기준에 따라 계속 사람을 판단하기 때문에 그 틀에서 예외적인 사람을 포함해 사람을 주관적으로 분류하게 되고, 더 강화된 편견으로 가면 원래 이런 사람은 어떠한 부류의 사람인데 환경적 영향으로 이렇게 될 수밖에 없었다는 식으로 자신의 편견을 정당화하게 된다.

편견이 또 다른 편견을 낳는 것이다.

자기중심적 생각도 사고의 고착이라는 측면에서는 일종의 편견이다. 역사적으로 위대한 발견은 자기중심적 사고에서 벗어났을 때 일어난 사례가 많다. 열에 잘 견디면서도 표면이 쉽게 접착되지 않는 테플론(teflon)이라는 물질은 로이 플렁켓(Roy Plunkett)[22]이라는 스물일곱 살의 젊은 학자에 의해 발견되었다. 1938년, 그는 냉각제 발명을 위한 연구과정에서 이 희한한 물질을 발견하자 기존의 연구를 그만두고 여기에 매달렸다. 1839년에 찰스 굿이어(Charles Goodyear)[23]는 다루기 쉬운 고무제품을 개발하는 과정에서 실수로 고무와 황을 혼합했는데, 나중에 보니 이것이 잘 굳고 여전히 사용 가능한 고무가 되어 있었다. 이 새로운 물질을 발견한 그는 가황고무 제조 과정을 고안하게 된다. 유황과 혼합된 고무를 곧바로 버렸더라면 불가능했을 발명이다. 이들이 생각의 공간을 유연하게 열어놓은 덕분에 우리는 그 전과는 전혀 다른 세계를 경험하고 있는 것이다.

페니실린 발견으로 유명한 알렉산더 플레밍(Alexander Fleming)[24]은 1928년, 인체에 치명적인 박테리아균을 연구하고 있었다. 그는 실험 중인 박테리아 배양체가 이물질에 오염되자 안타까워하며 들여다보다가, 오염된 곳의 주위에 박테리아균이 없어지고 그 자리에 곰팡이가 형성된 것을 발견하였다. 하찮게 보이는 곰팡이가 치명적인 박테리아 같은 미세균을 죽이는 중요한 단서일지 모른다는 생각에 그는 이 곰팡이를 동물에 실험하였다. 다른 사람 같으면 무시해버릴 수 있었던 곰팡이에 관심을 갖고 연구한 결과, 수백만 명의 목숨을 구하는 페니실린이 탄생하게 되었다.

중요하다고 생각했던 것에 몰두하던 중 다른 아이디어가 우연히 떠오르거나 발견되었을 때, 대부분의 사람들은 이 새로운 생각과 발견을 무심코 지나친다. 관심을 가질 만한 마음의 여유가 없기 때문이다. 원래 생각했던 문제가 현실적으로 더 중요하다는 고정관념이 지배하는 것이다. 이 대목에서 미국의 행동심리학자이며 언어심리학자인 스키너(B. F. Skinner)[25]의 충고를 귀담아 들을 필요가 있다.

그는 과학적 방법론의 첫째 원칙으로, 연구과정에서 흥미로운 것을 발견하면 다른 모든 것을 제치고 그것에 집중하라고 조언한다. 트랜지스터를 개발하여 노벨 물리학상을 받은 윌리엄 샤클리(William B. Shockley)[26]는 실패처럼 보이는 새로운 발견을 '창조적 (발견을 위한) 실패 과정(creative failure methodology)'이라고 부른다. 파인만 역시 새로운 발상에 대한 결론을 얻으면, "내가 애초에 설명하려고 생각하지 않았던 것 중 무엇을 설명할 수 있는가?" 그리고 "내가 애초에 찾으려고 하지 않았던 것 중에 무엇을 발견하였는가?"라고 자문하였다고 한다.

편견이 아닌 것 같은 편견도 있다. 우리에게 익숙한 확률이라는 개념이 그것이다. 병이 재발할 확률, 내일 비올 확률, 다시 사고가 일어날 확률 등 정확한 수치를 밝히지 않을지라도 크고 작은 확률로 자주 사용되는 개념이다. 그런데 이 확률이라는 지식이 특정한 조건과 결합되면 확률적 사고가 제대로 안 되는 경우가 많다.

27세의 명희 씨는 미혼이고, 활달하며 매우 총명한 여성이다. 그녀는 영문학을 공부했고 철학을 부전공한 재원이다. 학창 시절 그녀는 남녀 성차별 문제와 사회정의에 관심이 많았고 영어 조기교육에 반대하는 운동에 참여하기도 했다. 현재 명희 씨는 영어교사일까 아니면 영어교사이면서 부정부패 추방운동에 참여하는 사람일까? 어느 쪽일 가능성이 더 클까?

이 질문에 대해 후자를 택하는 사람이 훨씬 많다. 놀랍게도 80퍼센트가 넘는 사람들이 선뜻 후자를 택했다. 확률적으로는 당연히 전자가 더 많아야 한다. 이런 현상이 어째서 편견과 같은 맥락에서 이해되어야 하는 걸까? 확률이라는 보편적인 진리가 있음에도 불구하고, '명희'라는 사람에 집중한 상태에서는 확률이라는 진리와 단절되기 때문이다. 편견이란 별다른 것이 아니라 문자 그대로 치우친 상태를 말한다. 관련된 지식과 단절된 상태가 곧 편견에 갇혀 있는 상태다.

———.기준의 변화와 생각의 변화

동일한 대상을 보고 그림을 그리는데, 어떤 사람은 선으로만 윤곽을 대충 표현하는가 하면, 어떤 사람은 그 대상에 대해 새로운 느낌을 가지게 할 만큼 특징을 잘 포착해 표현한다. 이것은 대상을 관찰하고 표현하는 능력에 그만큼 차이가 있기 때문이다. 이러한 차이를 수치화해서 나타내는 것은 어떤 기준에 의한 결과일 뿐이다. 이 기준이 역으로 사람의 지식에 영향을 주기도 한다. 사회적으로 사람을 비교하는 기준이 정해져 있고 그것이 오랫동안 지속되면 전통이 되고 지식 형성에 영향을 미친다. 대학입시 제도의 영향이 좋은 예다.

　마에다 신조(前田真三) 시세이도 사장(2009년 현재)은 판매사원(뷰티 컨설턴트)의 평가척도에서 '매출' 항목을 없앴다. 그 대신 고객이 판매사원의 서비스를 평가한 앙케트 엽서를 평가척도에 참고했다. 판매사원이 매출에 얽매이지 않고 정성을 다하는 마음이 고객에게 전달되는 것이 더 중요하다고 생각했기 때문이다. 시세이도 판매사원은 기본적으로 고객의 아름다움을 위해 노력해야 하며, 고객의 고민을 듣고 고객의 입장에서 함께 생각하고 노력해야만 신뢰를 얻을 수 있다. 이것이 마에다 사장의 신념이었다. 새로운 평가척도를 적용하면서 시세이도의 매출 증가는 당연한 결과로 나타났다.

판매사원이 매출을 올리기 위해서 노력하여 매출이 증가한 것과, 고객의 입장에서 만족감을 위해서 봉사했을 때 매출이 증가한 것을 비교하면, 수치적으로는 결과가 같다고 해도 판매사원이 갖는 피드백 효과는 다르다. 매출노력 사원의 경우에는 "이렇게 계속하면 되겠구나" 하며 매출에 더 연연하게 되고 고객을 단지 매출 대상으로만 생각하게 될 위험이 있다. 그러나 고객만족을 위해 노력한 사원의 경우에는 "어떻게 하면 고객의 마음을 더 잘 이해할 수 있을까" 고민하며 고객중심의 서비스에 더 신경을 쓰게 되므로 단골 고객의 수가 더 늘어갈 것이다. 따라서 고객과의 선순환적인 관계 개선이 지속될 수 있다.

매출증대 노력 사원과 만족감 향상 노력 사원은 고객을 생각할 때의 기준이 서로 다르기 때문에 고객으로부터 투영받는 내용도 다르고, 연쇄적으로 고객과의 대화도 다른 양상으로 발전하게 된다. 고객과의 관계가 지속될수록 고객에 대한 기준의 차이—매출 기준과 만족감 기준—가 고객과 판매사원 간의 관계에 영향을 미칠 것이다.

고객에 대한 기준이 다르면 고객을 마주할 때 활성화되는 지식 단면이 다르다. 판매사원 입장에서 매출 증가를 위한 사전 준비와 고객만족을 위한 사전 준비의 내용이 기능적으로는 많은 부분 겹치겠지만, '판매사원'으로서의 자세와 '만족감 제공인'으로서의 자세의 차이는 고객에게 그대로 투영되어 나타난다.

진실의 단면을 잘라 보기

어떤 물체의 투영도와 단면은 쉽게 이해할 수 있다. 그러나 지식은 물리적 형체가 없기 때문에 구분이 애매할 수 있다. 두 개념은 서로 상대적이다. 투영은 지식구조의 일부 요소들에 대한 구조이고 단면은 일부 지식요소가 특정 상태에 있을 때 다른 지식요소들에 대한 지식구조다.

기독교 경전에 이스라엘 역사상 가장 지혜로운 왕이라고 불리는 솔로몬 왕의 재판 이야기가 나온다. 두 여인이 동시에 아이를 낳았는데, 한 아이가 태어난 지 얼마 되지 않아 죽었다. 여인 1은 여인 2가 죽은 아이를 자신의 살아 있는 아이와 바꿔치기했다고 주장하고, 여인 2는 산 아이가 자기 아이라고 주장한다. 이 말에 솔로몬은 칼로 살아 있는 아이를 반으로 나눠서 공평하게 가지라고 명한다. 그러자 여인 2가 아이를 죽이지 말고 여인 1에게 주라고 간청한다. 이 말을 듣고 솔로몬은 여인 2가 아이의 진짜 엄마라는 판결을 내린다.

여기서 두 여인의 주장은 동일하고 둘 중 한 사람은 거짓 주장을 하고 있다. 두 여인은 누가 진짜 엄마인지를 알지만, 솔로몬은 알 수 없다. 솔로몬에게 투영된 두 여인의 모습은 동일하게 보인다. 이제 솔로몬은 그 아이를 죽여서 반으로 나누라고 명함으로써 진실을 알아내고자 한다. 솔로몬의 명령은 살아 있는 아이의 생명을 위협하는 특정 상황으로 몰고 간다. 두 여인이 지금까지와는 전혀 다른 상황에 놓인 것이다. 아이의 생모인 여인과 그렇지 않은 여인은 전혀 다른 반응을 보인다.

솔로몬의 명령은 진실의 단면을 보기 위한 칼과 같다. 이 칼로 여인들의 속마음(진실)을 들여다본 것이다.

역사학자가 시대 순으로 한국사를 가르친다고 하자. 청중들의 수준에 맞게 역사의 중요한 단면들을 간추려서 강의하는 것이다. 이 역사 수업을 듣는 청중 입장에서는 역사적 사건과 사건 사이의 연결이 궁금해질 수 있다. "왜 임진왜란이 일어나게 되었습니까?" 하는 질문은 임진왜란이 안 일어날 수도 있는데 왜 일어났을까를 묻는 질문이다. 역사적 흐름에서 "왜 이 일이 일어났지?" 하는 질문은 그 당시의 시대적 배경을 묻는 전형적인 질문이다. 즉, 역사적 지식의 단면을 더 알고 싶어서 던지는 질문이다. 역사학자가 그 단면을 포함해서 가르쳤을 수도 있지만, 청중에게 제대로 투영이 안 되었을 때 이러한 질문이 나올 수 있다.

의사가 처음 찾아온 환자의 증상을 보고 환자로부터 통증의 양상에 대해 이야기를 듣는다. 이를 통해 의사는 환자의 실체에 대한 투영된 지식을 얻는다. 투영된 지식을 바탕으로 의사는 "아침에 일어날 때는 괜찮았나요?", "식사 후에 통증은 어떤가요?"와 같은 질문과 검사를 한다. 의사의 관점에서 의심이 가거나 미심쩍은 부분을 파악하고자 할 때 던지는 질문이다. 환자가 겪는 질병의 실체에 대한 단면을 들여다보고 싶은 것이다.

어떤 제조업체에 심각한 제품 결함이 발생했다. 지방에 있는 공장 책임자가 현재까지 확인된 제조과정상의 문제점을 사장에게 보고하였다. 보고 내용을 바탕으로 생각했을 때, 사장은 제조과정상의 문제점은 결정적인 원인이 아니라고 생각한다. 사장은 몇 가지 궁금한 점을 공장 책임자에게 묻는다. 공장 책임자는 실무 책임자가 작성한 보고서를 근거로 사장의 질문에 답변한다. 답변이 충분치 않게 느껴진 사장은 공장을 방문해서 직접 문제의 원인을 파악하고자 한다.

여기서 공장 책임자가 보고한 내용은 진실의 2차 투영체다. 실무 책임자가 작성한 보고서를 근거로 보고한 것이기 때문이다. 투영체의 투영체를 근거로 진실의 실체, 즉 제품 결함의 원인을 파악하기는 어렵다. 사장은 공장 책임자를 통해 결함의 원인이라는 진실의 단면을 파악하기가 어렵다고 본 것이다. 엔도 이사오(遠藤 功) 일본 와세다대학 MBA 교수 겸 롤랜드 버거(Roland Berger) 컨설팅회사 일본 법인 회장이 현장·현물·현실의 삼현(三現)주의를 주장하는 이유도 같은 맥락이다.

보고서를 통하는 것과 현장에 가서 눈과 귀로 직접 확인하는 것은 상황을 이해하는 데 큰 차이가 있다. 요즘처럼 인터넷 매체를 통해 간접적으로 정보를 얻는 데 익숙한 사람들에게 경종을 울리는 말이다. 그는 소니(Sony)의 가장 큰 문제점으로 소통부재를 지적한다. 현장감각을 잃었다는 것이다. 캐논(Cannon)의 CEO는 소통부재의 주된 원인 중 하나가 IT에 있다고 지적했다. IT 때문에 직원들이 기존에 수행하던 일의 60퍼센트밖에 해내지 못한다는 것이다. IT에 의존할수록 점점 현장감각을 잃게 되고, 누군가가 작성해서 인터넷에 올린 정보에 의존하는 것이 습관이 되어 불완전한 감각으로 일을 한다는 것이다.

건물의 실제 모습을 지식이라고 하면, 새로 지을 건물의 조감도는 지식투영체, 층별 설계도면은 지식의 단면이라고 볼 수 있다. 미국의 세계적

그림 21 지식 전달 경로에 따른 지식투영체들

화학회사 헌츠먼 코퍼레이션(Huntsman Corporation)의 회장 존 헌츠먼(John Huntsman)은 변호사나 은행가들 또는 경영 컨설턴트의 조언을 그다지 신뢰하지 않는다고 한다. 그는 단 하루도 현장의 역동적인 변화를 경험해보지 않은 자들은 교과서에 쓰인 말을 앵무새처럼 되풀이할 뿐, 상황을 제대로 파악하지 못한다고 믿었다. 물론 남의 말에 귀 기울이지 않음으로써 독단에 빠질 위험성이 있지만, 헌츠먼의 판단은 단지 보고서를 근거로 한 조언이나 판단의 불완전함을 지적한 의미 있는 말이라고 볼 수 있다.

기상연구자가 대기 중의 온도, 습도, 풍속, 풍향, 기압, 강우량 등의 관측자료를 여러 지방에 걸쳐서 시간대별로 조사한다. 이 자료를 분석해서 향후 며칠 동안의 일기예보를 하기 위해서다. 기상연구자는 수학적 이론을 적용하고 복잡한 계산과정을 거쳐서 일기예보를 위한 예측치를 제공한다. 대기 관측 자료는 대기의 실체가 관측자에게 투영되어 나타난 것이다. 이 관측 자료는 다시 기상연구자의 수학적 모형에 투영된다. 일기예보의 성패는 이 투영된 수학적 모형이 얼마나 대기의 실체를 정확하게 나타내느냐에 달려 있다. 이 수학적 모형의 적합성을 확인하기 위해서 온도, 습도, 풍향 등의 특정한 조건에서 실제 대기 현상과 얼마나 잘 맞는지를 점검한다. 이것은 대기 실체의 단면을 모형을 통해 들여다보는 것과 같다. 시간에 따라 변화무쌍하게 변하는 대기를 상상해보자. 우리가 그 속을 일일이 들여다볼 수는 없지만, 대기의 변화를 잘 반영하는 수학적 모형이 있다면, 우리는 그 모형을 통해 특정 조건과 시간일 때 대기의 속 모양을 간접적으로나마 들여다볼 수 있을 것이다. 과학은 이처럼 실체를 간접적으로 들여다볼 수 있는 단면을 제공해준다.

의사가 환자를 정확히 진단하기 위해서 환자의 질병과 관련된 여러 단면(혈액검사 결과, 엑스레이 결과 등)을 관찰하고 그 단면으로부터 투영된 환자의 질병을 유추하여 적절한 치료를 하는 것처럼, 진실을 알기 위한 과정은 지식투영과 지식 단면을 통해 진실의 실체를 들여다보는 과정이다.

　빛은 인류가 존재하기 훨씬 오래전부터 있어왔고, 언제나 인류에게 관심의 대상이었다. 끊임없이 호기심을 갖고 발견과 연구를 거듭하는 사이 어떤 학자는 빛의 파동적 성질을 알게 되었고, 또 어떤 학자는 입자적 성질을 발견했다. 학자들의 지식에 투영된 빛의 새로운 모습은 또 다른 궁금증을 낳았고, 학자들은 계속된 관찰과 연구를 통해 새롭게 밝혀진 빛의 정체를 단면으로 그리려 애썼다.

　투영은 내가 받아들인 모습이고 단면은 내가 궁금증을 확인하기 위해서 들여다본 모습이다. 이러한 지적인 활동, 즉 지식투영과 지식 단면의 생성은 우리 뇌에서 각각 별개의 장소에 독립적으로 발생하는 것이 아니다. 내가 지식을 투영받을 때 미심쩍거나 의아한 내용이 입력되었다면, 나의 뇌 안에서는 거부반응이 생길 수 있다. 이 반응은 궁금증으로 이어질 수 있고, 곧바로 질문으로 표출될 수 있다. 이 질문 내용이 일종의 지식 단면이다. 이번에는 이러한 일련의 생각이 진행되는 뇌를 더 자세히 살펴보자.

생각과 뇌

인식에서 지식으로 정착하는 공간

우리의 성장 환경과 경험이 다르기 때문에
우리들의 뇌에서 일어나는 생물학적 변화도 서로 다르게 일어난다.
동일한 유전자를 갖는 쌍둥이라고 해도,
서로 다른 경험을 하게 되면 그만큼 다른 뇌로 발전할 것이다.

: 스콰이어(Larry R. Squire)와 칸델(Eric R. Kandel)

지식의 사전적 의미를 살펴보면 정신이 어떤 대상을 아는 작용이며 이 작용에 의하여 알려진 내용을 말한다. 정신이라는 용어도 사실 어려운 개념이지만, 더 깊이 들어가지는 않겠다. 지식이라는 단어를 상세하게 풀어서 살펴보자. 광의로는 사물에 관한 개개의 단편적인 실제적·경험적 인식을 뜻하고, 엄밀한 뜻으로는 원리적·통일적으로 조직되어 객관적 타당성을 요구할 수 있는 판단의 체계를 말한다. 여기에서 '인식'이라는 용어가 나온다. 인식은 어떤 현상이 나의 두뇌에서 확인되는 과정이다. 이 과정은 뇌 안에서 이루어지는 작용이므로 특정한 생물 또는 화학적인 원리를 따라

진행된다. 이 진행이 끝났을 때 생성된 생물학적 결과로 '지식'이라는 생물학적 상태가 형성된다. 이 생물학적 상태는 외부 자극에 대한 새로운 반응의 모양을 결정짓고 나아가 새로운 지식이 구성되는 데 필요한 초기 상태를 제공한다.

———• 주사위와 두뇌기술

지식은 무형의 구조물이다. '1+1=2'라는 지식을 예로 들어보자. 1에 1을 더했을 때 '2'가 된다는 지식은 감각기관을 통해 인식한 것이 뇌에 형성된 결과물이다. 이 결과물이 어떤 모양인지는 눈으로 볼 수 없다. 그렇지만 생물학적인 현상임은 분명하다. 처음 숫자를 익히고 1과 2를 구분하는 양상도 생물학적인 현상으로 보면 사람마다 다를 수 있다. 어떤 사람은 계단의 높이로, 어떤 사람은 주사위 개수로, 어떤 사람은 인도 위의 보도블록의 개수로 구분할 것이다. 또 어떤 사람은 추상적인 동그라미의 개수로 구분할 것이다. 이처럼 각자 익숙한 사물과 수의 크기를 연결시켜서 수의 개념을 배우는 것은 자연스러운 현상이다.

이제 수의 크기가 뇌에 인식되면 계단이나 주사위 등의 사물과 별도로 수의 크기라는 개념이 형성된다. 따라서 '2+3'이라는 수식을 보면 '5'라는 답이 나온다. 이것은 어떤 현상을 머릿속에 한꺼번에 떠올리는 식의 암기에 의한 것이 아니라, 2와 3이라는 크기를 더한다는 조건에 대하여 5라는 크기를 생각할 수 있다는 의미다. 두뇌기술(brain skill)이 발전하여 더 이상 주사위가 머릿속에서 필요 없게 되는 것이다. 이 단계가 되면 주사위를 떠올리는 에너지를 절약할 수 있다.

한 단계 높여서 '12+23'을 생각해보자. 두뇌기술이 떨어지는 사람은 주사위를 그만큼 많이 사용해야 한다. 그러나 숫자에 익숙한 사람은 암산이라는 과정을 거쳐서 '35'를 얻는다. 숫자에 익숙하다는 것은 수의 크기를 원리적으로 인식하고 있는 상태를 말한다. 12를 10+2로, 23을 20+3으로 인식한 상태다. 그래서 위의 덧셈 문제를 자릿수에 따라 10+20, 2+3으로 분리해서 다룬다. 12를 주사위가 열두 개 있다고 인식하는 것과 10+2로 인식하는 것의 차이는 숫자의 특성을 인식하느냐 못하느냐에 달려 있다. 숫자의 특성을 인식하는 두뇌에서는 12와 23을 곱할 때도 숫자의 특성을 활용해 10+2와 20+3을 곱한다. 물론 주사위를 사용하는 두뇌는 주사위를 세는 수준에서 벗어나지 못한다. 곱하기 개념도 마찬가지다.

주사위를 세는 단계에서 숫자의 특성을 인식하는 단계로 발전하는 과정을 두뇌의 변화로 살펴보자. 초기 단계에서는 숫자 계산이 필요할 때마다 주사위 영상을 떠올리는 뇌세포를 활성화시켜야 한다. 그러나 수의 성질을 인식한 뒤에는 주사위 영상이 필요 없어지고 수의 성질을 떠올리는 뇌세포를 활성시켜야 한다. 덧셈, 뺄셈, 곱셈, 나눗셈 문제가 주어질 때마다 수의 성질과 관련된 뇌세포가 활성화된다. 자연히 수의 성질을 떠올리는 뇌세포와 수 계산에 사용되는 뇌세포가 밀접하게 연결된다. 수 계산 뇌세포가 주사위 영상 뇌세포로부터 분리되고 수의 성질 뇌세포와 새롭게 연결되는 것이다. 계산을 할 때마다 수 계산 뇌세포와 수의 성질 뇌세포가 동시에 활성화되면서 두뇌는 숫자 계산에 효율적인 구조로 바뀌게 된다.

영어를 접하는 두뇌를 살펴보면 어떨까? "I love you so much"라는 문장을 처음 배우는 상황이라면 I(나), love(사랑한다), you(당신), so(매우), much(

많이) 식으로 영어단어 하나하나에 우리말을 대응하면서 문장의 의미를 뇌에 새기게 된다. 순서대로 쓰면 "나 사랑한다 당신 매우 많이"가 된다. 우리 뇌에서는 이러한 어순이 익숙하지 않기 때문에 "나는 당신을 매우 많이 사랑한다"로 재배치할 것이다. "나 사랑한다 당신 매우 많이"라는 단어들의 심상이 "나는 당신을 매우 많이 사랑한다"라는 완결된 의미와 가장 가깝기 때문이다. 여기서 '가깝다'는 말은 이 다섯 개의 우리말 단어의 조합이 떠올릴 수 있는 의미들 중에서 "나는 당신을 매우 많이 사랑한다"라는 의미가 가장 익숙하다는 뜻이다. 이와 같이 영어를 우리말로 대응시키고, 이 대응된 우리말들로부터 의미를 얻어내는 과정은 아직 뇌가 영어를 하나의 독립된 언어로 다루기에 익숙하지 않아서다. 이 단계를 넘어선 뇌는 "I love you so much"를 읽거나 들으면 즉각 그 의미를 이해한다. 이때 뇌는 영어를 우리말과 대응하는 번거로운 과정을 거치지 않고 영어와 관련된 뇌세포만으로 의미를 이해한다. 동일한 상황을 우리말로도, 영어로도 생각할 수 있는 스위치가 뇌 안에 있는 것과 같다.

수를 주사위와 연관 지어 생각하던 단계에서 수 자체의 성질을 이해하면 주사위와 별개로 생각하게 되고, 영어를 우리말과 하나하나 대응하던 수준에서 영어 그 자체로 이해하고 생각하게 되는 과정을 살펴보았다. 이러한 단계적 변화는 지식 형성 과정에서 매우 중요한 의미를 갖는다. 즉, 뇌기능의 효율성 향상이다. 수 계산을 할 때 주사위를 사용하면 수와 직접적인 관계가 없는 주사위라는 대상을 함께 생각해야 하기 때문에 효율성이 떨어진다. 같은 맥락에서 영어 문장을 이해할 때 구태여 우리말로 바꿀 필요 없이 영어문장 그 자체로 이해하는 것이 더 효율적이다.

사람의 두뇌는 항상 최상의 효율성을 지향한다. 어떤 새로운 개념을 습득하고자 할 때, 개념을 적용한 사례를 보면 그 개념을 이해하기가 한결 수월해진다. 모형물은 그래서 중요하다. 더하기의 개념은 동일한 물건을 더할 때 그 양의 변화를 이해하면서 얻어진다. 흔히 조약돌, 과일, 수저, 주사위 등을 이용해 양의 변화와 더하기가 어떤 관계에 있는지를 터득한다. 날아가는 야구공을 생각하게 하면서 수학적 함수의 성질을 가르치는 것도 같은 맥락이다.

주사위 단계에서는 주사위를 연상해야만 문제를 풀 수 있지만, 수 단계에 이르면 숫자만 사용한다. 일단 개념을 확실히 이해하면 이전에 이용했던 사례나 도구는 더 이상 쓸모가 없어진다.

어떤 수학적 함수를 설명하기 위해 야구공이 방망이를 맞고 공중으로 올라갔다가 떨어지는 과정을 예로 들었다고 하자. 공이 가장 높이 올라가는 시점은 언제이고 그 지점까지 올라가는 시간과 내려가는 시간이 어떤 관계가 있는지를 수학적 함수를 통해 이해했다. 처음에는 수학적 함수를 생각할 때마다 야구공의 궤적이 동시에 떠오른다. 그러나 수학적 함수가 충분히 이해되면 야구공을 떠올리는 것이 거추장스러워진다. 이미 이해한 수학적 함수를 생각하기 위해 굳이 야구공을 연상하는 것은 비효율적이고 번거롭기 때문이다. 따라서 이제는 야구공과 관계없이 수학 문제에 함수를 적용할 수 있게 된다.

노벨 화학상과 핵무기 반대운동으로 노벨 평화상을 받은 리누스 파울링(Linus Pauling)은 모형화 작업을 통해서 사고를 발전시킨 대표 인물 중 한 사람이다. 그는 "모형이 가지고 있는 가장 큰 가치는 새로운 생각이 태어나는 과정에 기여하는 것이다"라고 말한다. 그의 주장에 따르면 모형을 정교하게 만들면 그만큼 사고도 치밀해진다. 그런데 파인만은 모형물을 통해 개

넘이 명확해진 뒤에는 그 모형이 더 이상 쓸모없어진다고 하였다. 모형물은 생각이 구체화되고 더 나아가 추상화가 완성되면 더 이상 쓸모없게 된다. 주사위도 야구공도 더 이상 필요 없게 된다.

———•동시발화와 생각

'엄마가 화났다'는 사실은 엄마의 눈빛, 표정, 어감, 말의 내용, 몸짓 등을 통해 인식된다. 이러한 인식은 눈빛, 표정, 말투에 섞여 나온 감정, 말하는 태도 등을 인지하는 뇌의 각 세포들이 거의 동시적으로 발화되어서 연관성을 형성한다. 이러한 현상이 반복되면 엄마의 목소리만 들어도 엄마의 눈빛이나 몸짓을 같이 떠올리게 되는 뇌세포 결속현상이 발생한다. 그러면서 '엄마가 화나면 무섭다'는 인식이 오랫동안 지속되고 '엄마가 화났다'는 생각은 관련된 뇌세포들이 함께 발화된 생물학적인 현상과 동일시될 수 있다.

레오나르도 다빈치(Leonardo da Vinci)는 서로 연관성이 없는 것 사이에서도 동시발화가 발생할 수 있음을 많은 경험으로 터득했다. 잔잔한 연못에 돌을 던지고 수면 위의 물결을 보던 중에 그는 성당의 종소리를 들었다. 다빈치는 물결과 종소리가 서서히 약해지는 것을 동시에 경험하면서 소리가 파동으로 이동하는 것을 발견하였다. 그는 이처럼 서로 연관성이 없는 현상들이 동시적으로 발생하는 상황을 숱하게 경험했고, 이들로부터 새로운 영감을 얻었다. 즉, 사람의 뇌는 동시에 발생하는 둘 이상의 현상에 집중할 때 각각의 현상에 따로따로 집중할 수 없다는 것을 알아낸 것이다. 다시 말해 서로 다른 현상이 동시에 인식될 때 머릿속에서는 서로 연관된 것처럼 동시발화가 일어나는 것을 발견하였다. 이러한 동시발화는 종종 새로운 영감을 불러일으키는 원인으로 작용한다.

베토벤의 운명 교향곡은 적게는 53개, 많게는 105개의 악기가 협연하여 연주된다. 여기에는 바이올린, 첼로 등의 현악기, 드럼과 같은 타악기, 트럼펫으로 대표되는 금관악기, 오보에 같은 목관악기들이 조화를 이루며 아름다운 소리를 만들어낸다. 고유의 특질을 갖는 악기들이 한데 어우러져 만들어내는 소리는 마치 작은 물결들이 모여 크고 아름다운 물결무늬를 만드는 것과 같다. 이 악기소리의 어우러짐을 통해 전혀 새로운 느낌의 소리가 만들어지는 것이다. 사람이 생각하는 것도 이와 매우 유사하다.

─────, 생각과 뇌세포군의 활동

물고기 이름을 몇 가지 대라고 하면 주위에서 흔히 접했거나 생물연감에서 본 것들을 떠올리기 쉽다. 꽁치, 오징어, 고등어, 대구, 붕어, 갈치, 상어 등을 답하기는 쉽다. 그러나 어쩌다 한번 접해본 가오리, 황새치, 전갱이, 망둥어와 같은 것들은 여간해서는 쉽사리 떠올려지지 않는다. 세상에는 우리가 쉽게 생각할 수 있는 것이 있고, 반면에 좀처럼 접근이 어려운 생각도 있다. 우리를 둘러싼 많은 자극들은 쉽게 떠올려지는 생각들과 연합되어 생각을 진전시킨다.

다른 예를 생각해보자. 알파벳 K로 시작하는 단어가 더 많을까, 아니면 K가 세 번째로 오는 단어가 더 많을까? 대부분은 K로 시작하는 단어가 더 많을 것이라고 답한다. 그러나 사실 알고 보면 K가 세 번째로 오는 단어가 두 배는 더 많다. 이렇게 오판하는 이유는 무엇일까? K로 시작하는 단어는 쉽게 떠올릴 수 있지만, K가 세 번째로 오는 단어는 생각해내기가 어렵기 때문이다.[27]

세상에는 머릿속에서 잠자고 있는 지식들을 자극하는 방법들이 다양하게 개발되어 있다. 여러 개의 단어들을 임의로 골라 문장을 만드는 식의 생각 자극법은 자기계발서에도 자주 등장하는 창의적 사고 훈련방법들 중의 하나다. 서로 연관성이 없는 단어들을 하나의 문장으로 연결하기 위해서는 평소의 익숙한 생각의 틀을 벗어나야 한다. 예를 들어서 '안테나'와 '고양이 밥'이라는 단어들을 엮어 하나의 문장을 만든다고 하자. 논리적으로 분석해서 생각을 엮어갈 수도 있고, 직관적으로 두 단어를 연결시킬 만한 상황을 떠올릴 수도 있다. 고양이가 밥을 먹고 싶을 때 안테나처럼 만들어진 장치를 건드리면 사료가 나오도록 설계된 자동급식 장치를 떠올릴 수도 있다. 이러한 훈련은 잠자는 지식을 깨우거나, 서로 떨어져 있는 지식조각들을 동시에 자극시키는 효과가 있다.

공상과학 영화에서나 나올 법한 창의적 발상으로 유명했던 월트 디즈니(Walt Disney)는 '무제한적 상상 → 작품에 맞도록 수정 → 사업 가능성의 최종점검' 순으로 다양하고도 엉뚱한 발상들을 사업 아이템으로 일구었다. 이는 '몽상가 → 현실주의자 → 사업가'로의 성공적인 역할 변화로도 설명할 수 있다.

뇌신경학자 애보트(L. F. Abbott)와 그 연구진[28]에 의하면 불과 25개의 측두엽 신경세포만 있으면 3,000개의 다른 얼굴을 50퍼센트 이상의 확률로 분별할 수 있다고 한다. 유사한 연구들을 통해 확인된 것은 사물의 인식이 대상물의 개수보다 훨씬 작은 세포 수로 가능하다는 것이다. 쥐의 경우

1제곱미터의 공간에서 센티미터 단위로 구분된 100만 개의 위치를 구분하는 데 몇 백 개의 위치인식 세포로 충분하다는 것이다. 이것은 뇌세포를 조합하여 위치를 인식하기 때문인데,[29] 이를 뇌의 조합 부호화(combinatorial coding)라고 부른다. 수학적으로 보면 열 개의 세포가 얼굴 인식작용에서 각각 독특한 역할을 담당한다고 하면 이들 세포들의 조합으로 구분 가능한 얼굴의 개수는 1,024개다. 따라서 세포 50개로는 수학적으로 거의 무한에 가까운 얼굴들을 구별할 수 있다. 그러나 실제로는 뇌세포들 사이의 상호관계가 가변적이고, 뇌세포들이 얼굴 인식 외에 다양한 기능을 수행하기 때문에 측두엽 신경세포들이 분별할 수 있는 얼굴의 개수는 제한적일 수밖에 없다.[30]

무엇을 의식적으로 감지한다는 것은 그것을 인식하는 데 핵심적인 역할을 하는 세포군의 활동을 하나로 통합하는 뇌의 작용이다. 누군가를 만났을 때 뇌세포들이 각각 눈, 코, 성별, 시선의 각도, 감정적 표현 등을 읽어내어 그 정보를 입력하면, 이를 통합하여 상대방의 얼굴을 인식하게 된다. 잘 아는 사람이라고 해도 눈 아래를 수건으로 가리면 누구인지 알아보기 어렵다. 얼굴 인식에 필요한 뇌세포군들의 입력이 부족하기 때문에 유추는 할 수 있어도 정확한 인식은 어려운 것이다. 이는 블라인드 틈으로 투영된 내용으로만 보는 것과 같다.

———• 즐거운 지식과 의무적 지식

하버드 경영대학원 교수를 역임한 마크 알비온(Mark S. Albion)[31]은 저서 『미래 기업의 3C 경영(*True To Youself*)』에 다음의 연구 사례를 소개하였다. 미국 MBA 학생 1,500명을 대상으로 20년에 걸쳐 일과 보상의 관계에 대해 분석했더니, 돈을 좇는 사람보다 일을 좋아하는 쪽이 부자가 될 확률이 훨씬 높았다. 좀 더 구체적으로 들여다보면 1,500명 가운데 83퍼센트는 돈을 모은 다음 하고 싶은 일을 하겠다는 입장이었고, 나머지 17퍼센트는 하고 싶은 일을 하다 보면 돈이 따라올 것이라고 믿는 부류였다. 20년 뒤 이들 가운데 101명이 백만장자가 되었는데, 놀랍게도 돈을 추구했던 사람들 가운데 한 명만 백만장자가 되었고, 하고 싶은 일이 먼저라고 생각했던 222명 가운데 무려 100명이 백만장자가 되었다. 하고 싶은 일을 하는 것이 성공하는 비결이라는 하나의 반증이라고 볼 수 있다. 그런데 무엇을 하고 싶은 마음은 어디서 나올까? 어떤 일을 할 때는 즐거운데, 어떤 일은 지루하고 유독 시간이 느리게 가는 느낌이 드는 건 왜일까?

주식회사 빅앤트(Big Ant)의 대표이사 박서원은 학창 시절 대학을 두 번 자퇴했고 여섯 차례나 전공을 바꾸었다. 미시간대학을 자퇴하기 전에 있던 일이다. 일본인 친구와 농구를 하기로 했는데 약속시간이 지나도록 나오지 않아서 친구 집까지 찾아갔다. 친구는 농구 약속도 잊은 채 종이로 우주선을 만들며 놀고 있었다. 종이 우주선 제작이 그 학기 프로젝트라는 것이었다. 박서원은 우주선 모형을 본 순간 "저런 공부라면 나도 신나게 할 수 있겠다"고 생각하고 곧장 전공을 바꿨다. 그런 뒤 2005년에 뉴욕의 비주얼아트스쿨에 입학했다. 이후 그는 용수철이 튀어 오르는 듯한 재능을 마음껏 발산했다. 2012년 기준 지난 5년간 세계 유명 광고제 수상작만 40여 개를 배출한 그에게 창의성의 원천은 즐거움이었다.

즐거운 일이란 무엇일까? 어떤 일을 하고 싶다는 것은 내가 이미 그 일에 관심이 많고 생각한 것이 많다는 의미다. 물론 그 생각들이 구체적이고 체계적인 것은 아닐 수 있다. 다만 흥미진진한 책을 시간 가는 줄 모르고 읽는 것처럼, 시간을 잊고 생각의 흐름 속에 빠져든 상태다.

좋아하는 사람에게 선물로 주기 위해서 그림을 그린다고 하자. 그 일 자체가 즐거움이 된다. 그림을 그리면서 좋아하는 사람을 생각할 수 있고 그 사람이 선물을 받고 기뻐할 것을 생각하면 즐거움이 솟아오른다. 나를 인정해주고 내가 하는 일에 의미를 부여해주는 사람이 같은 사무실에 있다면 이때도 나는 즐거운 일을 하고 있는 셈이다. 나의 일이 누군가에게 인정받고 있다는 것 자체가 존재감을 확인시켜주는 즐거움이기 때문이다.

반면 누가 시켜서 하는 일은 어떨까? 발표를 하기 위해서 읽기 싫은 책을 읽고 준비를 해야 한다. 싫어하는 회사 동료와 팀을 이루어 회의를 하고 새로운 제안서를 제출해야 한다. 존경하지 않는 직장 상사가 일을 맡기면서 내일까지 마무리 하라고 지시한다. 이 일을 한다고 나를 알아주는 사람도 없다. 이럴 때는 상사가 하라는 일만 기계적으로, 그것도 마지못해 한다. 일 자체가 내겐 재미없기 때문이다.

의무적인 일과 즐거운 일은 그 결과에서도 확연한 차이가 난다. 전자는 계획표대로 하는 기계적인 작업의 결과이고 후자는 이미 결과물에 의미가 들어가 있다. 물론 그 의미는 일한 사람에 의해서 창출된 의미다. 일의 이유와 중요성, 결과물을 공유할 사람들에 대한 배려 등이 일을 하는 주체로 하여금 결과물에 새로운 가치를 부여하게 한다. 일의 결과물을 놓고 누군가가 "왜 이렇게 했느냐?"고 물을 때, 의무적으로 처리한 사람과 즐겁게 일한 사람의 대답에는 뚜렷한 차이가 있을 것이다. 전자는 "그렇게 하라고 해서"라고 답할 것이고 후자는 "그렇게 하면 더 알아보기 쉬울 것 같아서"라고 답할 것이다. 일한 사람의 마음이 들어가 있느냐 아니냐의 차이다.

즐거운 마음으로 일하는 사람들이 많은 회사의 제품은 사람의 손과 마음으로 빚어졌기 때문에 그 회사 직원들 스스로도 사고 싶은 제품일 것이다. 이런 회사라면 미래 전망이 밝을 수밖에 없다. 내부 직원들의 평판이 기업의 성장과 관련이 깊다는 것을 간파한 로사 전(Rosa Chun) 스위스 국제경영개발연구원(IMD) 경영대학원 교수의 주장은 이런 맥락에서 주목할 만하다. 제품 개발과정을 속속들이 알고 있는 회사원들의 내부 평판 속에는 그 제품 개발에 참여한 직원들의 마음이 얼마나 담겨 있는지를 알 수 있는 지수가 반영되기 때문이다.

일이 즐거운 사람의 머릿속에서 사용 중인 지식은 어떤 상태일까? 내가 어떤 일을 하고 싶어한다는 말은 그 일에 관심이 많았거나 배우고 싶었거나 관련 지식을 많이 지니고 있다는 뜻이다. 물론 많이 알고 있다고 해서 더 이상 알고 싶은 것이 없다는 말은 아니다. 지식공간은 거의 무제한적이다. 지식을 사용한다는 것은 그 지식과 관련된 시냅스(신경접속)들의 조합을 활성화시킨다는 의미이고, 이러한 다양한 조합들의 연속적 변화가 바로 생각이다. 우리가 생각할 때 뇌 안에서는 수많은 조합의 활성화 작용이 일어나므로 뇌는 무척 바쁘게 움직인다. 이러한 조합을 연출하기 위해서는 신경전달물질이 원활하게 공급되어야 하는데, 의욕이 있고 즐거울 때는 신경전달에 필요한 호르몬과 단백질, 혈액이 원활하게 공급된다.

반면 마지못해서 일을 할 경우에는 시키는 일만 하기 위해 그야말로 최소한의 절차를 따른다. 이처럼 수동적으로 하는 일은 누가 하든 결과에 별 차이가 없다. 스스로 더 좋은 결과를 내놓기 위해서 필요한 것 이상의 지식을 추가하는 적극성이 없기 때문이다. 마지못해 하는 일이므로 좋은 반응을 기대하지도 않을 것이다. 이처럼 수동적으로 일을 할 때는 관련 지식의 활성화가 억제된다. 마치 그리기 싫은 정물화를 그릴 때 대상물을 별 관심 없이 관찰하는 것과 같다. 어떻게 하면 더 아름답게, 더 생생하게 특징을 표현할 수 있을까 고민하는 것이 아니라 무엇을 그렸는지 알아볼 수 있을 정도로만 그리는 것이다. 사람 얼굴을 그릴 때도 그저 보이는 대로만 그리는 식이다. 그러나 고흐(Vincent van Gogh)의 그림을 생각해보자. 그의 작품에서 우리는 너무나 능동적인 화가의 태도를 엿볼 수 있다. 그는 위대한 예술가의 마음을 이렇게 언급한 바 있다. "인물화나 풍경화에서 내가 표현하고 싶은 것은, 감상적인 우울이 아니라 뿌리 깊은 고뇌다. 내 그림을 본 사람들이, 이 화가는 깊이 고뇌하고 있다고, 정말 격렬하게 고뇌하고 있다고 말할 정도의 경지에 이르고 싶다."

고흐는 단순히 눈에 보이는 대상을 화폭에 옮기는 데 그치지 않고, 그 이면에 감추어져 있는 고뇌를 표현하고자 노력했다. 영혼의 깊은 내면까지도 그려내고자 한 고흐에게 그림 작업은 오랜 준비와 사색에서 비롯된 마지막 손질이었을 것이다.

——•자극과 반응의 연쇄현상

우리는 뇌 안에서 신경물질이 전달되는 과정을 의식할 수 없다. 사물을 보고 듣고 만질 때 외부에서 입력되고 전달되는 정보처리 과정은 자동적으로 이루어진다. 망막을 통해 들어온 영상정보들이 뇌 안에서 통합되어 하나의 물체나 현상으로 인식될 때까지의 과정은 나의 의지와 관계가 없다.

음악이나 소리를 감지하는 것 역시 물리적이고 생물학적인 현상이다. 다만 그 음악과 소리에서 어떤 느낌과 의미를 갖는지는 사람마다 다르다. 동일한 음악이나 소리 자극에도 사람마다 다른 뇌세포군이 활성화되는 이유는 제각각 다른 경험을 가지고 있기 때문이다. 특정한 음악을 듣고 어떤 사람은 기분이 좋아지고, 어떤 사람은 시골길을 생각하고, 어떤 사람은 옛날에 사귀던 사람을 떠올리는 등 활성화되는 뇌세포군이 다양하다. 이 뇌세포군은 하나의 지식 단면을 형성한다. 음악이 흐르는 동안 그 화음에 따라 활성화되는 뇌세포군이 달라지고 그에 따라 다른 지식 단면들이 떠올려지는 것이다.

생각은 의식적으로 접근할 수 있는 대상이 아니다.[32] 그것은 단지 속으로 말하고 상상하는 작용이며 느낌으로 반추하고 재표현하는 것일 뿐이다. 하버드대학의 심리학 교수인 루돌프 아른하임(Rudolph Arnheim)은 1969년에 쓴 저서 『시각적 사고』[33]에서 "생각이라고 부르는 인지작용은 지각 너머의, 지각보다 상위에 있는 정신적 과정이 아니라 지각 자체를 이루는 본질적 요소다"라고 적고 있다.

어떤 생각을 해야겠다고 마음을 먹고 의식적으로 생각을 한다고 하자. 그 생각에는 목표가 있다. 그것은 나의 지식세계 안에서 새로운 논리를 개발해가는 과정, 어떤 해결책을 찾아가는 과정이다. 좀 더 세밀하게 보면 자극과 반응의 연쇄현상이다.

어린 시절의 상상이나 공상을 돌이켜보자. 배고플 때는 먹고 싶은 것을 상상하고, 외로울 때는 보고 싶은 사람을 떠올린다. 또 가보지 않은 곳을 이미 알고 있는 지식을 동원해 상상해본 경험도 있을 것이다. 선호하는 음식, 음악, 장소를 생각할 때 사람은 기분이 좋아진다. 마음속으로 그것을 느끼기 때문이다. 내가 알고 있는 것을 자주 생각하다 보면 그와 관련되는 것들에 더 관심을 기울여 듣고 보게 된다. 일상생활 속에서 의식적이건 무의식적이건 지식의 선택적 강화는 자연스럽게 우리의 뇌 안에서 진행되고 있다.

———·기억의 신경생물학적 정의

이스라엘의 신경생물학자 야딘 두다이(Yadin Dudai)[34]에 의하면, 기억은 경험 의존적인 내적 표현이 유지되는 상태를 의미한다. 신경단위 수준에서 말하면 기억은 단기기억과 장기기억으로 분류할 수 있는데, 단기기억은 활성화 의존적 기억이고, 장기기억은 구조적 기억이다. 활성화 의존 기억은 특정 신경세포군이 점화상태를 유지함으로써 각인된다. 예를 들어서 빨간 고리가 시야에서 사라진 뒤에도 전두엽 신경세포(prefrontal neurons)들은 빈도수는 줄지만, 한동안 점화상태를 유지한다.

　구조적 기억은 신경세포 사이의 시냅스들의 강도 변화를 조정함으로써 발생한다. 또한 학습과 기억은 시냅스의 구조적(또는 강도) 변화 외에도 시냅스의 반응강도 변화를 통해서 이루어진다.[35] [그림 22]는 동물의 뇌세포를 열여섯 군데에 두고서 여러 개의 뇌세포에 동시에 전기 자극을 가했을 때 신경돌기들이 형성되어 연결되어가는 모습을 관찰한 것이다. 왼쪽 위 그림부터 Z자 순서로 실험 시작일로부터 15, 17, 19, 22일 뒤의 모습이다. 열네 개의 신경세포에서 돌기가 뻗어 나온 것을 볼 수 있다. 시간이 지날수록 연결이 늘어나는 것이다.

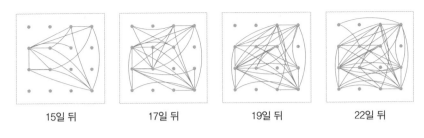

| 15일 뒤 | 17일 뒤 | 19일 뒤 | 22일 뒤 |

그림 22 신경돌기가 형성되어 신경세포들이 연결되어가는 모습을 나타낸 것

참고: http://www.scholarpedia.org

전화통화 도중 다른 사람의 전화번호를 잠시 암기해야 하는 상황이 종종 있다. 이런 때 전화번호를 시각화하거나 자기에게 익숙한 방식으로 기억한 다음 몇 분이 지나면 잊어버리는데, 이러한 기억은 활성화 의존적이다. 따라서 다른 급한 일이 생겨 나의 신경이 온통 다른 데로 쏠리고 나면 전화번호는 깨끗이 잊어버리게 된다. 전화번호를 기억하기 위해 일시적으로 활성화되었던 뇌세포가 활성화 전 상태로 돌아가면서 집중했던 기억이 사라진 것이다.

그러나 구조적 기억은 신경물질 전달 기준의 변화나 신경회로의 변화를 수반하기 때문에 일시적인 세포 활성화에 영향을 받지 않는 특성이 있다. 장기기억은 다수의 뇌세포들이 집단으로 연결된 작용이다. 따라서 이 뇌세포들 중 일부가 활성화되면 연결된 집단 전체가 활성화된다. 그리고 이 집단에 포함된 뇌세포들은 다른 세포집단과 연결될 수 있으므로, 하나의 장기기억 뇌세포 집단에 포함된 뇌세포는 다양한 장기기억 뇌세포 집단과 연결된 경우가 많다. 장기기억의 내용에 따라 얼마든지 다양한 집단 연결 구조가 생성될 수 있다. 따라서 하나의 뇌세포가 여러 개의 장기기억 뇌세포 집단에 포함될 때, 이 뇌세포는 뇌신경회로에서 일종의 허브의 역할을 한다.

─────•지능 발달과 뇌의 생물학적 변화

원숭이를 대상으로 한 실험에서 숨겨놓은 장난감을 잘 찾아내는 원숭이와 그렇지 못한 원숭이를 비교했을 때, 전자의 원숭이들을 전두피질의 뇌세포가 더 성숙해 있음을 예일대학의 패트리샤 골드만 래킥(Patricia Goldman-Rakic)이 밝혀냈다. 아델 다이아몬드(Adele Diamond) 박사는 전두피질이 성숙한 사람은 스스로 해야 할 일을 관리하고 목표를 선택할 수 있으며, 정보의 저장과 활용, 계획 세우기 등의 사고활동을 체계적으로 수행할 수 있다고 설명한다.

하버드대학의 인지신경학자 커트 피셔(Kurt W. Fischer) 교수가 연구한 아동발달 모델에 의하면 유아기 동안 뇌의 성장속도는 일정하지 않다. 그 패턴을 보면 '뇌 특정영역의 발달 → 그에 따른 행동의 발달 → 관련 뇌 영역 발달 → 그에 따른 행동의 발달'과 같은 일련의 순환적 강화작용에 의해 많은 수상돌기와 시냅스가 만들어지고, 동시에 사용되지 않는 수상돌기와 시냅스는 약화된다.

아기는 보통 생후 8~9개월째에 기기 시작하는데, 그러한 행위 자체가 뇌의 발달을 돕는다는 것이다. 이것은 100명 이상의 아기들을 대상으로 일리노이대학의 심리학자 로지언 커모이언(Roseann Kermoian)과 조세프 캠포스(Joseph J. Campos)가 연구한 결과에서 확인된다.[36]

아기들은 지식이 전무한 상태에서 태어날까? 하버드대학의 인지심리학자 엘리자베스 스펠케(Elizabeth S. Spelke)는 생후 4~5개월 된 아이들한테 원초적 지식이 있다고 발표했다. 스펠케 교수가 말하는 원초적 지식에는 서로 다른 물체가 독립적으로 움직인다는 것, 물체가 움직일 때 크기와 모양이 변하지 않는다는 것, 두 물체가 서로 닿았을 때만 서로의 움직임에 영향을 준다는 것들이 포함된다. 이것은 아이들이 응시하는 시간에 차이가 있다는 것을 확인하고 연구하여 얻은 결론이다. 즉, 아이가 더 오래 응시하는 것은 뭔가 낯설고 이상하다고 느끼는 것이라고 해석한 것이다.[37]

생물학적으로 지식 형성이 어떻게 이루어지는지는 명확하게 알려져 있지 않다. 다만 신경전달 통로인 시냅스에서의 신경전달 현상을 관찰함으로써 간접적으로 추론할 수 있을 따름이다. 신경전달물질은 신경세포에서 분비되는 신호물질이다. 이 물질은 신경세포의 소포체(vesicle) 안에 들어 있다. 이 소포체는 정보를 담아두는 주머니와 같다. 신경세포에 자극이 전달되면 신경세포 전시냅스에 칼슘이온 채널이 열린다. 이때 칼슘이 신경세포 안으로 유입되어 시냅스 소포체를 신경세포의 축삭돌기 말단으로 이동시킨다. 여기에서 세포 외 유출에 의해 신경전달물질을 축삭돌기 말단 밖으로 방출시킨다. 축삭돌기 말단은 나뭇가지 위의 작은 혹처럼 생긴 수상돌기와 맞닿아 있는데, 방출된 신경전달물질은 수상돌기에 있는 후시냅스 세포막의 수용체와 결합하여 후시냅스 세포의 투과성을 변화시킨다. 이 투과성 정도에 따라서 신경전달물질이 후시냅스 세포에 전달되거나 전달이 억제된다.

바다달팽이의 일종인 군소(aplysia)를 통한 실험 결과를 보면 학습에 의해 변한 시냅스는 관련 학습이 지속됨에 따라 시냅스의 활성화 강도가 변하거나 시냅스 주위의 뇌세포들 사이에 새로운 시냅스들이 활발하게 생성

됨을 알 수 있다.[38]

　분모가 같은 분수의 덧셈과 뺄셈을 공부한 어린이가 분모가 서로 다른 분수의 덧셈·뺄셈을 학습할 때, 분모의 값을 통일시키는 것이 어째서 중요한지 그 의미를 이해하게 되면, "분모가 같을 때는 분자에 대해서만 계산하면 된다"는 기계적인 지식이 '분모를 같은 값으로 통일시키는 것의 의미'를 이해하는 지식의 일부로 변하게 된다. 이러한 지식의 변화가 뇌세포 간 시냅스의 반응강도를 변화시키고 그 주위 세포들 사이에 새로운 시냅스를 형성한다. 여기에서 중요한 것은 분모를 같게 한다는 것의 의미를 되새기고, 이어서 분모가 같은 것끼리는 분자 값만 계산하면 된다는 식의 이해과정이다. 이러한 되새김 과정이 없으면, 새로 습득한 지식은 금세 머릿속에서 사라질 것이다.

──── 생각이 비슷한 사람들

살다 보면 의외로 나와 비슷한 생각을 하는 동료들을 종종 만나곤 한다. 가치 판단도 유사하고 사람을 보는 눈도 비슷하고 사태의 심각성을 느끼는 정도도 유사하고 미래를 보는 관점도 유사한 경우가 많다. 같은 집단에서 생활하는 경우에는 그런 가능성이 더 높아진다.

　집단 내에 개별적인 사고나 비판적 의문 없이 수동적으로 받아들이는 사람들이 많을수록 구성원 간에 지식 내용이 유사할 가능성이 크고, 이로 인해 지식자극 단초가 유사해지기 때문에 유사 지식의 형성이 더욱 촉진된다. 지식자극의 단초는 지식 단면에서 시작한다. 지식의 자극은 어떤 특정 지식의 단면을 통해 야기된다. 집단 구성원들에게 생각할 시간을 주지 않고 자극을 주고 습득하게만 하면 사람들은 거의 동일한 지식을 갖게 되고 동일한 지적 자극에 의해 동일한 지식 단면이 열린다.

어떤 대상에 대해서 일정한 내용의 지식을 제공한 뒤 그 대상에 대한 왜곡된 정보에 꾸준히 노출되게 하면 그 대상에 대한 지식은 왜곡된 상태로 구성된다. 이 왜곡된 지식을 재구성하려면 우선 그 왜곡된 정보가 모두 거짓임을 알림으로써 잘못된 지식을 무효화해야 한다. 그런데 주위에 같은 생각을 하는 사람들이 많고, 그들이 하는 이야기를 아무 의심 없이 받아들다 보면, 자신도 모르게 치우친 지식이 강화된다.

지식의 홍수라는 오늘날의 사회에서는 인터넷을 통해 원하는 정보를 대부분 얻을 수 있다. 원하는 정보는 관심사에 따라서 달라지고, 관심은 나의 지식 내용과 현재의 지식자극―의문, 욕구, 호기심 등―에 따라 달라진다. '지식-관심-정보 습득-지식 재구성'으로 이루어지는 지식 재구성의 고리는 조건적 연쇄작용에 의해서 진행된다.

나와 유사한 생각을 하는 사람들이 많다고 느낄 때가 있는가? 그렇다면 나의 생각이 대중매체에 영향을 받고 있지는 않은지 살펴야 한다. 비판적인 자각이 없으면 나는 매체에 지배받는 무수한 대중 가운데 한 사람일 가능성이 매우 높다.

─────. 지식의 수동적 과식상태

미국 멕시코만 원유유출은 2010년 4월 20일, 영국 석유회사 BP(British Petroleum)³⁹가 운영하던 시추 시설 딥워터호라이즌(Deepwater Horizon)호가 폭발하면서 시작되었다. 폭발 후 이틀 만에 시추 시설은 바다 아래로 가라앉았고, 사고 발생 4일 후 미 해안경비대가 조사 관측용 로봇을 투입해 조사한 결과, 바다 밑 유정(油井)과 시추 시설을 연결하는 약 1,500미터 길이의 시추 파이프에 적어도 두 개의 구멍이 뚫려 기름이 유출되고 있다는 사실이 발견되었다. 사고 대책 책임자 쌔드 앨런(Thad Allen)은 날마다 300~400쪽에 이르는 전자우편이나 보고서를 받았다. 이 엄청난 양의 자료들은 대책 마련에 필요한 단서를 고르는 작업을 더 어렵게 만들었다.

미국의 CIA국장 레온 파네타(Leon Panetta)가 호스니 무바라크(Hosni Mubarak) 전 이집트 대통령이 곧 하야할 것이라고 공언한 일이 있었다. 그런데 파네타 국장의 언급이 가져온 파장이 채 가라앉기도 전에 무바라크가 권좌에서 물러나지 않겠다고 선언하면서 정계를 한층 술렁이게 했다. 이 사건 역시 홍수같이 밀려드는 자료들 속에서 긴급하게 의사결정을 내려야 할 때 발생하는 판단오류의 예다. 얼마 안 가서 무바라크가 실제로 권좌에서 물러나기는 했지만 파네타 국장으로서는 일시적으로 체면을 구긴 사건이었다.

물밀 듯이 밀려드는 선택사항 속에서는 올바른 의사결정을 내리기 어렵다. 시장에 A상점과 B상점이 있다. A상점에서는 고객이 일단 발을 들여놓으면 기다렸다는 듯 판매 제품들의 특징을 장황하게 설명하고, B상점에서는 고객이 무엇을 원하는지를 먼저 확인한 다음 가장 적합한 상품 두세 가지에 대해 충분히 설명을 해준다. 고객 입장에서는 당연히 B상점에서 물건을 구매하기 쉽다. 고객이 필요로 하는 기능 중심으로 설명을 해주는 것도 고객의 의사결정에 도움이 된다. 고객에게 더욱 적합하다고 판단되는 물건을 추천해주면 더욱 도움이 될 것이다.

신입생 전형 중인 대학교에서 선발 책임자가 각 담당자들에게 학생의 탐구역량, 창의성, 리더십역량, 사회성, 적응능력, 책임감, 표현력, 협동심 등을 종합적으로 평가하라는 지침을 전달했다. 문제는 담당자가 이 여덟 가지의 평가항목에 대해서 정확하게 개념을 잡고 있다고 해도 학생들에 대한 평가가 어디까지 실현 가능할지가 의문으로 남는다는 점이다. 필자의 경험으로는 세 가지 정도의 항목에 대해서는 주의를 기울여 학생을 관찰하지만, 그 이상의 항목에 대해서는 미루어 짐작하는 경우가 많다. 협동심이라는 항목을 보아도, 단순히 동조해주는 것에서부터 적극적으로는 동료의 협력을 이끌어내는 것에 이르기까지 협동의 양상이 다양하기 때문에 점수를 매기기가 애매하다. 하물며 여덟 가지 항목에 대해서 일일이 명확한 점수를 부여하기란 매우 어렵다. 오히려 여덟 가지 항목을 다 평가하려고 의욕만 앞세우다가 아무것도 제대로 파악하지 못할 수도 있다. 일목요연하게 정리되지 않은 채 너무 많이 주어지는 정보는 사실상 소음이나 다름없다.

선발 담당자가 과다 정보 문제를 극복하기 위해서는 평가 항목의 개수를 줄여야 한다. 여덟 가지 항목의 특성을 최대한 놓치지 않으면서 항목 수를 줄이기 위해서는 우선적으로 연관성이 높은 항목들을 제거하는 방법이 있다. 그리고 관찰이 상대적으로 수월한 항목 위주로 평가 기준을 세우면 더욱 좋다. 예를 들어 탐구역량, 리더십역량, 사회성 세 가지로 압축하는 식이다. 이렇게 항목을 줄이면 집중도를 높일 수 있고, 평가에 효율적인 질문을 할 수 있다.

지식을 수동적으로 전수받으면서 되새기는 과정을 거치지 않으면, 뇌 안에서 지식의 재구성이 제대로 이루어지지 않기 때문에 물에 씻겨가듯 뇌에서 지식이 사라지고 만다. 지식을 받아들일 때 뇌는 쉴 새 없이 지식의 분류작업을 하는데, 분류가 잘 안 되는 것이 있으면 질문을 통해 해결하거나 별도로 임시 저장을 하게 된다. 이때 되새김질을 통해서 기존의 특정 지식과의 관련성이 확인되면 이미 알고 있던 지식이 새롭게 이해되거나 해석되면서 지식의 재구성이 이루어진다. 이러한 되새김이 없으면 과포화 상태의 지식은 거품처럼 사라지고 만다.

새로운 지식을 받아들이면 뇌 안에는 새로운 분류 항목이 추가된다. 이렇게 추가된 지식은 뇌 안에서 안정적으로 정착하기 때문에 지식을 받아들일 수 있는 공간이 그만큼 더 확보된다. 마치 산호초 겉면의 돌기 위에 작은 돌기들이 새로 생겨나는 것과 같다. 같은 정보가 주어진다 해도 어떤 사람에게는 지식의 과식상태가 되고 어떤 사람에게는 기존 지식에 무리 없이 흡수된다.

지식의 과식상태는 아무런 필터를 거치지 않고 들리고 보이는 대로 녹화 또는 녹음하는 것과 유사하다. 극단적인 과식상태는 셰르셰프스키(Shereshevsky)식 기억이다. '완벽한' 기억력의 소유자로 알려진 이 러시아의 저널리스트는 모든 언어적, 비언어적 자극을 이미지로 기억하였다. 정보의 내용과는 무관하게 기억하기 때문에 지식의 재구성과는 관계없다. 엄밀한 의미에서 그의 두뇌는 지식을 갖고 있는 것이 아니라 입력된 정보를 저장하는 컴퓨터 저장장치와 같았다.

이보다 낮은 단계인 지식과식 상태는 지식의 분류과정을 거치지 않고 그냥 입력한 형태다. 지식을 받아들일 때 분류작업을 거치지 않기 때문에 과포화 상태의 지식은 오히려 두뇌활동의 효율성을 저하시킬 수 있다. 이런 상태로는 의사결정 과정에 필요한 분류된 지식체계가 없거나 있어도 찾아 쓸 수 없기 때문에 합리적인 의사결정을 할 수 없다.

─────,기억과 유전자

학습 및 기억에 관련하여 현대 생물학에서 얻을 수 있는 괄목할 만한 통찰력은 바로 교육, 경험, 사회생활이 뇌에 영향을 준다는 점이다. 학습과 기억은 뇌세포 유전자가 특정 뇌세포 사이에 새로운 시냅스를 만들어내기 때문이라고 규명되고 있는데 이는 2000년에 노벨상을 수상한 칸델(Eric R. Kandel)이 바다달팽이의 일종인 군소를 대상으로 한 연구 결과에 기반한 것이다.

나에게 안정적이고 학습된 행동의 변화가 있다면, 즉 어떤 것이 온전한 나의 지식이 되었다면 이때 뇌 안에서는 그에 상응하는 생물학적인 변화가 일어났음을 의미한다. 뇌세포 사이에 새로운 시냅스가 형성되고, 시냅스를 통한 신경전달 체제의 변화를 거쳐 장기기억으로 전환된 것이다. 물론 이러한 장기기억화는 반복적으로 되새기고 지식의 의미를 스스로 확인하는 과정이 필요하기 때문에 대화 또는 학습에 곧바로 이어지지는 않는다.

상대가 전해주는 지식이 내가 가지고 있던 특정 지식과 관련된다면 뇌 안에서는 연관 지식이 저장된 뇌세포와 시냅스들이 활성화된다. 그런데 상대가 전하는 지식에 새로운 것이 있다고 인식하면 이미 활성화된 뇌세포들 사이에 새로운 시냅스가 형성되거나 신경전달 체계의 변화를 수반하는 지식의 재구성이나 확장이 이루어질 것이다. 대화가 끝나고 나서 새롭게 구성된 지식을 되새길 수 있다면 지식의 재구성은 순조롭게 진행되고 있는 것이다.

─────.기억과 수면

우리가 자는 동안에도 뇌는 매우 바쁘게 움직인다. 그날 학습하고 경험하고 느낀 것들을 정리해서 새로운 지식구조로 재구성하기 때문이다. 기억에는 단순 사실에 대한 기억(선언적 지식에 대한 기억), 특정 상황이나 일상적 활동에 대한 기억, 방법이나 문제해결 전략과 같은 절차적 지식에 관한 기억들이 있는데, 이러한 세 종류의 기억 상태가 수면 후에 더 향상되었다는 보고가 나왔다.[40] 수면 중에 뇌가 우리의 기억을 재구성해서 재생이 더 잘되도록 다듬어놓은 셈이다.

수면 중에 뇌가 하는 활동에 대해 자세히 살펴보자. 잠이 들면 뇌의 중심부에 있는 해마체(hippocampus)와 뇌의 중심부를 둘러싼 신피질(neocortex) 간에 긴밀한 상호 정보교환이 이루어진다. 해마체는 주로 정보를 받아들이는 역할을 하고, 신피질은 논리적 사고, 명령, 지식의 축적과 활용 등 다양한 고차원적 사고를 담당한다. 감각기관이 잡담이나 소음 등 외부의 영향으로부터 단절되면 해마체에 축적된 정보가 신피질로 전달되고, 신피질에 저장된 다른 관련 지식과 연결되면서 지식 재구성이 이루어진다. 신피질 역시 외부의 자극이 없는 수면 상태가 되어야 비로소 지식 재구성 및 저장작업에 몰두할 수 있게 된다.

수면이 어떻게 기억을 단단히 정착시키는지는 아직 신비에 싸여 있다.

2009년에 독일의 뤼벡대학에서 발표한 연구 결과를 보면 한 가닥 실마리를 잡을 수 있다. 실험에 참가한 사람들에게 46개의 단어 짝을 암기하고 잠들게 했다. 참가자들이 잠든 직후 깊은 수면 상태에 빠졌을 때 느린 뇌파를 유도하기 위해 그들의 머리에 전극을 연결하여 전류가 흐르게 했다. 다음 날 단어 테스트를 해보니 느린 뇌파를 유도한 사람들은 전류자극을 받지 않은 사람들보다 더 기억을 잘했다. 느린 뇌파가 어떻게 기억을 돕는지 그 메커니즘은 정확히 밝혀지지 않았지만 느린 뇌파가 특정 뇌세포 간의 화학적 연결 또는 시냅스 강도에 영향을 주었기 때문이라고 추측하고 있다.

수면은 기억뿐 아니라 통찰력에도 도움을 준다. 지식조각들의 조합으로부터 새로운 지식을 생성하는 데 영향을 미친다. 주기율표를 제안한 드미트리 멘델레예프(Dmitry Mendeleev)가 잠에서 깨어나 이 주기율표를 고안했다는 이야기는 유명하다. 그러나 이러한 일화가 수면과 통찰력의 관계를 증명하는 것은 아니다. 둘 사이의 관계를 알아보기 위해서 독일의 울리히 와그너(Ullrich Wagner) 교수팀은 일곱 개의 숫자를 처음 수에서부터 시작해 순서대로 빨리 계산하게 하는 실험을 했다.[41] 여기에 숨겨놓은 비밀은 처음 두 수의 계산 결과가 답이라는 것이다. 한 그룹은 아침에 이 게임을 마치고 여덟 시간 동안 다른 일을 하게 한 다음 저녁에 다시 게임을 하게 했고, 다른 그룹은 저녁에 게임을 마치고 잠을 자게 한 뒤 다음 날 아침에 다시 게임을 하게 했다. 두 그룹의 문제풀이 속도를 비교해보니 중간에 수면을 취한 사람들이 문제를 푸는 속도가 더 빨랐다. 두 그룹 모두 첫 게임과 두 번째 게임의 시간 간격은 여덟 시간으로 동일했는데도, 첫 게임을 마치고 수면을 취한 사람들이 두 번째 게임을 할 때는 자지 않은 사람들보다 숨겨진 비밀을 세 배나 많이 알아차리는 것으로 나타났다.

결국 실험을 통해 수면이 뇌의 효율성을 높여준다는 사실을 확인할 수 있었다. 일부 수면 전문가는 2 : 1법칙, 즉, 두 시간 활동에 한 시간의 수면이 필요하다고 말한다. 활동하면서 얻은 다양한 정보를 잠든 사이 뇌가 정리하고 압축해서 새로운 의미를 찾아내고 이를 통해 지식을 재구성하는 것이다.[42]

——. 메모의 기능

순간적으로 머릿속을 스치는 착상을 기록하는 것은 눈앞을 스쳐 날아가는 아름다운 새 사진을 찍어두는 것과 같다. 순간적인 착상이란 나의 기억과 그 순간에 입력된 내용(영상이건 소리이건 대화이건)과의 접합에서 찰나에 형성되는 어떤 생각이다. 이런 것들은 논리적으로 얻어지는 것과 특성이 다르다. 이야기의 일부가 아니라 이야기들의 교점이나 생각의 교점이다. 어떤 생각에 몰입해 있다가 영화를 보거나 여행하다가, 또는 다른 주제로 대화하는 도중 갑자기 답이 떠오르는 경우가 있다. 이럴 때의 메모는 중요하다. 생각들의 교차점이기 때문이다. 메모광이라고도 불리던 다빈치는 늘 수첩을 가지고 다니면서 떠오르는 생각들을 그때그때 기록했다고 전한다. 머릿속에 떠오르는 생각들을 메모해두면 나중에 그 생각의 교차점으로 접근할 때 좋은 참고가 된다. 우리 선조 중에도 다산 정약용, 성호 이익, 연암 박지원이 대표적인 메모광이었다.[43]

앞으로의 계획을 적어두면 메모의 기능은 뇌의 역할을 한층 효율적으로 뒷받침할 수 있다. 계획이나 생각을 그때그때 메모해두면 나중에 편리할 뿐 아니라 새로운 생각으로 발전시킬 수 있는 출발점이 된다. 다른 분야의 풍부한 지식을 습득하고 생각이 더 풍부해진 뒤에 구체적인 메모를 토대로 다시 그 생각의 교차점에 섰을 때, 훨씬 새롭고 풍부한 생각을 얻을 수 있다. 나의 생각공간 안에서 과거와 현재가 조우하는 셈이다.

───. 생각의 훈련

신경세포의 동시발화와 신경접속의 강화는 인지적 훈련을 통해서 정신적 민첩성을 향상시킬 수 있음을 암시한다. 그러나 지금껏 알려진 바에 따르면 여기에는 제한이 있다. 기억이나 추론, 문제처리 속도를 높이기 위한 훈련을 하면 그 분야의 기술은 분명 향상되지만, 한 분야에서 습득한 기술이 다른 분야로 전이되지는 않는다는 점이다. 기억력 향상을 위한 훈련은 추론능력 향상에 도움이 안 되고, 추론능력 향상을 위한 훈련 역시 다른 지적 능력의 향상에 영향을 미치지 않는다. 즉, 지적 능력은 전이가 잘 이루어지지 않는다. 그렇다고 지적인 전이의 가능성을 아예 배제해야 한다는 것은 아니다. 현재까지의 연구 결과로 볼 때 운동, 명상, 비디오게임 등이 두뇌 발달에 도움이 되는 것으로 나타났다.

　일리노이대학의 아트 크래머(Art Kramer) 교수의 연구에 의하면 에어로빅, 걷기 운동과 같은 전신운동을 주기적으로 하면 기억력과 두뇌회전이 그렇지 않은 사람에 비해 20퍼센트 정도 향상하는 것으로 나타났다. 이 연구의 대상은 노인층이었지만 뇌기능이 20대부터 퇴화한다고 볼 때 주기적인 전신운동이 뇌기능을 증진시키는 효과는 모든 나이층에 해당한다고 말할 수 있다. 운동은 기억중추인 해마체 내 신경세포체의 확산과 신경세포체에 영양을 공급하는 신경물질의 생성, 고차원적 사고를 담당하는 전두엽 회색질의 생성에 긍정적인 역할을 한다. 또한 운동을 하면 신경접속을 촉진하는 효과도 있는데, 크래머 교수는 70세 노인이 1년간 꾸준히 운동을 하면 30세에 해당하는 뇌신경접속을 가질 수 있다고 주장하였다. 운동을 함으로써 인지능력을 뒷받침하는 뇌신경세포의 활동을 강화시킬 수 있다는 것이다.

명상도 뇌 건강에 도움이 된다. 마이애미대학의 신경과학자인 아미쉬 자(Amishi Jha) 교수는 명상이 주의력 집중과 외부 자극 감지기능을 관장하는 뇌 영역의 발달에 영향을 준다고 발표했다. 하나의 대상에 생각을 집중하는 훈련을 통해서 정신적 긴장도와 주의력을 향상시킬 뿐 아니라 고차원적 사고에도 효과적이었음이 증명되었다. 컬럼비아대학 야코브 스턴(Yaakov Stern) 교수는 명상과는 성격이 대조적인 비디오게임도 뇌의 긴장도를 높이는 유용한 방법이라고 밝혔다. 예를 들어 컴퓨터 게임을 할 때 적의 요새를 공격하는 한편 적으로부터 나를 보호해야 하고, 최종 목표지점을 향해 전진해야 하는 등 뇌의 여러 영역을 동시에 활성화시키기 때문에 뇌기능을 향상된다는 것이다.

뇌기능을 향상시키기 위해서는 주기적으로 전신운동을 함으로써 운동중추와 신경물질의 활동을 촉진시키고, 명상이나 가벼운 게임을 통해 뇌활동에 필요한 주의 집중과 고차원적 사고능력을 훈련하면 좋다. 이렇게 하면 뇌의 균형 잡힌 건강과 뇌 신경회로의 활동을 유지 또는 향상시킬 수 있을 뿐 아니라, 뇌세포 활성화의 연쇄적 반응이라고 볼 수 있는 생각을 위한 역량도 강화할 수 있다.

질문

지적인 목마름 현상

자세히 보아야 예쁘다.
오래 보아야 사랑스럽다.
너도 그렇다.

: 나태주의 「풀꽃」

필자의 경험으로 보면, 아주 어렸을 때를 제외하고는 거의 반사적인 질문은 해본 기억이 없다. 오히려 질문으로 인해 창피를 당했던 경험 때문에 질문하기를 회피하게 되었다. 예를 들면, "내가 말할 때 안 듣고 뭐했어?", "좀더 생각해 봐", "아니, 그런 것도 몰라?"와 같은 질책하는 반응이다. 잘 몰라서 하는 질문에 대해서 '그것도 모르느냐'는 식의 핀잔은 어린 마음에 질문에 대한 두려움을 갖게 하기에 충분했던 것 같다. 그래서 이왕이면 질문을 하더라도 '멋있고 폼 나는 질문'을 생각해내려고 열심히 궁리했고, 그러다 질문의 적절한 시점을 놓쳤던 경험도 많았다.

─── 반사적인 질문

나이 어린 초등학생들이 중·고등학생들보다 질문의 빈도가 압도적으로 높다. 어린이들은 거의 반사적으로 질문하고, 질문이 또 다른 질문을 낳는 경우가 많다. 경우에 따라 엉뚱한 질문을 던지기도 한다. 그런데 이 엉뚱한 질문이 강연자에게 새로운 생각의 지평을 열어준 사례가 여러 차례 있었다.

한번은 초등학교 4학년 학생들에게 사람의 얼굴 유형에 대해 설명을 하고 있는데, 한 학생이 "사람들의 생각은 왜 달라요?"라는 질문을 했다. 질문을 듣는 순간 당혹스러웠다. 답변을 해주는 대신 "만약 사람의 생각이 모두 같다면 어떻게 될까?" 하고 넌지시 질문을 던져봤다. 이에 대한 아이들의 대답은 그야말로 다양했다. 서로 같은 것을 가지려고 (또는 먹으려고) 싸울 것이라고 답하는 학생도 있고 마음이 잘 맞아서 같이 놀면 좋겠다는 학생도 있었다. 남북통일이 빨리 될 것 같다고 말하는 아이도 있었다. 한동안 시끌벅적하게 자유로운 생각을 주고받으며 강연을 마친 뒤에도 "사람들의 생각은 왜 달라요?"라는 아이의 질문이 한동안 뇌리를 맴돌았다. 지금도 어린 학생들이 같은 질문을 하면 답하기가 쉬울 것 같지 않다. 아마도 그 질문을 한 학생은 제각각 다른 유형의 얼굴들을 보다가 느닷없이 그런 생각이 떠올랐던 것 같다. 그런 맥락에서 보면 전혀 엉뚱한 질문은 아니었던 셈이다.

질문은 반사적으로 나오는 것이 자연스럽다. 물론 궁금한 게 떠오른다고 해서 일일이 묻고 확인하는 것은 바람직하지 않다. 질문에 대한 답을 스스로 찾을 수 있는지부터 점검해야 한다. 이 자문과정은 질문과 관련된 나의 지식에 자극을 준다. 우선 이런 과정을 거치고 나서 질문을 하면 뇌 안에서 관련 부분이 활성화된 상태이기 때문에 답변 내용을 이해하는 데 한층 유리해진다. 자문과정에 시간이 걸리고 강연 내용이 계속 어렵게만 느껴진다면 나의 관련 지식이 부족하다는 것을 의미한다고 볼 수 있다. 이때는 즉시 질문을 하는 것이 좋다. 물론 지식전달자에게 방해가 되지 않도록 예의를 지키는 것은 당연하다.

가르치는 일을 하는 필자의 경험으로 볼 때, 질문자는 강의를 도와주는 역할을 한다. 이해하기 어려운 개념이나, 용어, 칠판의 그림, 기호 등에 대해 질문을 함으로써 강사가 보다 쉽게 지식을 전달할 수 있도록 도와주기 때문에 결과적으로 또 다른 형태의 보조강의라고도 볼 수 있다. 아마 질문을 직접 하지 않는 다른 수강생들에게도 학습 내용을 재확인하는 질문은 유익할 것이다. 질문을 할 때는 무엇이 이해가 안 되는지를 정확하게 지식전달자에게 알려주어야 한다. 이것이 바람직한 강의 보조 역할이다.

생소한 지식을 전달받는 사람의 입장에서는 '멋있는 질문'을 생각하는 것 자체가 무리다. 새로운 내용을 전달받으면서 질문의 수준을 스스로 판단할 수 있는 상황이 아닐 것이기 때문이다. 이런 맥락에서 볼 때, 가장 멋있는 질문은 정직한 질문이다. 전달되는 지식 내용을 투영받는 과정에서 내용이 잘 연결되지 않거나 빈칸을 스스로 메울 수 없을 때, 도움을 요청하는 진심 어린 질문은 함께 강의를 듣는 다른 청중에게도 도움이 된다. 그 질문은 적극적으로 강연을 듣는 사람이 내용과 관련한 궁금증과 관심을 표현한 것이기 때문이다. 집중해서 잘 들었다면 강의를 듣는 중에 생기는 궁금증은 정직한 질문을 통해 해결 가능하다. 멋있는 질문은 잘 듣는 자로부터 강사와 청중 모두에게 주어지는 선물이다.

———•지적 갈증현상

목마름 현상, 즉 갈증은 몸에 수분이 부족한 상태다. 특히 활동량이 많아서 땀이 많이 배출된 뒤에 흔히 나타나는 생리현상이다. 지식에도 이러한 생리현상이 있다. 지식 형성 과정에서 아이들이 따발총처럼 쏟아내는 "왜?" 가 대표적인 갈증현상이다. 갈증은 지적 활동이 왕성할 때 더 증폭되는 특성이 있다. 어떤 분야에서 지식이 잘 구성되어 있고 그로 인해 관련 지식이 지속적으로 축적되면서 해당 분야의 지식이 강화될 때 지적 갈증은 궁금증의 형태로 물 끓듯 터져 나온다.

지적 갈증은 외부로부터 받아들인 지식을 나의 것으로 변환하는 과정에서 빈칸 메움 형식으로 나타난다. 상상력이 풍부한 사람일수록 지적 갈증의 정도가 높다. 상상력은 관련 지식이 충분하건 부족하건 관계없다. 왜냐하면 자유로운 빈칸 메움이기 때문이다. 관련 지식이 풍부한 사람이라고 해도 많은 상상공간을 가질 수 있고, 관련 지식 없이도 기상천외한 외연적 상상을 할 수 있다. 물론 상상이 지식과 전혀 무관하다고 볼 수는 없다. 상상이라는 것도 어디까지나 지적인 활동이기 때문이다.

지적인 갈증현상은 마치 채워지지 않은 벌집과 같다. 틀이 잘 갖춰져 있는 벌집은 그 안에 무엇이 채워져야 할지가 정해져 있다. 지적 갈증도 마찬가지다. 지식 형성과정에서 발견되는 빈칸들은 비어 있는 벌집과 같다. 마땅히 채워져야 할 것으로 채워지지 않으면 다른 것들이 들어와 채워진다. 틀린 지식이 형성되는 것이다. 때로 빈칸이 없어지기도 한다. 지적인 호기심이 사라지면서 빈칸도 같이 없어지게 된다. 호기심을 유발시켰던 지식도 거기에서 성장을 멈춘다. 빈칸이 나중에 다시 재생되어 채워지는 경우도 있다. 그러나 지식은 생명체와 같아서 빈칸으로 오랫동안 남겨놓으면 성장점이 퇴화해버린다.

또한 지적 갈증현상은 봄이 되어 나무에 새순이 돋아나는 것과 같다. 나무의 뿌리로부터 공급된 에너지가 나무줄기 안에 형성된 조직을 통해 새순으로 공급된다. 이 공급이 끊기면 새순은 곧 시들거나 굳어버린다. 우리의 머릿속에 이러한 새순이 돋아나면 궁금증과 호기심이 에너지 공급의 촉매제가 되어 지식의 새순이 급격히 자라난다. 한창 새순이 자라는 시기에는 새로운 지식의 흡수와 재구성이 활발하게 일어난다. 바로 이러한 새순 작용 때문에 많은 것을 배울수록 더 많은 호기심과 지적인 욕구가 생기게 된다. 새순은 또 다른 지적인 새순을 낳고 이러한 새순 현상의 연쇄작용으로 머릿속에 지식이 확산되는 것이다.

스스로 생각할 때 대단히 중요하고 의미심장하다고 생각하는 빈칸이라면 계속 간직하고 싶을 수도 있다. 아니면 빈칸을 메우는 것이 자신의 평생 목표라고 생각할 수도 있다. 이때 이 빈칸은 지적인 불만일 수 있다. 현재까지 알려진 지식을 공부하고 살펴보아도 뭔가 미심쩍거나 성에 차지 않는다고 판단되면 이것이 곧 지적인 불만족이다. 이 불만족을 메우기 위한 노력은 전혀 새로운 지식을 창출하는 원동력이 될 수 있다.

사회적 네트워크 연구에 획기적인 기여를 한 마크 그라노베터(Mark Granovetter)가 1960년대 하버드대학원에 재학하던 시절의 일이다. 그는 사회 네트워크에 대한 강의를 듣고 나서 사람들이 어떻게 직업을 얻는지에 대해서 관심을 갖게 되었다. 이 분야를 연구하기로 결심한 그라노베터는 대학원을 마치자마자 직장을 구하기 위해 이력서를 쓰는 대신, 노동자들이 많이 사는 작은 도시로 갔다. 그리고 그곳에서 자신이 가장 궁금하게 여겼던 주제—사람들이 직업을 얻는 경로에 관한 조사에 착수했다.

상식적으로 생각하면 가까운 친구나 친지를 통해 일자리를 구했을 것 같은데, 이 부분이 그라노베터에게는 호기심을 자극했던 것이다. 조사 결과 그는 어떤 사실을 밝혀냈을까? 사람들은 대부분 친구나 친척이 아닌 '그냥 아는 사람'을 통해 직업을 얻었다고 답했다. 그는 이 현상을 '약한 연결의 힘(The Strength of Weak Ties)'이라고 압축적으로 표현했다. 그의 발표는 인간관계를 이해하는 데 역사적으로 가장 영향력 있는 연구 결과 중 하나로 인정받고 있다. 그라노베터의 빈칸은 기존의 지식에 안주하지 않고 중요한 질문으로 가득 찬 지적인 욕구불만이었다.

———•알아야 질문한다

질문을 가장 많이 하는 직업은 아마 언론사 기자일 것이다. 그들은 직업상 묻고 또 묻는다. 상대방이 어떤 답을 내놓는가에 따라 성에 찰 때까지 후속 질문을 계속 퍼붓는다. 그러한 연속된 질문은 대개 기자가 가장 궁금해하는 목표를 향해 나아간다. 기자들은 취재에 앞서 자료 조사를 통해 사전 지식을 얻은 뒤 자신이 갖고 있는 빈칸을 메우기 위해 질문을 한다. 질문은 백지 상태에서 갑자기 나올 수 없다. 질문을 많이 하는 사람은 그만큼 관련 지식이 많음을 시사하기도 한다.

새로운 지식을 습득하는 과정에서 질문을 하는 것은 지극히 자연스러운 현상이다. 학습 내용을 완벽하게 이해하고 궁금한 것을 해소시키는 과정에서 질문은 일등공신이다.

세상의 밝혀지지 않은 많은 사건들에는 보는 시각에 따라 무수한 질문들이 따라붙는다. 일상적으로 접하는 자연현상 속에도 수많은 질문들이 숨어 있다. 다만 우리가 너무 익숙해졌기 때문에 더는 궁금하게 여겨지지 않는 것이다. 우리는 왜 하루에 세 번 식사를 해야 할까? 하루에 한 번만 먹으면 안 되는 걸까? 우리는 왜 대학을 가야 하는가? 중학교만 나오면 안 되는가? 남자는 왜 치마를 입으면 안 될까? 여자는 바지와 치마를 모두 입지 않나? 왜 이공계 대학에서는 수학을 공부해야 하는가? 수학은 왜 어려운 수식과 부호로만 표시되는가? 왜 음악은 눈으로 볼 수 없을까? 멜로디를 오선지에 그린 음표 외에 다른 방법으로 표현할 방법은 없을까? 어째서 농구장은 직사각형 모양일까? 농구대를 농구장 중앙에 놓고 경기하면 안 될까? 이처럼 우리에게 익숙한 것들에 대해서 던지는 질문은 세상을 바라보는 눈을 새롭게 뜨는 출발점이다. 그러한 답을 찾는 과정은 평소에 조용히 잠자고 있던 지식조각들을 건드리며 생각 속을 여행하는 중요한 시간이다.

어린아이가 끊임없이 던지는 질문은 주체할 수 없을 정도로 뻗어 나가는 뇌 신경회로 성장과 맞물려 있고, 성인이 되어서 갖는 호기심과 질문은 잠자고 있는 지식조각을 흔들어 깨운다. 질문은 타인에 대한 것이건 스스로에 대한 것이건 새로운 가능성을 일깨워주는 비타민과 같은 것이다.

———• 지식 조종의 시대

요즘 세상의 특징은 정보 평등으로 요약된다. 누구나 원하는 정보에 무료 또는 유료로 접근할 수 있고, 많은 사람들이 공통된 정보로부터 지식을 얻는다. 정보 접근성이 수월해지고 속도가 빨라지면 우리가 접하는 정보의 질도 그만큼 좋아질까? 뉴스를 정보의 주요 원천이라고 할 때, 세계 도처에서 일어나는 사건 사고를 우리는 거의 실시간으로 접하면서 살고 있다. 이러한 정보의 풍요 속에서 우리가 잃어버리고 있는 것이 있다면 바로 비판적으로 수용하는 태도다.

우리는 대부분 수동적으로 정보를 받아들이며 살아가고 있다. 이러한 무분별한 정보의 수용이 지식 조종의 시대를 낳고 있다. 어쩌면 과잉 정보가 오히려 사람들 사이에 불신을 키우고 있는지도 모른다. 미국에서 CNN 등의 네트워크 뉴스에서 본 내용을 대부분 믿는다고 답한 비율이 1998년도에는 42퍼센트였는데, 2006년에는 28퍼센트로 크게 떨어진 것은 무엇을 의미할까? 이는 정보의 질이 정보량에 반비례한다는 사실의 반증이기도 하다.

2011년 5월 오사마 빈 라덴(Osama Bin Laden)이 사살되었을 때, 「월스트리트저널(The Wall Street Journal)」의 유명 칼럼니스트 페기 누난(Peggy Noonan)은 오늘날의 인터넷 시대를 다음과 같이 묘사했다.

사람들은 아무것도 믿지 않는다. 모든 것이 거짓이고 왜곡이라고 생각한다. 정부가 A가 참이라고 하는 순간, 세상사람 절반은 A가 거짓이라고 말한다. 그렇게 사람들이 아무것도 믿지 않게 되는 순간, 사람들은 어떤 것이나 믿어버리게 된다.

사람들이 정부나 기업과 같은 권력이나 이익단체에서 제공하는 정보들을 믿지 않는 시대일수록 오히려 일반 사람들의 말은 더 쉽게 믿는 경향이 있다. 내가 잘 아는 사람, 나와 비슷한 처지에 있는 사람이 하는 말은 신뢰하지만 정보를 제공하는 기관의 말은 잘 믿으려 하지 않는 것이다. 이 역시 우리가 너무 많이 알고 있는 탓이다. 세상을 연결해주던 매체가 드물던 과거에는 모든 정보가 새로웠고 사람들은 어쩌다 한 번씩 접하는 정보를 거부감 없이 받아들이곤 했다. 그러나 최근 들어 사람들은 권력단체나 이익단체에서 발표하는 정보가 허위로 판명되는 사례를 여러 차례 경험했다. 한 번, 두 번 허위 정보와 정보 조작 등의 사례를 되풀이해 접하면서 사람들은 기관에서 제공하는 정보에 대해 불신의 시각을 갖게 되었다. 누군가가 허위 정보를 통해서 자신을 이용하려고 하는 것을 경험한 사람은 좀처럼 주어진 정보를 그대로 믿으려 들지 않는다. 허위 정보에 의한 학습효과다.

미국이나 영국 사람들은 같은 정보라도 평균 6~10회 정도 다른 장소, 다른 정보원을 통해 접해야 비로소 믿는다고 한다. 한국이나 일본 사람들은 3~5회 정도(전 세계 평균치)를 접해야 믿는다. 정보의 질에 대한 신뢰가 사람들 사이에 점점 낮아지고 있는 것이다.

인터넷 기술의 사회경제적 영향에 조예가 깊은 클레이 셔키(Clay Shirky)[44]에 의하면 상위 1퍼센트가 40퍼센트의 부를 소유하고 있고, 상위 2퍼센트의 트위터 사용자가 60퍼센트의 트윗을 남긴다고 보고했다. 트위터와 유사한 속성을 가진 인터넷상에서도 우리가 보는 대부분의 글들은 극히 소수의 사람들에 의해 작성된 것이라고 생각하면 된다. 소수의 사람들이 의도적으로 작성하고 전송한 메시지들이 무수히 많은 사람들에게 확산될 경우, 어떤 문제가 생길까? 저마다 메시지의 내용과 의도에 대해서 생각하고 진위를 파악하느라 시간을 보내면서 사람들 사이에 말이 오가는 사이에 우리의 의식은 알게 모르게 영향을 받는다. 설상가상으로 인터넷에는 의도된 거짓정보도 셀 수 없이 많다. 예를 들어 이승복 사건에 대해 인터넷 포털에서 지식검색을 해보면, "신문사에서 조작한 기사"라고 하거나 "그 이 야기의 소상한 정체가 밝혀지지 않고 있다"는 답변을 심심치 않게 발견할 수 있다. 이 사건은 2006년 11월 24일에 대법원에서 사실관계를 인정한 사건인데도 불구하고 일부 사람들이 의도된 거짓정보나 의혹 제기성 글을 올림으로써 진실이 변질된 경우다.

'청년지식인포럼 story K'라는 단체가 2011년 5월부터 10월까지 6개월 에 걸쳐 인터넷 포털사이트 '네이버'와 '다음'의 지식검색 내용 중에서 현 대 한국사와 역대 대통령 관련 21가지 주제에 대한 답변 1,042개를 확인 하였다. 그 결과 409개(39.3퍼센트)가 오류나 근거 없는 의혹 제기성 답변으 로 판명되었다. 사용하기 편리한 인터넷이 특정 집단의 의도적 오류 또는 진실을 호도하는 내용으로 상당 부분 오염되어 있음을 확인할 수 있다. 이 러한 편리한 문명의 도구가 특정 집단의 이익이나 의도에 이용되고 그 지 배력이 강해질수록 우리에게는 더욱더 진실과 허위를 분별할 수 있는 신 중함이 요구된다.

고유의 생각공간을 건강하게 지켜내지 않으면 미처 의식하지 못하는 사 이에 미디어가 쏟아내는 무의미하거나 조작된 내용들로 우리의 지식공간 이 혼탁해지기 쉽다. 접근이 쉽고 사용하기 편리해진 각종 정보매체들은 우리를 수동적인 존재로 길들일 수 있다.

확인되지 않은 온갖 정보와 이야기들이 내가 이미 갖고 있던 지식조차 도 어느 날 갑자기 뒤흔들 수 있으며 컴퓨터칩과 같은 무미건조한 지식 조 각으로 변질시켜버린다. 바다의 물결에 서서히 밀려가는 돛단배처럼, 나도 모르는 사이에 세상의 의도적이고 이기적인 물결에 밀려가는 부유물과 같 은 존재가 될 수 있는 것이다.

본질에 대한 탐색

궁금증에는 두 가지 유형이 있다. 하나는 지식 형성과정에서 자연스럽게 발생하는 질문이다. 어린아이가 시도 때도 없이 던지는 "왜?"가 여기에 해당한다. 어른이 되어서도 "왜?"라는 궁금증을 계속 가져야 한다. '왜?'가 없어지면 나의 지식 형성은 거기에서 멈췄다고 보면 된다. '왜?'는 지식의 강화로 발전하는 디딤돌이다. 대화하는 중에나 신문을 볼 때, 또는 TV드라마를 보거나 길을 가면서 새로운 것을 볼 때 자연스럽게 '왜?'라는 호기심이 생겨나지 않으면 나는 어떤 것에도 지적으로 자극받지 못하는 상태인 셈이다.

궁금증의 또 다른 유형은 인식을 위한 질문이다. 이것은 지식의 재구성이나 강화와는 관계없다. 대화 도중에 상대의 말뜻을 잘 파악하지 못했거나 어떤 상황을 더 면밀하게 파악하고자 할 때 던지는 질문이다. '왜?'로 대표되는 전자의 궁금증은 나를 변하게 하는 발전적인 질문이고, 후자의 경우에는 내 관점에서 인식을 분명하게 하고 합리적으로 판별하기 위한 확인적 질문이라고 볼 수 있다.

대화를 하다 보면 유난히 질문을 많이 하는 사람이 있고, 별다른 질문 없이 대화를 이어가는 사람이 있다. 질문을 하지 않는 것은 왜일까? 물론 그만큼 상대의 생각을 잘 파악하고 대화 내용을 이해하고 있기 때문일지 모른다. 그러나 무슨 질문을 해야 할지 생각이 안 나거나, 전혀 모르는 이야기일 수도 있고 또는 관심이 없는 화제라서 질문할 거리가 없는 것일 수도 있다. 발전적 질문이건 확인적 질문이건 해당 분야에 대한 관련 지식이 풍부할수록 질문은 많이 하게 된다.

어느 초등학생이 피아노를 연습한다고 하자. 아이한테 왜 피아노 연습을 그렇게 열심히 하느냐고 물어볼 수 있다. "엄마가 하라고 해서", "피아노를 잘 치고 싶어서", "내 친구도 피아노를 배우니까" 등 다양한 답변이 나올 것이다. 어떤 아이는 생각해보지 않았다고 얼버무리거나 "그냥 친다"고 할 수도 있다. 답변을 들었으면, 한 번 더 아이의 답을 확인하는 질문을 해본다. "정말 피아노를 잘 치고 싶은 거야?", "왜 그렇게 잘 치고 싶은데?" 이렇게 질문을 계속 이어가다 보면 마침내 아이는 머뭇거리며 답을 하지 못하게 된다. 성인도 마찬가지다. 제품 디자이너한테 왜 디자인 일을 하게 되었는지에서부터 시작해 왜 제품에 디자인이라는 것이 필요한가, 좋은 디자인이란 무엇인가 등 꼬리에 꼬리를 물고 질문을 하면 그 사람 역시 답을 머뭇거리게 된다.

돈을 악착같이 모으는 사람이 있다. 왜 그렇게 돈을 열심히 모으는지 물으면 처음에는 망설임 없이 노후를 위해서라거나 부자가 되고 싶어서라고 대답할 것이다. 질문을 거듭하다 돈이 인생에 어떤 의미가 있는지를 물으면 명확하게 답을 하지 못하는 사람이 대부분일 것이다.

지금 하는 일들에 대해서 '내가 왜 이 일을 하는가'를 자문해보는 것은 매우 중요하다. 그리고 '이 일이 나에게 무슨 의미가 있는가?', '이것은 꼭 해야 하는 일인가?' 이런 질문을 스스로에게 던져보면 평소에는 무심코 지나치던 것들도 새로운 눈으로 보게 된다.

세상의 어떤 것이건 그에 대해서 본질적인 질문을 던지는 것은 잊힌 사고의 속내를 끄집어내는 것과 같다. 오랫동안 묻혀 있던 생각의 뭉치들을 꺼내 먼지를 털고 다시금 새로운 시각으로 조명해보는 것이다. 질문하는 지금의 나는 과거의 나와는 이미 달라져 있을 것이기 때문이다.

사람에게 음악이 왜 필요한가, 우리에게 디자인이라는 것은 왜 필요한 가와 같이 내가 현재 하고 있고 추구하는 것들에 대해서 본질적인 질문을 던져보자. 그 일이 나에게 또는 세상에 왜 필요한가 되씹어보는 것은 건축물의 기초를 다시 점검하는 것만큼 중요한 작업이다.

왜 본질적인 것에 의문을 갖는 것이 중요할까? 내가 생각하지 못했던 것이 무엇일까? 너무나 익숙하기 때문에 무심코 지나치거나 놓치는 것은 없는지 점검할 수 있기 때문이다.

삼성물산의 대표이사 시절, 정연주의 별명은 '미스터 Q'다. 'Q'는 질문 (question)을 뜻하는 단어의 머릿글자다. 그는 중요한 사항을 논의할 때 임직원들에게 자주 "왜?"라는 질문을 던진다고 한다. 정연주 대표가 던지는 "왜?"에 대해 직원들이 대답할 말이 궁해질 때까지 가게 되면, 대표는 담당 직원이 자신의 업무에 어느 정도의 전문성을 지니고 있으며, 일의 중요성을 어떻게 파악하고 있는지 확인할 수 있어 좋고, 직원은 제3자의 관점 또는 고객의 입장에서 필요한 것이 무엇인지를 점검할 수 있도록 자극을 받을 수 있어서 좋다고 한다. 그는 발전적 질문과 확인적 질문을 이 "왜?"라는 자극을 통해 실천한 것이다. 14년간 고객만족지수조사(NCSI)에서 1위를 차지한 삼성물산의 정연주 대표이사의 질의응답식 생각 자극 방법이 직원들로 하여금 고객의 입장에서 바라보고 생각하게 하는 데 효과가 있었음을 간접적으로 보여주는 사례다.

음악가에게 있어서도 본질을 생각하는 것은 매우 중요하다. 피아니스트 백혜선은 뉴욕 링컨센터에서 피아노 독주회를 두 차례나 열 정도로 명성이 있는 세계적인 연주가다. 그는 연주에 전념하기 위해서 2005년, 서울대학교 음대 교수직을 그만두었다. 그는 음악을 하기 위해서는 생각할 시간을 갖는 것이 매우 중요하다고 말한다. 그의 말에 따르면 하루에 열 시간씩 피아노 연습을 하는 아이는 어느 정도 잘하는 음악가가 될 수 있겠지만, 진정 훌륭한 음악가가 되고 싶다면 생각하고 숨 돌릴 여유를 갖는 것이 중요하다고 한다. 그저 수동적으로 누가 정해준 대로 연습하기보다는 음악이 전하고자 하는 것이 무엇인가를 생각하고 자신의 연주를 통해서 작곡자의 의도를 어떻게 되살릴 수 있을지를 차분히 고민하는 것이 연주 연습보다 훨씬 중요하다는 것이다. 즉 음악을 통해 작곡자와 깊은 대화를 나누는 시간이 필요하다는 말이다.

———·회귀분석적 접근

천재성은 주어진 질문에 대한 정답을 찾는 데 있다기보다는 남들이 미처 생각하지 못한 엉뚱한 궁금증에서 비롯된다. 역사적으로 천재들의 특징은 어린이와 같은 강렬한 호기심과 탐구심에 있었다. 다빈치는 노트에 수많은 질문들을 기록했고 끊임없이 우주와 세상의 현상과 원리를 궁리하였다. 아인슈타인도 항상 우주, 시간, 신에 대해서 어린아이처럼 궁금해 했다. 그는 보통 사람들이 어린아이의 마음을 헤아릴 수 있다면 물리학을 원하는 만큼 배우고 터득할 수 있을 것이라고 말하기도 했다. 어린아이들은 현상과 사물을 이리 보고 저리 보면서 신기함과 궁금함이 사라질 때까지 탐구하기 때문이다.

대상을 보다 객관적으로 볼 수 있으려면 나의 관점이 어느 지점에 위치하는지를 살피는 것이 중요하다. 나의 시각이 나에게 정보와 의견을 전달해준 사람의 시각과 동일하지 않은지, 또는 내가 보고 싶은 것만 보고 있지는 않은지, 내가 놓치고 있는 것은 없는지 등을 잘 점검해야 한다.

집을 고를 때 어떤 사람은 전망에 더 중점을 두고 어떤 사람은 안전에 더 관심을 둔다. 어떤 사람은 부엌구조에, 어떤 사람은 거실구조에 더 비중을 둔다. 생활비를 지출할 때 어떤 사람은 옷과 차에 더 돈을 쓰고, 어떤 사람은 건강관리에 더 열심히 투자한다. 자녀 교육에 있어서도 어떤 사람은 인격 소양이 더 중요하다고 생각하고 어떤 사람은 학교 성적을 우선시한다. 그 외에도 사람마다 생각하는 관점이 다르고 중점 요소가 다른 사례는 셀 수 없을 정도로 많다. 이렇게 관점이 제각각 다른 사람들과 어울려 살면서 객관적으로 보고 생각하려면 어떻게 해야 할까?

통계학 이론 중에 회귀분석 이론이 있다. 많은 요소들 중 특정한 요소에 나머지 요소들이 어떻게 영향을 미치는지를 분석하는 방법을 다룬 이론이다. 예를 들어 아버지의 키와 아들의 키, 두 요소를 분석한다고 하자. 아들의 키가 아버지의 키에 영향을 받았는지 여부를 확인하기 위해서는 여러 가정의 아버지와 아들의 키를 조사하여 아버지의 키가 크면 아들의 키가 마찬가지로 큰지 확인하면 된다. 아버지의 키가 아들의 키에 대한 설명요소로써 불충분하면 어머니의 키를 설명요소로 추가할 수 있고 그 밖에도 음식요소, 운동요소 등 다양한 요인을 고려할 수 있다. 일단 부모의 키가 주요한 설명요소로 확정되었다고 하자. 이때 어떤 아이의 키가 크면 부모 중에 키가 큰 사람이 있으리라고 짐작할 수 있다. 그렇지 않고 전혀 다른 요소를 원인으로 생각하는 것은 순전히 개인적인 시각에서 비롯된 것이다.

어떤 사람이 운동선수의 키가 평균적으로 크다는 정보를 접한 뒤에 '운동을 하면 키가 커진다'는 결론을 내렸다고 하자. 이런 단편적인 생각을 하는 사람들을 우리 주위에서 흔히 접할 수 있다. 자신이 확신하고 있는 세상의 원리들이 과연 실제 객관적인 사실에 부합하는지 한 번쯤 자문해볼 필요가 있다. 이러한 자문은 자연스럽게 "내가 왜 그렇게 생각하게 됐지?"라는 자기점검 단계로 연결된다.

어떻게 해서 그런 결론을 내렸는지를 되새겨보면 생각의 직접적인 계기를 추적할 수 있고 그 원인의 신뢰성을 따져볼 수 있다. 이 과정에서 중요한 변화는 나의 개인적인 시각에서 비롯된 영향이 배제될 수 있다는 것이다. 개인적인 시각이나 사견을 배제시킬 수 있는 좋은 방법이 바로 이 회귀분석적 접근이다. 회귀분석적 사고가 아니면 우리가 흔히 범하는 후광효과의 영향권에서 벗어나기는 쉽지 않다. 일이 잘 진행되면 그 일의 담당자가 야무지고 주도면밀한 사람이라고들 칭찬하지만, 엉망이 되었다면 담당자가 너무 고지식하거나 무능력해서 그렇다고 비판해버리는 식이다. 심리학적인 시각으로 경제학을 분석한 공로로 노벨 경제학상을 수상한 대니얼 카너먼(Daniel Kahneman)[45]은 기업 경영자들의 역량을 그 회사의 성공 여부만으로는 판단할 수 없다고 말했다. 기업이 성공하고 실패하는 것은 상당 부분 우리가 제어할 수 없는 요인들—카너먼은 이것을 '운'이라고 불렀다—에 좌우되기 때문이라는 것이다.[46] 예기치 못한 사고나 시장 환경의 변화, 회사 내부의 드러나지 않은 문제점 등으로 인해 회사의 승패가 크게 영향받는다고 그는 주장하였다.

정확한 사실을 모르는 상태에서 소수 집단의 의견이나 영향력에 무작정 휘둘리지 않으려면 현재 처한 상황이나 정보에 대해 자문해보면서 사실에 입각한 접근을 하는 것이 중요하다. 그렇지 않으면 나의 생각은 왜곡된 정보나 문구에 좌우되기 쉽다. 토마스 키다는 "우리의 사고와 결정을

향상시키는 최고의 길은 비판적이고 회의주의적인 접근법을 취하는 것이다"라고 강조했다.[47]

─────·지식의 공백

정확한 시간을 알고 있으면 주위에서 이야기하는 시간이 정확한가 아닌가 판단할 수 있다. 그렇지만 시간을 모르면 주변에서 말하는 시간에 의존하게 된다. 외부에서 제공되는 어떤 정보에 대해 이미 내가 확실한 지식을 갖고 있다면 전달되는 내용은 옳거나 틀리거나를 판단하는 대상일 뿐이다. 그러나 내가 아는 내용과 관련은 있지만 미처 몰랐던 부분도 있다면 빈칸을 메우기 위해 귀담아 듣게 된다.

통계학적 학습이론 중에 베이즈 법칙(Bayese rule)이 있다. 이것은 나에게 주어진 결과로부터 그 원인을 유추하는 데 유용한 법칙이다. 의사가 환자의 증상과 나이, 과거 질병 기록을 보고 그 환자의 병을 유추할 때 어떤 과정을 거치는가? 의사는 전문지식과 임상 경험을 바탕으로 그 환자의 증상과 기록을 보고 예상되는 질병의 유형을 유추한다. 의사가 자기의 판단에 확신이 서면 곧장 처치방법을 결정할 것이고 그렇지 않을 경우에는 추가 검사를 해서 그 환자에 대한 정보를 더 확보하려 할 것이다. 예를 들어 어떤 환자에게 가능한 질병이 두 가지 있다고 하자. 질병 A가 거의 100퍼센트 확실하다고 생각한다면 의사는 질병 A에 대한 치료법을 적용한다. 의사가 일단 확신을 하게 되면 결정적인 증거가 없는 한 생각을 바꾸지 않을 것이다. 그렇지 않고 질병 A와 B 사이에서 어느 한쪽으로 결정을 내리기가 어려우면 추가 검사를 하게 된다.

이와 유사한 현상으로 편견이나 선입관에 의한 선택적 지식 습득과 자기 확신에 의한 지식 고착화 현상을 들 수 있다. 편견이 심한 경우, 자기 생각과 다른 의견은 조금도 귀에 들어오지 않는다. 그러나 자기 생각과 유사하거나 같은 입장이라고 생각하면 호의적인 태도로 귀담아 듣는다. 그럼으로써 기존의 편견이나 선입관은 한층 강화된다. 비슷한 맥락에서 무조건적인 자기 확신도 건강한 지식공간을 위해서는 바람직하지 않다. 자기 자신을 100퍼센트 확신하는 사람은 '내가 알고 있는 것은 진실이고 반드시 옳다'고 생각한다. 마치 현재의 정확한 시간을 알고 있는 것처럼 다른 사람이 지금 몇 시라고 해도 나의 기준에 비추어 옳고 틀린지 판단할 뿐, 영향을 받지 않는다. 즉 다른 사람의 의견은 모두 판단의 대상일 뿐이다. 이런 상태가 되면 그 지식은 화석처럼 고정된 채 변하지 않기 때문에 충격적인 새로운 자극을 가하지 않는 한 수정될 가능성이 거의 없다. 예컨대 존경하는 사람이나 그 분야의 최고 석학이 '네 생각이 틀렸다'고 지적하는 경우라면 지금까지의 자기 확신을 의심할 정도의 충격이 될 것이다. 유명 잡지의 표지인물로 어떤 회사의 최고경영자가 나왔다면 그 회사의 미래를 조심스럽게 살펴보아야 하는 것도 이러한 맥락이다.

편견이나 자기 확신 외의 경우에는 발전적 질문과 같은 학습과정을 통해 지식을 수정 또는 재구성할 수 있다. 궁금한 것이 있으면 질문하고, 나의 생각과 다른 부분이 있으면 상대방과 내가 어느 지점에서 차이가 나는지를 파악해야 한다. 그리고 모르는 부분이 발견되면 받아들이되 비판적으로 바라보아야 한다. 새로운 지식을 접할 때는 논리적으로 일관성이 있는지, 모순은 없는지를 고려하는 것이 중요하다.

잘 듣기 위해서는 몇가지 조건이 있다. 첫째, 듣는 내용에 관심이 있어야 한다. 둘째, 관련 지식이 있는 경우 새로운 지식에 대한 갈증이 있어야 한다. 셋째, 궁금증은 질문을 통해 그 자리에서 해결한다. 넷째, 능동적으로 듣는다. 이를 핵심어로 정리하면 관심, 갈증, 질문, 능동이다.

잘 듣기 위한 조건 = 관심 + 갈증 + 질문 + 능동적 자세

관심이 있더라도 갈증을 못 느끼는 경우에는 새로운 지식을 접한다 해도 해갈을 느끼지 못한다. 갈증을 느끼면 똑같은 물이라도 평소보다 시원하고 맛있게 느껴진다. 마찬가지로 의무감이나 책임감에서 듣는 것과 즐기면서 듣는 것은 정보를 받아들이는 강도와 질이 다르다.

또 관심과 갈증은 있지만 궁금증이 없으면 우리가 보통 말하는 '2퍼센트'가 부족한 상태가 된다. 궁금증이 없을 수도 있다. 이때는 머리가 쉬고 있거나 과부하가 걸릴 때다. 어린아이들에게 멈추지 않는 지적 활동은 끊임없는 호기심으로 나타난다. 아이들은 끊임없이 만지고 입으로 가져가서 촉감을 느끼고 맛을 보며 사물을 느낀다. 말을 할 때면 "왜?"를 하루에 100번 정도씩 하면서 배운다.

지식 전달이 효과적으로 이루어졌을 때에도 별다른 궁금증이 생기지 않는 경우가 있다. 시각적인 보조도구를 사용해 전달하였다면 듣는 사람의 입장에서는 이해하기가 쉬웠을 것이다. 그러나 이런 경우에도 듣는 사람의 지식상태에 따라 얼마든지 의문이 생길 수 있다. 예컨대 간혹 들르던 유명 맛집을 찾아가는데, 이전에는 보지 못한 새로운 골목길이 생겼다고 하자. 골목길의 위치와 방향을 보았을 때, 나의 길 지식으로는 새로 생긴 길

로 가도 맛집으로 통할 것 같다. 그러면 과감하게 새로운 길로 들어가본다. 이게 궁금증이다. 맛집까지 가는 길을 알고 있지만, 새로운 길을 통해도 그 식당으로 갈 수 있을까 하는 궁금증이다. 이 궁금증은 나의 지식을 바탕으로 한다. 식당까지 가는 길을 전혀 모르는 상태였다면 새로운 길이라는 것도 인식할 수 없을 것이다.

전달자가 새로운 지식과 정보를 전달할 때 나의 지식공간에 그 새로운 지식이 자리매김하기 위해서는 '어디에', '어떻게', '왜'라는 확인이 필요하다. 이 과정에서 궁금증은 자연 발생적이며 지적인 빈자리 메움 활동이다. 이 빈자리가 메워지지 않으면 빈자리 주위의 지식은 유동적이고 불안정한 상태가 된다. 이런 의미에서 카네기멜론대학의 행동경제학자 조지 로윈스타인(George Loewenstein)은 궁금증 또는 호기심을 '지식의 공백'이라고 불렀다.

능동적 자세는 수동적 자세의 반대 개념으로 생각하면 이해하기 쉽다. 남의 말을 들을 때, 그 말을 무비판적으로 수용하는지 아니면 '맞는 말인가?', '논리적으로 문제점은 없나?' 따지면서 듣는가의 차이다. 수동적 자세는 정보가 들어오는 순서대로 입력하는 것이고 능동적 자세는 들어오는 정보를 나에게 편리하게 재구성하는 것이다. 이때 '재구성'이란 들어오는 정보의 내용을 왜곡하거나 바꾸는 것이 아니다. 자신에게 익숙한 용어와 배경지식을 바탕으로 입력된 지식을 분류하고 배치하는 것이다. 우리는 이러한 지식의 재구성을 잘하는 것 같지만 사실은 그렇지 않다. 하나의 예를 들어 살펴보자.

독일의 막스플랑크연구소의 적응행동 및 인지센터 책임자로 있는 거드 기거렌저(Gerd Gigerenzer) 박사는 의사가 환자를 진단하면서 내리는 확률적 결론에 얼마나 오류가 있는지를 실험적으로 조사하기 위해 동일한 문제를 다음과 같이 두 가지 유형으로 제시하였다.[48]

유형 1(확률 사용) : 여성의 유방암 발병율은 1퍼센트의 확률이다. 만약 유방암이 있는 여성이라면 유방암 검사에서 양성반응일 확률이 80퍼센트다. 정상적인 여성이라고 해도 유방암 검사 양성반응율은 10퍼센트다. 어떤 여성이 유방암 검사에서 양성반응이 나왔을 때, 실제 유방암일 확률은 얼마일까?

유형 2(빈도수 사용) : 여성 1,000명 중 10명이 유방암이다. 이 10명 중 8명은 유방암 검사에서 양성반응이 나온다. 정상인 나머지 990명 중에서는 99명이 양성반응이 나온다. 유방암 검사 양성반응이 나온 여성 중에서 유방암 환자의 비율은 얼마일까?

유형 1은 확률로 표현되었고, 유형 2는 빈도수로 표현되었다. 날마다 환자를 진단하는 의사 48명을 반으로 나눠서 이 두 가지 문제 유형을 내주었다. 결과는 놀랍게도 유형 2를 푼 24명 중 11명이, 유형 1의 실험군에서는 겨우 두 명만이 답을 맞혔다.

정확한 답은 8/107, 약 7.5퍼센트다. 의사들은 확률적 표현에 익숙하다. 유형 1과 유형 2가 같은 내용이라는 것도 인식한다. 그러나 빈도수로 들으면 빠르고 정확하게 이해하기 쉽다.

우리는 '5퍼센트'와 '100명 중 5명'이 같은 수치임을 어렵지 않게 이해한다. 그러나 앞의 문제에서처럼 확률로만 표현된 상황과 전체를 1,000명으로 놓고 빈도수로 표현된 상황을 비교하면 후자가 훨씬 내용을 파악하

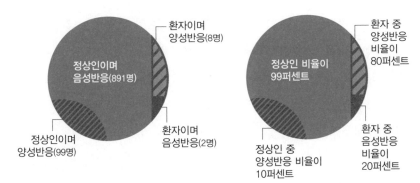

그림 23 유방암 문제를 빈도수로 표현
했을 경우의 정리 결과

그림 24 유방암 문제를 확률로 표현했
을 경우의 정리 결과

기에 수월하다. 후자의 경우에는 전체 1,000명, 암 환자 10명, 정상인 990
명, 암 환자이면서 양성반응자 8명, 정상이면서 양성반응자 99명이다. 따
라서 양성반응자 중에서 환자는 8/(8+99)의 비율임을 금방 알 수 있다.

유형 1에서 사용한 확률을 살펴보자. 암 환자 1퍼센트, 환자가 양성반응
이 나올 확률 80퍼센트, 정상인 99퍼센트, 정상인이 양성반응이 나올 확률
10퍼센트다. 이것을 다시 표현하면, 암환자 1퍼센트, 환자이면서 양성반응
이 나올 확률 0.8퍼센트, 정상인 99퍼센트, 정상인이면서 양성반응이 나올
확률 9.9퍼센트다. 그러면 양성반응자 중 환자일 확률은 0.8/(0.8+9.9)의
비율이 되어 유형 2와 같은 답이 나온다. 그러나 빈도수로 표현된 문제는
사람의 수로 생각하기 때문에 문제의 파악과 정리가 편리하지만([그림 23]
참조), 확률로 표현된 문제는 비율이라는 개념에 묶여 있는 상태에서 숫자
로만 생각해야 하는 불편함이 있다([그림 24] 참조).

환자들 가운데 양성반응 비율이 80퍼센트이므로 환자이면서 동시에 양
성반응인 사람의 비율을 알려면 다시 0.01×0.8＝0.008, 즉 0.8퍼센트라

는 계산을 거쳐야 한다. 이러한 불편함은 전체적인 상황을 파악하는 데 적지 않은 걸림돌이 된다. 여기서 필자는 의도적으로 '편리함'과 '불편함'이라는 용어를 사용하였다. 생각하기가 '편리'하다는 것은 나에게 익숙한 도구나 상황과 연계해서 생각할 수 있다는 것이다. 이해했다는 것과 익숙하다는 것의 차이가 이런 것이다. 운전하는 법을 이해하지만 아직 익숙하지 않은 사람은 운전에 익숙한 사람보다 운전할 때 지적인 긴장감이 훨씬 클 것이다. 그때그때 상황을 머릿속으로 일일이 계산할 필요 없이 대응하는 경우와 상황을 파악하고 별도의 계산과정을 거쳐 대응하는 경우의 차이가 앞에서 언급한 정답율의 차이, 즉, 11/24과 2/24의 차이로 나타났다고 볼 수 있다.

유형 1과 같이 확률을 이용한 유방암 문제를 들었을 때, 잘 파악이 되지 않았다면 "전체를 100명이라고 한다면 그 문제를 어떻게 표현할 수 있나요?"라고 도움을 요청할 수 있다. 이것이 능동적으로 듣는 태도다. 자신의 지식도구로 상황을 파악하기가 어려우면 지식전달자로 하여금 나에게 보다 편리한 도구를 사용해서 전달해주도록 요구하는 것이다. 용어가 어려워서 이해가 잘 안 되는 경우 쉬운 용어로 부연 설명을 부탁하는 것도 능동적 듣기의 자세다.

다른 능동적인 듣기의 자세는 비판적인 듣기다. 전달자의 이야기를 들으면서 논리적으로 이상이 없는지를 점검하는 것이다. 듣다가 납득이 안 되는 부분이 있으면 그 부분을 질문한다. 이것은 질문자 입장에서 빈칸 메우기를 위한 질문이다. 전달자의 이야기를 나의 지식에 접목하는 과정에서 생기는 빈칸은 내가 아니면 누구도 대신 메워줄 수 없다. 이런 목적의 질문은 지식전달자가 전달과정에서 빠트린 부분을 보충하게 해주기도 하고,

잘못 전달된 부분을 바로잡아주는 기능도 한다. 또한 부정확한 지식의 전달을 교정하는 역할도 한다.

전달받은 지식내용은 내 안에서 소화가 잘되어야 한다. 이를 위해서는 사소한 부분이라고 해도 애매하거나 잘 이해가 안 되는 경우 즉각적인 질문을 통해 정확히 해결하고 넘어가야 한다. 이해가 잘 안 될 때, 능력부족이라고 스스로를 탓하지 말고 자신의 수준에 맞게 지식 전달을 해주도록 부탁하는 능동적 자세가 중요하다. 전달받는 사람의 눈높이에 맞게 전달해주도록 요구하면, 지식전달자도 훨씬 효과적인 전달방법을 개발할 수 있을 것이다.

어떤 주제에 대해 관련 지식이 없으면 보통 무관심하게 반응하지만, 역으로 지식이 충분할 때도 별다른 흥미를 느끼지 못한다. 너무 익숙한 지식은 관심 대상이 될 수 없기 때문이다. 관련 지식이 약간 있으면서 궁금증을 느끼는 상태라면 관심이 있는 상태다. 따라서 지식을 전달받기 전에 미리 관련 지식을 조금이라도 갖추어놓으면 더 효과적으로 지식을 흡수할 수 있다. 여기에 갈증을 느끼면 더욱 좋다. 갈증은 궁금증이 많은 상태다. 파인만은 학생들에게 어떤 주제에 대해 가르치고 나면, 학생들이 잘 이해했는지 그들의 언어로 표현하게 하는 것이 중요하다고 생각했다. '마찰력', '에너지'와 같이 학생들이 이해하기 어려운 용어 대신 '밀기', '부딪치기', '끌기', '비비기', '닳기' 등 학생들의 눈높이에 맞게 구체적이면서도 익숙한 용어로 설명해주는 것이 더 의미 있다고 지적했다.

한편 지식 전달과정에서 빈칸을 교묘하게 이용하는 사람들이 있다. 광고기획자들이다. 사람의 관심을 끈 다음 중요한 부분에 빈칸을 남겨둔다.

그 빈칸을 알고 싶어 하는 사람은 이미 그 광고가 의도한 미끼에 걸려든 사람이다.

연설가 역시 청중의 관심을 불러일으킨 다음 적절히 빈칸을 이용해 지속적인 관심을 유도한다. 호기심을 유발하는 방법을 아는 것이다. 이처럼 의도적으로 만들어놓은 빈칸이건 내가 지식을 소화하는 과정에서 생기는 자생적 빈칸이건, 빈칸을 메우는 과정에서는 궁금증과 질문이 실과 바늘처럼 따라다닌다. 그리고 질문은 나의 지식 언저리에 생긴 빈칸을 새로운 지식과 결합해 메워주는 촉매제 역할을 한다.

지식결합

생각과 생각의 만남

나는 관찰한다, 나는 느낀다, 나는 상상한다….
나는 셀 수 없을 만큼 다양한 인상과 경험, 개념을 결합한다.
이 가공의 이미지를 가지고 내 머릿속에서
하나의 이미지를 만들어낸다.
세계의 안과 밖 사이에는 영원히 마르지 않는,
닮은 것들로 가득 찬 바다가 있지 않은가.

: 헬렌 켈러(Helen Keller)

유적지에서 그릇 조각들이 발굴되었다. 고고학자가 조각들을 모아 책상 위에 펼쳐놓았다. 조각의 무늬와 모양을 보고 조각들을 서로 붙여본다. 눈으로 볼 때는 잘 연결될 것 같던 조각들이 막상 이음매 자리를 붙여보면 잘 들어 맞지 않는다. 아무래도 같은 그릇에서 나온 조각들이 아닌 것 같다. 여러 그릇에서 나온 조각들이라면 조각을 맞추기가 더 어려울 것이다.

두 남녀가 서로를 향해 사랑한다고 말한다. 이들이 말하는 사랑이 같은 의미일까? 한 사람은 잠시 동안 즐기는 교제라는 의미로 사랑이라고 말했고, 한 사람은 상대방이 영화에서 보아온 자신의 이상형과 닮았기 때문에 사랑한다고 말했을 수 있다. 동일한 단어인 '사랑'을 말하지만 그 속을 들여다보면 차이가 크다. 자기의 기분과 만족을 위한 자기중심적인 관계를 사랑이라고 생각하는가 하면, 상대에게 자신을 맞추는 예속적인 관계를 사랑이라고 생각하는 사람도 있다.

두 사람에게 세 가지 숫자를 적어보라고 했다. 두 사람 모두 1, 2, 3을 순서대로 적었다. 어떤 의도에서 이 숫자들을 적었는지는 말하지 않았다. 같은 숫자를 적었지만 이들은 전혀 다른 의도였을지 모른다. 한 사람은 1, 2, 3, 4, 5…처럼 하나씩 증가하는 수의 나열을 생각했을 수 있고, 다른 사람은 1, 2, 3, 5, 8, 13, 21…처럼 세 번째 수부터는 다음 수가 바로 앞 두 수의 합이 되는 수의 나열을 생각했을 수 있다. 이러한 생각의 차이가 앞의 숫자 세 개만 봐서는 드러나지 않는다.

사회사업가 두 사람이 지역사회 발전을 위해서 서로 힘을 모으자고 합의한다. 그러나 구체적인 사업추진 방법을 논의하면서부터는 의견이 부딪친다. 한 사람은 저소득층 자녀들을 위한 교육사업을 제안하고 다른 사람은 주거환경 개선사업이 우선이라고 주장한다. 전자는 저소득층 자녀에게 생활비와 장학금을 지원하여 교육의 기회를 균등하게 제공함으로써 저소득층 자녀들의 사회참여 기반을 마련해주자는 생각이고, 후자는 낙후된 주거환경을 먼저 개선하여 지역 주민들에게 삶의 질을 높여주는 것이 시급하다는 생각이다.

'겉으로는 같아 보이지만 속 내용은 다른' 사례들을 몇 가지 살펴보았다. 사람의 지식은 어떨까? 지식 중에도 잘 연결되는 것이 있고 그렇지 않은 것이 있을까?

세 사람이 같은 물체를 서로 다른 방향에서 바라보았다. 한 사람은 물체의 좌측면을 보고, 또 한 사람은 물체의 정면을 보고, 세 번째 사람은 물체의 위에서 내려다보았다. 각자 자신이 본 물체의 모양을 삼각형, 원, 사각형이라고 말한다. 세 사람이 보고한 세 가지 모양을 가지고 투시도형을 만들어볼 수 있다. 세 사람은 서로가 본 모양을 이야기하면서 물체의 실체 모양을 유추해낸다.

만약 처음 두 사람이 같은 방향에서 대상을 바라보았는데, 서로 다른 모양을 말했다면 이들은 같은 물체를 본 것이 아닐 것이다. 두 사람 가운데 누가 세 번째 사람과 같은 물체를 보았는지 알 수 없다면, 이들은 첫 번째와 세 번째 사람, 두 번째와 세 번째 사람이 각각 본 물체의 모양을 근거로 물체가 전체적으로 어떤 모양일지를 상의해야 한다.

교육 이야기로 잠깐 돌아가보자. [그림 25]는 공교육 씨, 국민의식 씨, 출산율 씨의 지식 관계도를 나타낸 것이다. 앞의 두 그림은 사교육비, 국민의식 수준, 공교육 내실화의 세 요소들에 대한 관계도이고, 나머지 하나는 공교육 내실화 대신 출산율이 포함되었다.

세 그림에 공통으로 포함된 지식 요소는 사교육비와 국민의식 수준이

그림 25 공교육 씨, 국민의식 씨, 출산율 씨의 순서로 제시된 지식 관계도

다. 공교육 씨가 출산율 씨와 대화를 나눈다고 가정해보자. 두 사람은 상대방으로부터 새로운 지식을 얻을 수 없다. 사교육비와 국민의식 수준에 대해 갖고 있는 지식이 서로 다르기 때문이다. 이것은 사교육비와 국민의식 수준이라는 두 가지 지식 요소를 포함해서 이와 관련된 다른 지식 요소들, 예컨대 교육 신뢰도, 생활수준, 국가경제 관련 지식 요소들에 대한 지식구조가 다르다는 것을 의미한다. 마치 앞서 이야기한 투시도형의 사례에서처럼, 같은 방향에서 두 가지 물체를 바라본 결과가 서로 다른 것과 같은 상황이다.

투영체가 다른 것은 본체(투영체에 대한 대비 개념)가 다르다는 것을 암시하므로 둘 사이에는 지식결합이 이루어질 수 없다. 이것은 적어도 둘 중 하나에게 잘못된 지식이 형성되었음을 의미한다. 대화를 통해 누구의 지식이 잘못되었고 생각의 차이가 어디에서 비롯되었는지를 확인하는 노력이 필요하다.

국민의식 씨와 출산율 씨의 투영체에는 사교육비와 국민의식 수준 사이에 인과관계가 있다는 점에서 동일하다. 이것은 두 지식 요소를 포함한 다른 관련 지식 요소들에 대한 지식구조가 동일할 수 있음을 암시한다. 물론 지식구조의 동일성이 보장된다고 볼 수는 없지만 가능성이 있다.

그런데 국민의식 씨는 사교육비, 국민의식 수준, 공교육 내실화에 대해서, 출산율 씨는 사교육비, 국민의식 수준, 출산율에 대해서 의견을 내놓는다. 투시도형의 사례에 비추어봤을 때, 국민의식 씨는 물체의 투시도형뿐 아니라 물체의 제작 연도를 추가로 알게 된 것과 같고, 출산율 씨의 경우 투시도형에 물체의 재료를 추가로 알고 있는 것과 같다. 국민의식 씨와 출산율 씨가 서로에게 제공한 지식 내용은 상호간 충돌 없이 지식의 확장

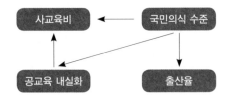

그림 26 국민의식 씨와 출산율 씨의 지식구조 결합 결과

에 사용된 것이다. 국민의식 씨와 출산율 씨의 지식결합 결과는 [그림 26]과 같이 나타낼 수 있다. 이에 대한 부연 설명은 관심 있는 독자를 위해서 책 뒤에 첨가하였다.[49]

──────. 지식의 재구성

내가 모른다고 생각하면 다른 사람에게서 새로운 내용을 받아들일 때 거부감이 없다. 그러나 나도 그것을 알고 있다고 믿는다면 이미 알고 있는 것과 비교하게 되고 기존의 지식과 다른 내용을 들을 때 지식구조가 본능적으로 방어자세를 취한다. 이것은 지식의 보존과 재구성에 필요한 지극히 자연스러운 현상이다.

그러나 나의 지식이 잘못되었음을 확인하면 그 지식구조는 재건축에 들어가야 한다. 틀렸다는 것을 인식만 하고 그대로 두면 틀린 부분과 관련된 다른 지식들은 부실공사 상태를 유지되는 꼴이 된다.

여러 신경세포들이 동시발화할 때, 발화의 세기와 발화 가능성은 세포들 간의 거리에 반비례하며, 세포들의 기능상 유사성에 비례한다.[50] 세포

들이 서로 가까이 있을 때와 유사한 기능을 할 때 동시발화 강도는 그만큼 높다. 우리가 생각을 할 때 뇌에서는 여러 곳에서 동시발화 작용을 일으킨다. 어제 만났던 사람을 생각하면 그 사람의 머리모양, 옷 색깔, 말한 내용이 동시에 떠오른다. 까페에 가서 오랜만에 친구와 이야기를 나눈다. 그 다음 날 친구로부터 반가웠다는 전자메일을 받는다. 그 메일을 읽으면서 나는 친구의 웃는 모습, 테이블과 의자의 색깔, 이야기 화제 등을 함께 생각하며 답신을 보낼 것이다.

앞의 유방암의 예에서 보았듯이 빈도수를 사용해서 환자 수, 양성반응자 수 등을 말하면 전체적인 상황을 쉽게 파악할 수 있지만, 확률로 표현하면 문제를 이해는 하되 전체 상황 파악이 잘 안 되는 것도 신경세포들의 동시발화 현상과 밀접한 관련이 있다. 우리가 확률을 사용해 전달받으면 전체에 대한 비율이 아니라 특정 상황에서의 상대적 비율을 접하기 때문에 전체에 대한 비율로 환산하는 과정이 필요하다. 그래서 확률로 상황 설명을 들으면, 전체 대비 비율을 별도로 계산해야 하기 때문에 확률과 전체 상황을 동시에 파악하기 어렵다. 다른 예를 들면 외국어 문장을 읽을 때, 단어들이 모두 친숙하면 곧바로 내용을 파악할 수 있지만, 중요한 단어 한두 개만 몰라도 전체적인 의미를 알기 어렵다. 관련된 신경세포들의 동시발화가 되고 안 되고의 차이다.

미완성 지식은 오류에 쉽게 노출된다. 뇌 과학 실험에서 많이 사용하는 것으로 스트룹(stroop) 실험이 있다. 간단한 예를 들자면 파란색으로 쓰인 '빨강'이라는 글자를 보여주고 글자의 색깔을 짧은 시간에 답하는 문제다. 사람은 글자를 글자 그대로 읽는 데 익숙하다. 그러나 글자의 색깔을 읽으라고 하면 별도의 주의를 기울여야 한다. 충분한 시간을 주면 이 주의력이 억제적 효과를 발휘해서 글자의 색깔을 바르게 말할 수 있다. 그러나 급박한 상황으로 가면 글자 자체를 읽곤 한다.

잘못된 지식의 경우 내가 어떤 것이 잘못되었는지를 인식해도 그것이 올바른 지식으로 완전히 재구성될 때까지는 계속 주의를 기울여야 한다. 올바른 지식으로 자연스럽게 신경세포가 동시발화하는 단계에 이르면 비로소 지식의 재구성이 완결되었다고 볼 수 있다.

키 차이가 나고 각각 다른 모양의 모자를 쓴 두 사람이 있다. 이 두 사람을 인식하기 위해서는 색채 인식 뇌세포, 키 인식 뇌세포, 모자 모양 인식 뇌세포, 얼굴 인식 뇌세포들이 바쁘게 작동한다. 인식하는 데 시간이 부족하면 소위 결합오류(conjunction error)가 발생한다. 색채 인식, 키 인식, 모자 모양 인식, 얼굴 인식 담당 뇌세포들을 연결(wiring up)되는 데 시간이 걸리기 때문이다.

말스버그(von der Malsburg)[51]와 같은 뇌 과학자는 이러한 뇌세포들의 연결을 통한 결합기억에 동시활성화 작용이 이용될 수 있다고 말한다. 이렇게 함으로써 사람들의 외모에 어떤 다양한 특징이 있는지를 인식하게 된다.

———·지식 재건축

베이즈 이론[52]에 의하면 사전 지식이 전혀 없는 경우, 사람은 누구나 관측한 자료에 절대적으로 의존함으로써 지식을 축적한다. 거의 100퍼센트 내가 보고 들은 자료에 의존하게 되는 것이다. 그러나 내가 어느 정도의 사전 지식이 있다고 믿는 경우, 그 믿음의 강도가 높을수록 새로 얻은 자료에 대

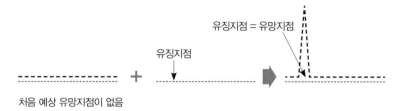

처음 예상 유망지점이 없음

A. 사전 지식이 전혀 없을 때(유징지점이 바로 유망지점으로 됨)

B. 사전 지식이 어느 정도 있을 때(처음 유망지점이 수정됨)

그림 27 사전 지식의 유무에 따라 자료에 대한 반응의 민감도가 어떻게 달라지는지를 상징적으로 표현한 그림

해서 덜 민감하고 의존도도 떨어진다.

한 유전 탐사팀이 주의 깊게 관찰하는 지역이 있다. 오랜 시추 끝에 어떤 지점에서 유징(油徵)이 나온 것을 보고 팀원들이 환호성을 지른다. 팀원들은 이제 본격적으로 개발할 일만 남았다고 좋아한다. 그러나 이 지역에 대한 사전 지식이 있는 팀장은 그다지 흥분하는 모습이 아니다. 자기가 예측했던 지역과 거리가 있기 때문에 의구심이 드는 것이다.

팀원들과 팀장의 반응이 다른 것은 이 지역에 대한 사전 지식이 전혀 없는 것과 어느 정도 있는 것의 차이에서 나온다. 사전 지식의 유무에 따라서 반응의 민감도가 다르게 나타난다. 이러한 차이를 [그림 27]에 표현하였다.

A는 사전 지식이 전혀 없는 경우다. 유징지점이 유전 개발 유망지점으로 인식된다. B는 사전 지식이 있는 경우로, 사전 지식의 정도에 따라 유망지점에 대한 확신이 서로 다른 상황을 점 곡선으로 표시하였다. 유징지점을 유망지점으로 곧장 받아들이지 않는다. 다만 처음에 예상했던 유망지점이 수정되는 정도다.

어느 기업의 새로 부임한 CEO에게 전임 CEO로부터 전화가 걸려왔다. 직무수행과 관련하여 회사 임원들의 취약점들을 알려줄 테니 회사 운영을 위한 전략 수립에 참고하라는 제안이다. 그런데 신임 CEO는 이를 거절한다. 신임 CEO는 환경이 바뀌면 사람도 바뀐다는 신념을 가지고 있다. 바뀐 환경에서 바뀐 사람으로서 있는 그대로를 파악하는 것이 더 합리적이라고 판단한 것이다. 이것은 막스플랑크 인간개발 연구소 소장이며 세계적 행동심리학자인 거드 기거렌저가 주장한 말이다.

[그림 27]과는 전혀 다른 관점에서 사전 지식이 없는 상태를 생각할 수도 있다. [그림 25]을 보면 국민의식 씨와 공교육 씨는 사교육비, 국민의식 수준, 공교육 내실화라는 세 가지 지식 요소에 대해서 각각 지식구조를 갖고 있다. 이 세 요소들의 상호관계에 대한 지식이 전혀 없는 상태를 [그림 28]로 표시할 수 있다. 즉 상호관계에 대한 뚜렷한 지식 구성이 이루어지지 않아서 서로 어떤 관계가 있는 것 같기는 한데 잘 모르는 상태다.

이러한 지식상태에 있는 사람이 최 씨라고 하자. 최 씨가 국민의식 씨로부터 이야기를 듣고 보니 일리가 있는 것 같다. 최 씨도 국민의식 씨와 같은 지식구조가 형성된다. 만약 최 씨가 공교육 씨와 이야기를 나눴고 그 말에 설득이 되면 공교육 씨와 동일한 지식구조가 형성될 것이다.

청소년들에 대한 사상적 교육은 그 영향이 거의 평생에 걸쳐 유지되므로 그만큼 중요하다. 사람은 일단 특정한 사상적 지식이 형성되면 다른 사상적 지식을 접할 때, 정도의 차이는 있지만 '일단 거부 → 비판적 인식 → 차이 비교 → 지식 재구성 또는 원상 유지' 과정을 거치게 된다. 윤리·사상적 지식이 미숙한 청소년들은 처음에 어떤 내용을 누구한테 어떤 방식으로 전달받느냐에 따라 지식 형성의 내용과 강도가 결정된다. 객관적이고 공적으로 타당하다고 인정받은 지식을 전달받느냐 아니면 개인의 주관적이고 특수 목적적인 지식을 전달받느냐에 따라서 청소년들의 윤리·사상적 지식이 건강하게 또는 병적인 상태로 평생 동안 유지될 수 있다.

뇌 안의 지식은 생리적으로 자신과 다른 내용이 전달되면 불편한 상태가 된다. 낯선 사람을 살피는 것처럼 뇌 안에서는 생소한 지식을 살피고 확인하는 과정을 거친다. 레고를 맞출 때 새로운 레고 부품을 어디에 끼울지 궁리하면서 현재 조립 중인 레고와 새로운 레고 부품을 대조하고 비교하는 것처럼, 우리의 뇌도 비판적으로 비교하고 분석한다. 따라서 처음에 구축한 지식이 객관적이고 타당한 것이 아니면 나중에 객관적이고 타

그림 28 지식 요소들 사이의 관계가 모호한 상태

당한 지식으로 재구성해야 하는 힘든 재건축 과정을 거쳐야 한다. 문제는 지식이라는 것이 건물을 짓고 부수듯 기존의 것을 깡그리 허물고 새로 쌓을 수 있는 성질의 것이 아니라는 점이다. 오랜 시간에 걸쳐 지속적인 부분 수정과 보수과정이 필요하다. 익숙한 것을 버리고 새로운 것으로 재건축하는 과정은 충분한 시간과 숱한 시행착오를 수반하기 때문이다. 재건축이 완성될 때까지는 기존 지식에 의한 시행착오가 무의식적으로 발생한다. 이것은 스트룹 문제에서처럼 빨간색으로 쓰인 '파랑'이라는 글자가 주어졌을 때 글자의 색깔('빨강')을 읽어야 하는데 글자 자체('파랑')를 무의식적으로 읽는 시행착오와 유사하다. 뇌 안에서 '글자가 아니라 글자의 색깔을 말해야 한다'는 재건축 작업이 완료되어야 스트룹 문제를 실수 없이 처리할 수 있다.

영국 런던경영대학의 도날드 설(Donald Sull) 교수는 기업 경영책임자의 활동적 타성(active inertia)이 기업의 성패에 중요한 요소라고 주장하였다. 기업이 활동적 타성에 빠졌는지를 알 수 있는 방법으로는 첫째, CEO가 유명 비즈니스 잡지의 표지인물로 등장하는지, 둘째, 경영 전문가들이 그 CEO에 대해서 책을 쓰는지, 셋째, 그 CEO가 저술활동을 하는지를 보면 알 수 있다고 하였다.

그리고 경영진이 출신 학교와 나이 등 비슷한 배경의 사람들로 구성되어 있는 것도 활동적 타성을 촉진시키는 위험한 요소라고 한다. 활동적 타성에 젖어 있으면 낡거나 잘못된 지식을 인식하고 고치기 어려울 뿐 아니라 새로운 지식을 받아들이는 것도 어렵다.

잘 모를 때 어림짐작으로 주어진 문제를 해결하려는 태도도 잘못된 지식구조를 스스로 강화하는 결과를 낳는다.

기억과 무지의 형태

[그림 28]에서 보듯 무지상태는 마치 어린아이의 뇌신경세포들이 주위의 많은 신경세포들과 거미줄처럼 연결되어 있는 상태와 흡사하다. 목적지까지 가는 길을 잘 모르면 이곳저곳을 헤매다가 방향감각을 잃고 자기가 현재 어디에 서 있는지조차 모르게 된다. 혼자 목적지를 찾으려고 헤맬 때는 보이는 모든 것들을 기억하려고 한다. 그래야 나의 위치를 파악할 수 있다고 생각하기 때문이다. 이것저것 한꺼번에 기억하려면 머리가 힘들어 한다. 이때 누군가 그 길을 잘 아는 사람이 내가 있는 곳에서부터 목적지로 찾아가는 길을 자세히 알려주면, 현재의 위치와 목적지의 위치를 머릿속에 그릴 수 있다. 이제는 필요 없는 정보들은 머릿속에서 지우고 특징적인 건물이나 지형을 기억하면서 목적지까지 찾아가는 지식을 잘 정리할 수 있게 된다.

새로운 지식을 습득하고자 책을 읽을 때, 처음에는 알 듯 모를 듯하면서 읽어 내려가는 경우가 있다. 학술서를 읽을 때 특히 그렇다. 용어도 낯설고 내용도 낯설어서 온통 밑줄을 그어야 할 판이다. 그렇지만 한 번 읽고 나면 어느 정도 책이 담고 있는 내용을 짐작하게 된다. 두 번째 읽을 때는 선택적으로 읽을 수 있다. 이전에 밑줄을 그어놓았던 부분이 이제는 별로 중요하게 보이지 않는다. 밑줄이 많이 사라진다. 때로는 깊이 생각하지 않고 넘어갔던 내용 중에 더 궁금한 부분도 생긴다. 책의 내용을 파악하고 나면 비판적인 시각도 생긴다. 그 책의 내용을 재해석할 수 있다는 의미다. 무지의 상태에서 재해석 가능의 상태로 변한 것이다.

새로운 분야를 개척하는 학자들도 마찬가지다. 수많은 시행착오를 거치면서 의도하는 결과가 나오지 않는 이유를 분석한다. 모든 결과들이 밑줄 투성이다. 마침내 의도하는 결과가 나오면, 이제는 이전의 많은 시행착오들을 새로운 눈으로 해석하고 그 원인을 이해할 수 있다. 특별히 의미가 있는 시행착오도 눈에 띈다. 대부분의 시행착오들은 버려지지만 이 시행착오들은 원하는 결과가 나오기까지 디딤돌로 쓰였다.

지식이 애매한 상태로 모자이크식 기억이 있다. 이것은 단순 기억 상태로 보면 된다. 앞서 언급한 기억 천재 솔로몬 셰르셰프스키(Solomon Veniaminovich Shereshevsky)는 보고 들은 모든 것을 기억하는 독특한 사람이었다. 그는 무의미하게 나열된 단어들과 숫자들, 이미지들을 그대로 기억해냈다. "16년 전 몇 월 몇 일 몇 시에 내가 불러준 수십 개의 단어 열(列) 중에서 몇 번째 열을 외워보라"고 하면 막힘없이 기억해내는 식이었다. 그러나 그의 기억능력에도 문제는 있었다. 이미지가 없는 개념, 즉 무한, 무(無), 초월 같은 추상적인 단어는 잘 처리하지 못했다. 특히 시를 읽을 때는 시에 담긴 은유적인 의미와 문자 그대로의 이미지가 충돌을 일으켜 아무리 해도 시를 이해할 수 없었다. 셰르셰프스키가 정말로 고통스러워한 것은 어떤 문장을 이해하기 위해서는 자신의 머릿속에 계속해서 떠오르는 이미지들과 끝없이 싸워야 하는 과정이었다. 떠오르는 수많은 이미지들은 현 시점의 본질에 집중하지 못하게 막는 장애물이었던 것이다. 또한 그는 사람의 얼굴을 기억하는 데도 애를 먹었다. 초 단위로 변하는 사람의 얼굴이 그에게는 각각 별개의 이미지로 기억에 저장되었기 때문이다.

한 폭의 그림은 각 부분이 연결되어 전체적인 이미지를 만들어낸다. 그러나 셰르셰프스키에게 사람의 얼굴이나 그림은 무수히 많은 모자이크 조각들의 집합이었다. 두 개의 그림에서 작은 조각들을 뒤바꿔놓으면 인식할 수 없는 새로운 대상이 되어버린다. 이 기억 천재에게 있어서 지식은 영상화된 자료들을 기억하기 쉽게 이름표를 붙여서 질서정연하게 책꽂이에 꽂아둔 거대한 서가와 같았다.

그는 머릿속에서 새로운 것을 생각해내거나 추론하는 데 어려움을 겪었다. 아름다운 사랑을 표현한 시를 읽으면서 시에 담긴 열정과 고통을 느낄 수도 없었다. 비상한 기억력으로 세상을 놀라게 한 그 천재는 불행한 삶을 살았던 것으로 보인다. 그는 말년에 5분 전의 이야기와 5년 전의 이야기를 혼동하는 상태로까지 악화되어 정신병원에서 생을 마감했다. 불행한 기억의 천재에게는 세상의 모든 것이 아날로그식이 아닌 디지털식으로 인식되었던 것이다.

심오한 과학적 이론이나 철학적 사유는 단순한 사실의 기억에 바탕을 두기는 하지만 지식 요소들이 서로 연결되고 하나의 묶음으로 발전해야만 비로소 새로운 생각과 이론을 이끌어내는 기초가 된다. 이를 위해서는 모자이크처럼 독립된 조각들의 집합으로써가 아니라 의미를 갖는 하나의 지식체로 형성되어야 한다. 모자이크식 지식은 이런 의미에서 [그림 28]과는 정반대로 지식 요소들이 따로 떨어진 상태와 같다([그림 29] 참조).

그림 29 지식 요소들이 모자이크 조각들처럼 떨어져 있는 모습

어떤 분야에 무지한 상태를 [그림 28]와 [그림 29]에서와 같이 거미줄형 무지와 모자이크형 무지로 구분할 수 있다. 거미줄형 무지는 지식 교정이 상대적으로 수월하다. 반면 모자이크형 무지는 따로 떨어져 있는 지식 요소들 각각의 의미를 받아들이게 하는 것이 우선되어야 하기 때문에 세르셰프스키의 경우처럼 추론이나 통합적 지식 형성이 상대적으로 더 어렵다.

———•오류의 학습

어떤 문제의 답을 생각하는 동안 우리는 수많은 지식 단면들을 떠올리게 된다. 단순히 답을 모른다면 문제가 아니지만, 오답을 정답으로 확신하는 사람은 지식 교정이 어렵다. 답을 찾으면서 떠올린 지식 단면들이 잘못된 지식구조에 기반하기 때문이다. 또한 자신의 답이 틀렸다는 것을 확인했을 때, 그 확인만으로는 오답과 관련한 지식구조가 제대로 교정되기 어렵다. 어떠한 생각의 경로로 오답이 도출되었는지를 점검하고 해당 부분에서 지식구조를 재구성하지 않으면 다음에 비슷한 상황에 맞닥뜨릴 경우 또다시 오답을 반복하게 된다.

어떤 내용에 대한 지식구조가 잘못 형성되었다고 판단될 경우에는 가능한 한 문제를 잘게 분해하여 단계적으로 지식구조를 재구성하는 것이 좋다. 지식구조가 부정확하게 형성된 상태에서 반복적으로 오답을 생성하면 그 사람의 지식구조는 잘못 형성된 지식 단면들이 반복적으로 활성화되면서 오답 학습경험이 반복되게 된다. 그렇지만 지식구조의 극히 일부분만 잘못 형성되었다면 오답이 오히려 그 사람의 지식구조를 수월하게 교정하는 데 도움이 된다. 오답에 해당하는 지식 단면들을 하나씩 떠올려보면 교정도 구체적으로 이루어질 수 있기 때문이다.

'실수'도 오답과 유사하게 반복적으로 나타난다는 것이 험프리 교수팀의 연구 결과에 나타나 있다.[53] 어떤 단어가 확실히 생각나지 않고 혀끝에 맴돌다가 한참 뒤에야 생각이 나면 다시는 그 단어를 잊어버리지 않을 것 같지만, 얼마 지나지 않아 같은 현상이 반복된다는 것이 실험적으로 밝혀졌다. 험프리 교수는 생각이 잘 안 나는 단어를 떠올리려고 애쓰는 것보다, 생각을 멈추고 동료나 주위 사람에게 묻거나 인터넷에서 관련 정보를 찾을 것을 권한다. 생각이 잘 안 나는 단어를 기억해내려고 애쓰는 것은 오류를 학습(error learning)하는 것과 같다고 말한다.

이러한 현상은 음악이나 운동 같은 다른 분야에서도 마찬가지다. 험프리 교수에 의하면 음악교사들은 이러한 오류학습 문제를 알고 있기 때문에 학생들이 천천히 생각하면서 연습하도록 기다려준다. 생각 없이 빨리 연습하는 사람은 오류를 반복 연습할 뿐이라는 것이다.

지식조각과 정보의 결합

우리가 $\frac{1}{5} + \frac{2}{5} = \frac{3}{5}$ 를 처음 접했을 때는 '분모가 같으면 분자를 더한다'는 지식으로 해결한다. '분모가 같으면'이라는 단면에 제한된 상태다. 그러나 $\frac{1}{3} + \frac{2}{5} = \frac{11}{15}$ 을 배운 다음에는 '동일한 크기의 조각으로 바꿔서 분수를 더한다'로 분수 계산 지식이 확장된다. 이제 '분모가 같으면'이라는 지식 단면은 분수 계산에 관한 확장된 지식의 한 조각에 불과하게 된다.

다른 예를 생각해보자. 삼바축구로 유명한 브라질은 자원부국이다. 석유, 천연가스와 같은 에너지 자원은 물론이고 철광석, 보크사이트, 니켈, 우라늄 등 광물자원 또한 풍부하다. 이렇게 다양한 자원을 보유한 브라질의 경제가 아시아 경제와 어떤 관계가 있는지에 대해서 다음과 같이 생각할 수 있다.

(1) 아시아 시장의 지속적인 성장 → (2) 원자재 가격의 상승 → (3) 원자재 수출 증가로 브라질의 무역수지 흑자 증가 → (4) 브라질의 국내소비 및 인프라 투자 증가 → (5) 브라질 경제성장

브라질이 자원부국임을 알고 경제적 지식이 어느 정도 있는 사람이라면, 정보 A와 B가 주어졌을 때, 위와 같은 생각을 별 어려움 없이 할 수 있다([그림 30] 참조).

정보 A.
(1) 아시아 시장의 지속적인 성장 → (3) 원자재 수출 증가로 브라질 무역수지 흑자 증가
정보 B.
(2) 원자재 가격의 상승 → (5) 브라질 경제성장

그러나 브라질이 자원부국이라는 것을 모르거나 경제적 지식이 부족한 사람이라면 정보 A와 B의 결합이 쉽지 않을 것이다. 정보 A와 B는 공통

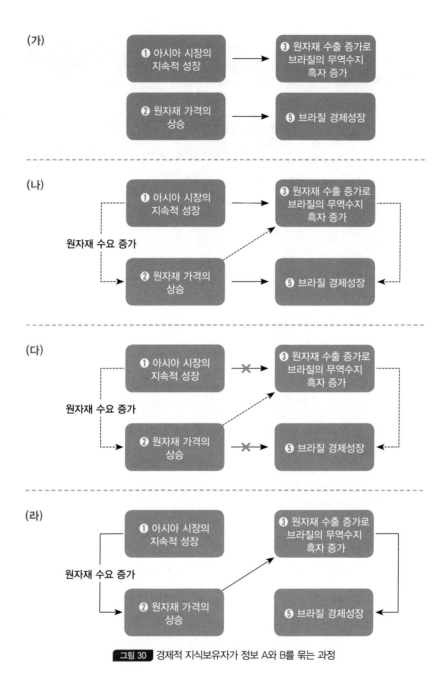

(가)

❶ 아시아 시장의 지속적 성장 → ❸ 원자재 수출 증가로 브라질의 무역수지 흑자 증가

❷ 원자재 가격의 상승 → ❺ 브라질 경제성장

(나)

원자재 수요 증가

❶ 아시아 시장의 지속적 성장 → ❸ 원자재 수출 증가로 브라질의 무역수지 흑자 증가

❷ 원자재 가격의 상승 → ❺ 브라질 경제성장

(다)

원자재 수요 증가

❶ 아시아 시장의 지속적 성장 ✕→ ❸ 원자재 수출 증가로 브라질의 무역수지 흑자 증가

❷ 원자재 가격의 상승 ✕→ ❺ 브라질 경제성장

(라)

원자재 수요 증가

❶ 아시아 시장의 지속적 성장 → ❸ 원자재 수출 증가로 브라질의 무역수지 흑자 증가

❷ 원자재 가격의 상승 → ❺ 브라질 경제성장

그림 30 경제적 지식보유자가 정보 A와 B를 묶는 과정

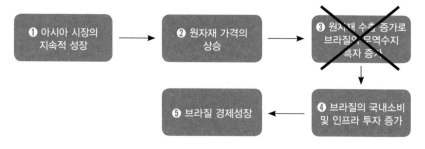

그림 31 지식 조각 사이에 공유점이 없을 때의 현상

적으로 브라질에 대한 정보다. 따라서 관련 지식이 있는 사람은 결합이 수월하다.

이제 [그림 31]에서 보듯 정보가 (1) → (2), (4) → (5)로 주어져 있다고 하자. 전자는 일반적 상황이고 후자는 브라질에 대한 정보다. 공통적인 요소가 없다. 구태여 브라질이 자원부국이라는 지식을 이용한다고 해도 그로 인해 두 정보가 결합된다고 하는 것은 논리적으로 무리가 있다. 브라질의 자원수출이 실제로 이루어지고 있다는 확인이 필요하기 때문이다. 지식조각들 사이에 공유점이 있든 없든 관련 지식과 논리적 사고능력은 결합에 중요한 역할을 한다.

공유점을 통한 논리적 결합 외에 책 속에 종이 한 장을 끼워넣는 것과 같은 형태의 지식결합도 있다. 국민의식 씨와 공교육 씨의 사례로 돌아가보자. 자신의 생각을 국민의식 씨와 비교해본 공교육 씨는 어째서 두 사람의 생각이 이렇게 다른가를 골똘히 생각해본다. 우선 자신은 취학자녀가 없기 때문에 사교육비를 지출한 경험이 없고, 자신의 사교육비는 부모님 몫

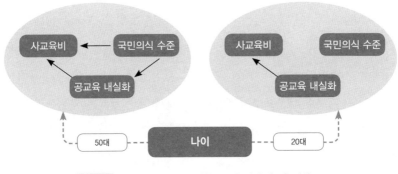

그림 32 세대 간의 차이로 인식한 공교육 씨의 새로운 지식구조

이었으므로 그 지출에 대한 직접적인 경험이 없었다. 그리고 개인 국민소 득 역시 열심히 일해서 수입을 늘리면 된다고 보는 입장이라 국민의식 수 준과 관계가 없다고 생각한다. 주변의 아는 사람들이나 부모님 역시도 소 득과 국민의식 수준 사이에 별 관계가 없다고 생각한다. 반면 국민의식 씨 는 자녀들에 대한 사교육비 지출 경험이 있고 학벌 위주의 사회적 풍토에 서는 사교육비 문제가 사라지기 어려울 것이라고 믿는다. 그리고 사회적 신뢰가 건강하게 형성되고 부의 사회적 환원이 원활히 이루어지는 풍토 가 조성되어야 개인 국민소득도 나아질 것이라 생각한다. 공교육 씨는 국 민의식 씨의 생각이 자신과는 경험과 연륜 면에서 많은 차이가 있는 데서 연유한다고 생각했다. 그래서 국민의식 씨와 생각이 다른 것을 세대 차이 라고 받아들인다.

공교육 씨는 20대, 국민의식 씨는 50대다. 이렇게 서로 다른 생각을 인 식했을 때, 공교육 씨는 자신의 생각을 20대의 생각, 공교육 씨는 국민의식 씨의 생각을 50대의 생각으로 정리해서 국민의식 씨의 지식을 [그림 32] 와 같이 자기 지식에 추가한다.

이것은 기계적인 암기와는 다르다. 왜냐하면 자신의 생각에 50대의 생각을 '세대'를 축으로 해서 첨가한 것이기 때문이다. 이것은 잘 분류된 서가에 기준에 따라 책을 추가하는 것과 같다. 이렇게 세대 간의 생각 차이를 인식하듯이, 서로 다른 문화나 입장 차이에서 오는 생각의 차이를 인식할 수 있다면 보다 객관적 자세로 상대의 생각을 들을 수 있으며, 열린 마음으로 생각을 공유할 수 있게 된다.

지식공유

진화하는 지식생태계

인체가 가지고 있는 선들을 통합해서
나 자신의 일부로 만들어야 하는 것이다.
그래야만 내가 이해하고 있다는 것을 확신할 수 있다.

: **오귀스트 로댕**(Auguste Rodin)

저널리스트인 제럴딘 브룩스(Geraldine Brooks)는 어린 시절, 어머니의 손을
잡고 정원을 거닐면서 상상의 세계를 만끽하곤 했다. 상상 속에서 도마뱀
은 자신을 보호해주는 영웅이었고, 썩은 고목 사이에서 솟아오른 버섯은
요정이 쉬어가는 의자, 또는 개미와 같이 기어다니는 벌레들의 가로등이
었으며 형형색색의 꽃들은 무도회에 나온 아름다운 소년소녀들이었다. 이
런 자연의 신비로운 공간에 바람이 불어 꽃들이 나부끼면 상상의 공간은
한층 더 역동적이 될 것이다. 바람을 음악소리로 상상하면 꽃들이 나부끼
는 정원은 요정들의 무도회장이 된다. 동일한 정원을 거닐면서도 아이들은

동화와 같은 다양한 상상의 세계를 누빌 것이다.

그리고 나서 학교에 들어갈 나이가 되면 책에서 도마뱀을 본다. 어렸을 적 정원에서 나를 보호해주었던 바로 그 도마뱀이다. 어떤 아이들은 자기가 좋아하는 벌레를 잡아먹은 나쁜 놈이 책에 나왔다고 한다. 또 어떤 아이들은 좋아하는 공룡과 닮았기 때문에 아기 공룡 같다고 말한다. 동일한 도마뱀 사진을 보고 아이들은 제각각 다른 이미지를 떠올린다.

아이들이 이러한 상상에 빠져 있을 때 엄마가 다가와 "이런 징그러운 것을 뭘 그렇게 좋아하니?" 하고 도마뱀이 있는 책을 치워버린다면 어떨까? 아이들의 상상 세계를 들여다보지 못하는 엄마는 아이들이 생각하는 공간과 공유점이 없는 생각 속에 있다. 엄마는 도마뱀 그림을 보는 순간 더러운 것을 잡아먹고 사는 징그러운 생물이라는 단순한 '사실적'인 생각을 하고, 아이는 도마뱀의 발가락, 이빨, 꼬리 등을 세밀히 관찰하면서 먼 옛날 멸종된 공룡을 상상한다.

───• 생각공간 들여다보기

아이와 엄마가 도마뱀의 사진을 보면서 대화를 나눈다.

아이: 엄마, 도마뱀의 발가락 좀 봐. 신기하지? 어쩜 이렇게 길지? 그리고 이
　　　발톱은 꼭 닭 발톱 같지?
엄마: 얘, 이렇게 징그러운 것을 뭘 그렇게 자세히 보니?
아이: 엄마, 도마뱀 모습이 저 공룡 장난감하고 닮았어. 어쩌면 거대한 공룡

도마뱀의 일종인 갈라파고스 바다이구아나

이 작아져서 이렇게 작은 도마뱀이 된 건지도 모르잖아. 엄마는 어떻

게 생각해?

엄마: 네 말을 듣고 보니 정말 저 장난감 공룡하고 많이 닮았구나. 그래서 네

가 도마뱀을 관심 있게 보는 거구나.

아이: 엄마, 만약에 이 도마뱀의 조상이 공룡이었다면 왜 이렇게 몸이 작아진

걸까? 먹을 것이 없어서 그랬을까? 아니면 병에 걸려서 다 죽었는데 살

아남으려고 이렇게 되었을까? 엄마, 참 궁금하지?

엄마: 그래, 너의 말을 듣고 보니 궁금해지는구나. 그렇게 생각하니 도마뱀이

새롭게 보이는걸.

대화를 통해서 엄마는 아이의 생각공간을 엿볼 수 있었다. 처음에 엄마

는 아이가 도마뱀에 대해 나타내는 관심이 단순한 호기심이라고 생각했으나 대화를 하면서 아이의 생각공간이 잘 정돈되어 있고 구체적이라는 것을 확인하게 된다. 대화를 통해 엄마는 도마뱀과 관련하여 아이와 생각공간을 공유하게 된다.

그러나 여전히 엄마가 생각하는 도마뱀에 대한 생각공간은 아이의 생각공간과 많은 차이가 있다. 아이는 도마뱀이 숨을 쉴 때 몸이 어떻게 움직이는지, 머리는 어떻게 움직이고, 꼬리를 어떻게 사용하는지 등을 관찰하면서 섬세하게 마음으로 느낀다. 도마뱀이 곤충이나 벌레를 잡아먹는 모습을 보면 아이는 넋을 잃고 바라보거나 탄성을 지른다. 그렇지만 엄마에게 도마뱀은 그 자체로서의 도마뱀이다. 가만히 있을 때나 기어갈 때는 발이 땅을 어떻게 내딛는지, 꼬리는 어떻게 움직이는지에 별 관심이 없다. 다만 아이가 공룡과 관련지어 관심을 갖는 동물 정도로 생각하는 게 고작이다. 도마뱀이 먹이를 잡아먹는 것을 보아도 원래 동물들이 잡아먹는 것이 다 저렇지 하고 대수롭지 않게 생각한다.

아이: 엄마, 도마뱀이 곤충 잡아먹는 거 봤지? 어떻게 혀가 순식간에 입에서
　　　튀어나올 수 있을까? 신기하지?
엄마: 그러게.
아이: 그리고 어떻게 혀에 사마귀가 달라붙어서 꼼짝도 못하고 끌려갈까? 작
　　　은 곤충도 아닌데.
엄마: 그게 사마귀였나? 듣고 보니 참 신기하구나.

아이는 도마뱀이 사마귀를 잡아먹는 모습을 눈앞에서 보는 것처럼 생생

하게 이야기한다. 반면 엄마는 도마뱀이 잡아먹은 것이 무엇이었는지조차 생각 나지 않는다. 혀로 잡아먹었다는 기억만 있다.

아이와 엄마의 생각공간이 어떻게 변화하는지 살펴보자. 처음 두 사람 사이에는 도마뱀과 관련해 생각의 공유점이 없었다. 그러나 아이가 도마뱀을 공룡의 후손이 아닐까 하고 궁금해하는 이야기를 들으면서 엄마는 아이의 생각공간을 조금이나마 들여다볼 수 있게 된다. 그리고 아이가 도마뱀에 대해 무엇을 궁금해하는지도 어렴풋이 공감한다. 엄마는 아이가 도마뱀을 보면서 아이가 눈여겨본 것을 똑같이 포착하지는 못하지만 아이의 관심과 호기심에 대해 조금씩 더 구체적으로 공감한다. 두 사람의 생각공간은 공유 폭이 점점 확장된다.

아는 만큼 보이고, 아는 만큼 들린다. 이미 지식이 있는 상태에서 보고 듣는다는 것은 남들보다 더 발달된 현미경과 보청기가 내 안에 장치된 것과 같다. 엄마는 아이의 궁금증을 인식하면서 아이가 도마뱀에 왜 관심을 갖게 되었고 무엇을 더 알고 싶어 하는지를 아이만큼의 깊이는 아닐지라도 짐작할 수 있게 된다.

───• 지식공감 장치

물소나 얼룩말, 사슴과 같은 야생동물들은 태어나자마자 엄마를 따라 걷고 뛰어다닌다. 그리고 소리와 냄새로 자기 엄마 또는 새끼를 무리 가운데에서 구분해낸다. 수많은 물개들 사이에서 새끼를 찾아내는 물개를 보자. 물론 소리로 구분해낸다고 하지만 수많은 물개들의 소리 가운데에서 서로의 소리만 구분해내는 것을 보면 신기하다. 둘 사이에만 독특하게 형성된 소리 인식장치가 있지 않으면 불가능해 보인다. 동물들에게 서로를 인식하는 장치가 있고 이것을 이용해 의사소통을 한다면, 사람에게도 이와 유사한 장치가 머릿속에 있는 것이 아닐까?

발달심리학자들의 연구에 따르면 태어난 지 열여덟 시간밖에 안 된 어린 아이들은 마주 보는 사람의 입과 얼굴의 움직임을 따라 한다.[54] 사람의 얼굴이나 입이 무엇인지에 대한 개념이 없는 상태에서 신생아가 보이는 것을 재현해낸다는 사실을 통해 사람에게는 따라 하는 능력이 태생적으로 내재되어 있음을 확인할 수 있다고 그들은 주장한다. 신생아들이 자신의 의지와 관계없이 눈에 들어오는 대상의 움직임을 재현하는 것을 보면, 사람의 몸 안에 시각적인 자극에 따라 운동자극으로 연결되는 장치가 있을 가능성을 생각할 수 있다.

태어난 지 하루에서 닷새 사이의 아이들은 자기와 눈을 마주친 얼굴과 그렇지 않은 얼굴을 바라보는 시간에 차이가 있었다. 눈이 마주치면 본능적으로 주의를 더 기울인 것이라고 볼 수 있다. 한두 살이 되면 아이는 친숙한 사람의 행동으로부터 그 사람의 의도를 읽기 시작하고 나아가 그와 연관된 말소리를 들으면서 언어를 배운다.

아이들은 만 한 살 정도가 되면 다른 사람들의 행동을 자기 나름대로 해석한다. 다른 아이가 손가락으로 무언가를 가리키면 그것을 갖고 싶어 한다고 해석하고 그 물건을 가져다주기도 한다. 자기가 그렇게 하기 때문에 상대방도 그런 의도일 것이라고 짐작하는 것이다. 지식의 공감대라고 볼 수 있는 현상이다.

상대와의 지식공감대는 나에게 관련 지식이 있어야 가능하다. 한 번도 다쳐서 피를 흘려본 적이 없는 아이는 손가락을 다쳐 울고 있는 아이가 얼마나 아픈지를 짐작할 수가 없다. 손가락에서 피를 흘릴 때의 통증이라는 경험이 없기 때문에 손가락의 상처와 우는 것을 별개의 행동으로 인식하는 것이다. 스키나 스노보드 타는 장면을 볼 때, 실제로 그것을 타본 사람은 보는 것만으로도 속도감을 느낀다. 급경사를 내려올 때 위에서 내려다본 경사가 더 가파르게 느껴진다는 실제 경험이 있으면 긴장감을 느끼고 감탄하게 된다.

월드컵 축구 결승전에서 한 선수가 페널티킥을 하는 장면을 상상해보자. 수만 명의 관중이 숨을 죽이고 지켜본다. 긴장된 선수의 얼굴이 화면에 클로즈업되어 나타난다. TV를 보는 시청자들도 긴장된다. 그 긴장감은 선수, 관중, 시청자 모두에게 거의 동일하게 공유된다. 영화를 볼 때도 관중들은 주인공이 위기에 처했을 때의 긴장감과 배신당하는 고통을 공유한다. 주인공의 감정 속으로 깊이 빠져 들어가 사랑과 현실의 괴리 속에 함께 괴로워한다. 이처럼 감정은 쉽게 공유되는 성질을 지녔다.

지식은 어떨까? 지식이 공유되기 위해서는 공통된 지식 요소가 있어야 한다. 이러한 지식이 자연법칙에 대한 것일 때는 자연환경으로부터 지식을 얻을 수 있다. 자연으로부터 얻는 지식은 지식 형성의 근간을 이룬다. 물의 성질, 식물의 성장, 더운 공기와 찬 공기의 흐름, 벌레들의 모양과 번식 등 우리 주위에는 배울 것들이 너무나 많다. 사람들은 자연 속에서 보고 듣고 만지면서 배운다.

미국의 철학자이며 수학자인 피어스(Charles S. Peirce)는 기호학, 화학, 실험심리학, 경제학, 언어학, 과학사 등의 분야에서 활발한 활동을 했는데 "모든 지식은 경험에 근거하고 있으며, 이것은 단지 인간의 타고난 동물적 본능(animal instincts)으로부터 발전한 것이다"라고 했다.[55] 즉, 자연은 우리에게 자연스러운 지식공감대를 만들어준다. 사람은 자연이 보여주는 풍경을 보고 들려주는 소리를 들으며 퍼뜨려주는 냄새를 맡는다. 그리고 언어를 통해 자연에서 배운 것을 다른 사람들과 공유한다. 이때 전달이 순조롭게 이루어지는 이유는 우리 모두에게 자연에 대한 공통적인 지식이 있기 때문이다.

공통된 지식은 자연에서뿐 아니라 사람들로부터도 온다. 성장과정을 살펴보면 엄마와 아빠, 형제, 친척, 마을, 학교, 친구, 사회로부터 거의 동일한 것을 배운다. 어린이들은 예의범절, 언어, 교통법규 등 그 사회의 공통적인 질서를 가정과 학교에서 배운다. 따라서 성장기에 사회적으로 고립된 채 자란 아이들은 그 사회에서 '상식'으로 여겨지는 지식공감대가 제대로 갖추어질 수 없다. 이러한 지식공감대의 결손은 성인이 되어서도 원활한 인간관계나 공감대 형성에 어려움을 주는 주요한 원인이 된다.

어려서부터 주위 환경에 대한 경험이 풍부한 사람은 그만큼 세상에 대한 지식공감대의 폭이 넓다. 주위 환경으로부터 뭔가를 배우기 위해서는 보고 들은 것을 스스로 인식하고 이해하는 과정을 거친다.

자연으로부터 배우는 내용은 일관되지만 꾸준히 새로운 내용이 첨가된다. 세상은 생명체와 같아서 끊임없이 변화하기 때문이다. 100년 전의 사람이 다시 태어나 현대를 산다면 지식공감대 결손으로 인해 낯선 세상에 정상적으로 적응하기 어려울 것이다. 마당이 있고 길 건너에 강이 흐르던 곳에서 집을 짓고 살던 옛날 사람들은 지금의 아파트를 보면 갑갑해서 한 시간도 견디기 못할 것이다. 그렇지만 아무리 옛날 사람들이라도 자연에 대해서는 친숙하게 여길 것이다. 자연은 세월을 초월해서 사람에게 지식공감대를 제공해주기 때문이다.

거울신경세포 현상

축구 경기를 관람하다가 결정적인 순간, 나의 몸이 볼을 차는 선수와 같이 움직이는 경험은 누구에게나 한번쯤 있다. 손끝을 바늘로 찌르는 영상을 보고 있으면 마치 내가 바늘로 찔리는 것처럼 따끔하고 소름 끼치는 경험도 했을 것이다. 이것을 거울신경세포 효과라고 한다. 실제 상황에 있는 사람과 그 장면을 바라보는 사람의 뇌 영상을 비교해 보면 뇌의 활동이 거의 일치한다는 연구 결과들이 보고되었다. 상대의 동작을 흉내 낼 때도 뇌 활동이 거의 동일하게 이루어진다는 연구 결과도 있다. 그렇다면 남의 이야기를 듣고 동감할 때도 이야기하는 사람과 듣는 사람의 뇌 활동이 일치할까? 유사하기는 하지만, 일치할 정도는 아니다. 사람들은 동일한 이야기를 접하더라도 저마다 다른 느낌을 받는다. 설리번(Anne Sullivan) 여사는 어린 헬렌 켈러에게 '사랑'을 다음과 같이 설명하였다.

"구름으로부터 떨어지는 빗방울은 우리가 직접 만지고 느낄 수 있다. 이 비는 모든 동식물이 살아가는 데 필요한 물을 제공한다. 사랑은 구름과 같은 것이다. 내가 직접 손으로 만질 수는 없지만 그것을 가능하게 해주는 힘이 사랑이다."

그러나 사랑에 대한 개념은 달리 여러 가지 방법으로 표현할 수 있다. 목숨을 버리면서까지 친구를 구하는 사랑에서부터 고아원의 아이들을 생각하며 커피 한 잔 값을 아끼는 사랑까지 그 양상이 다양한 만큼 사랑에 대한 생각 또한 사람마다 다르다. 따라서 사랑에 대한 동일한 글을 읽는다 해도 사람들의 뇌가 동일한 영역에서 활성화되지는 않는 것이다.

태어난 지 12~21일밖에 안 된 아기가 엄마가 혀를 내밀면 따라서 혀를 내밀고, 입을 벌리면 그대로 따라서 입을 벌리는 등 보이는 대로 얼굴 표정을 짓는다는 연구 결과는 거울신경세포가 우리의 의식과 관계없이 작동한다는 증거다.[56] 그러므로 의식적으로 누군가를 닮으려고 할 때 거울신경세포의 역할이 더욱 강화되리라는 사실을 짐작할 수 있다.

대표적인 예가 연예인과 유명 인사들의 의상이 일반인들에게 미치는 영향이다. 좋아하는 연예인처럼 보이고 싶은 욕구가 있으면 거울신경세포의 강화된 활동으로 인해 몸동작과 옷차림, 장신구 등으로 그 연예인을 모방한다. 병적인 모방도 있지만, 모방은 성장과정에서 주위환경에 잘 적응하게 하는 순기능을 한다. 동물은 모방학습을 통해 먹이 잡는 법을 배운다. 사람은 가정에서 가족들 사이의 모방, 친구나 동료들의 모방을 통해 자연스러운 동화현상을 경험한다. 운동선수의 훈련과 기술 습득도 모방학습의 좋은 예다.

거울신경세포 현상은 학습에서 어떤 작용을 할까? 말로 전달할 수 없는 섬세한 몸동작을 직접 보면서 흉내를 내면 더욱 쉽게 익힐 수 있다. 대화를 나눌 때 상대방의 얼굴 표정이나 몸동작을 보면 말보다 더 많은 내용을 이해할 수 있다. 표정은 학습으로 생성되는 것이 아니다. 눈이 부시면 실눈을 뜨는 것처럼 자연스럽게 형성된다. 눈이 부셔서 실눈을 뜨는 것은 강한 빛으로부터 눈을 보호하기 위한 반사작용이지만, 감정의 표현인 얼굴표정도 신경체계의 반사적 작용 현상이라고 볼 수 있다.

언어에 의한 지식의 전달은 사람의 느낌이나 정서에 영향받지 않기 때문에 거울신경효과가 발생하지 않는다. 동일한 내용의 지식을 전달받더라도 내용과 관련된 다양한 지식매체를 연상할 수 있기 때문이다. 예컨대 덧셈을 할 때 어떤 아이는 주사위를, 어떤 아이는 과자를 연상하는 것과 같다. 그러나 사람의 감정이나 몸동작, 느낌과 같이 감각이나 신경체계의 작동에 의존하는 움직임과 표현은 경험을 통해 모방하거나 동질감을 느끼거나, 간접 경험을 할 수 있다.

다큐멘터리와 같은 기록물은 지식 전달이 목적이기 때문에 감정이입이나 자극적인 표현이 필요 없지만 영화는 어떨까? 배우가 감정 표현을 현실적이고 강렬하게 할수록 관중들은 영화에 몰입하게 된다. 이때의 숨은 일꾼들이 다름 아닌 우리의 뇌 안에 있는 거울신경세포다. 주변 사람의 하품을 따라 하는 것도 거울신경세포 활동의 일종이라는 것이 밝혀졌다.[57] 친한 사이일수록 하품도 더 잘 따라 한다는 연구 결과를 보면 친밀한 관계일수록 거울신경세포의 활동이 더 활발하게 일어나는 것으로 추정된다.

———·지식의 습득과 상상

아이가 자라나는 과정에서 엄마의 사랑이 주는 영향은 세상의 그 무엇과도 비교할 수 없다. 가장 아름다운 영어단어가 'mother'라고 하지 않는가![58] 세상 모든 사람들이 엄마의 사랑을 듬뿍 받고 자라난다면 어떨까? 그 세상은 분명히 포용과 배려가 우선시 되는 세상이 될 것이다. 성경의 지혜서인 「잠언」에 보면 이런 말이 있다. "마땅히 행할 길을 아이에게 가르치라. 그리하면 늙어도 그것을 떠나지 아니하리라(Train a child in the way he should go, and when he is old he will not turn from it)." 이 말은 "세살 버릇 여든 간다"는 우리의 속담과 상통하는 바가 있다.

아이한테 마땅히 가야 할 길을 가르치는 것은 언뜻 쉬워 보이지만 부모의 명철하고 냉정한 분별력을 요하는 일이다. 부모는 일관성을 가지고 아이를 가르치고 훈련시켜야 한다. 아이는 가르침이 몸과 마음에 익숙해질 때까지 무의식적으로 자기 방식을 고집하고 반항하기도 할 것이다. 그럼에도 마땅히 가야 할 길을 가게 하는 부모의 책임을 다하기 위해서는 상호 신뢰와 사랑에 근거해야 한다. 아이는 가장 신뢰하는 사람으로부터 옳고 그름이 무엇인지를 배우기 때문이다. 즉, 배움은 신뢰에서 시작된다.

배고플 때 먹여주고, 졸리면 노래 부르며 재워주고, 넘어져 울면 어느새 다가와 쓰다듬어주며 꼭 안아주는 엄마는 아이에게 세상에 다시 없는 믿음직스러운 존재다. 그런 엄마가 하는 말은 스펀지처럼 다 빨아들인다. 주입식 교육이 가장 효과적일 때가 이때다. 엄마가 새로운 사물에 대해 소개하거나 설명할 때 아이는 의심하지 않고 다 받아들인다. 어린아이에게는 모든 것이 새롭기 때문에 의문을 갖거나 비판적일 수가 없다.

아이들은 만져보고 입에 대보거나 두드려보면서 있는 그대로를 받아들인다. 지식형성의 초기 형태다. 마치 거미줄에 한번 붙으면 떨어지지 않는 것처럼 지식 형성이 활발하게 일어난다.

이처럼 주입식의 형태로 어느 정도 지식 흡수가 진행된 뒤에는 지식구조의 선택적 강화 또는 재구성 단계에 접어든다. 끊임없이 던지는 어린아이의 질문은 지식의 초기구조가 성숙하는 단계에서 발생한다. 이때 어린이는 세상의 모든 것이 궁금하고 모르는 것투성이다. 미취학 아동들은 하루에 100번 정도 부모한테 "왜?" 하고 묻는다는 통계도 있다.

사람은 생후 30개월에 뇌의 크기가 세 배로 자라며, 그 후 열 살까지는 뇌가 겨우 15퍼센트만 더 자라서 어른 뇌 무게의 90퍼센트에 달한다. 열한 살에서 열다섯 살 사이의 급성장 기간에는 뇌의 무게가 정점을 찍는다.

그 후에는 어느 정도의 정신적인 자극을 받느냐에 따라 거의 평생에 걸쳐 기억과 생각을 관장하는 뇌의 부분에 변화가 생길 뿐, 무게 자체는 늘어나지 않는다.

뇌의 대사활동과 성장이 놀랄 만큼 활발히 이루어지는 두 살에서 다섯 살 사이에 아이가 겪는 경험들은 상징적으로, 또 문자 그대로 아이의 일부로써 자리 잡는다. 이 시기에 아이들은 공룡 장난감, 블록 쌓기, 차 모형 수집, 구슬치기, 종이접기, 그림 그리기, 종이모형 만들기 등 다양한 종류의 장난감과 놀이를 통해 나름대로의 지식세계를 구축해 나간다.

초등학생 시기에는 뇌가 정신적·신체적·정서적·사회적 발달과 함께 성장하며, 현재의 뇌 상태를 기반으로 자연스럽게 발달을 촉진한다. 그 결과 자주 사용되는 신경회로는 더욱 강화되고, 쓰이지 않는 신경회로는 점점 퇴화한다. 뇌 신경회로의 빈익빈 부익부 현상이라고 볼 수 있다. 하버드대학의 아동발달학자인 커트 피셔(Kurt Fischer)는 뇌 영역과 신경회로 사이의 상호작용이 적자생존을 위한 경쟁만큼이나 중요하다고 보았다. 피셔가 입증한 뇌의 급성장은 다섯 살 이후에도 두 차례 오는데, 처음은 만 6~7세 사이에, 두 번째는 만 11~12세 사이에 온다. 그는 뇌의 급성장과 정신적 능력의 발달에 밀접한 관련이 있다고 보았다. 예들 들어 만 6~7세가 되면, 아이는 인형에게 성격을 부여할 수 있게 되고, 만 11~12세가 되면 정직함과 같은 도덕적 기준을 인형에 적용해서 인형의 행동보다는 의도나 계획과 같은 추상적 의인화를 적용할 수 있게 된다.

이 시점에 다시 한 번 저널리스트 제럴딘 브룩스의 어린 시절 이야기를 소개하는 것이 의미 있을 것 같다. 그녀는 자신이 유추를 잘하게 된 것이 걸음마를 시작하면서부터 어머니가 시킨 놀이 덕분이라고 말한다. 그 놀이는 브룩스의 어머니가 그녀의 머릿속에 심어준 상상놀이였다.

어머니는 정원을 산책하면서 항상 '자, 우리 정원을 살펴보러 갈까?'라고 말씀하시곤 하셨다. 우리는 여기저기를 서성거리며 나무와 돌이 말해주는 이야기를 들었다. 벽돌 위에서 햇볕을 쬐고 있는 도마뱀은 용 이야기에 나오는 영웅이었고, 썩은 나뭇가지에 톱니처럼 돋아난 버섯은 비밀의 장소로 이어지는 요정의 계단이었다. 데이지 꽃은 진달래 가운을 입은 소녀였고, 정원에 있는 모든 것들은 다른 무엇인가의 대역이었다.

브룩스는 아이들이 현실에 상응하는 또 다른 가능성의 우주를 발견하게 해야 한다고 말한다.

꽃을 사람으로 보고 버섯을 요정의 계단이라고 상상하는 어린아이들에게 장난감을 장난감이라고 생각하게끔 곧이곧대로 강요한다면 그들의 상상력이 얼마나 훼손될지 생각해보라. 브룩스는 상상력을 제한하고 자유롭게 생각할 수 있는 공간을 위축시키는 요즘 시대를 안타까워한다. "요즘의 장난감은 상상의 여지를 많이 남겨놓지 않는다. 컴퓨터 칩이 사고를 대신해준다. 캐릭터들은 이미 정해져 있고, 모든 인형에는 필수 액세서리들이 다 딸려 나온다."

스스로 하나의 세계를 만들 수 없고 그럴 필요가 없는 어린아이들은 물질이 갖고 있는 다른 가능성과 용도, 목적을 깨닫지 못한다. 어떤 사물을 볼 때 '그것이 무엇인가'가 아닌 '그것이 무엇이 될까'를 생각할 수 있을 때 비로소 우리는 사물을 전혀 새로운 관점과 방식으로 접근하고 활용할 수 있다.

어린아이들이 인형들과 놀면서 정원의 나무, 돌, 꽃, 동물들을 등장시키는 상상의 세계는 그들의 지식이 아직 미완성이고 불완전할 때 더욱 풍성하고 변화무쌍하다. 물속에 정원을 짓고 새와 물고기가 함께 날면서 노는 세상을 상상하는 것도 새와 물고기의 생물학적 차이점에 대해 자세히 모를 때라야 가능하다. 우주 공간으로 날아 올라 별들을 따다가 정원의 나뭇가지에 매다는 상상도 우주 공간을 잘 모를 때 가능한 상상이다. 성장할수록 지식이 축적되면서 어린아이들의 상상공간은 점차 줄어든다. 그 자리를 지식공간이 대체하는 것이다.

초등부 고학년에 이르러 학교 공부가 가중되고 학습내용이 복잡해지면서 어린이들의 상상공간은 점점 질식 상태에 이른다. 이 시기의 어린이나 청소년들에게 컴퓨터 게임은 만들어진 상상공간 속에서 놀게 하는 유용한 도구가 될 수 있다. 그러나 이 상상공간은 스스로 그려낸 공간이 아니라 남이 만들어놓은 공간이라는 큰 차이가 있다. 더구나 이러한 가상공간에 유혹되거나 빠져들면 남이 만들어놓은 상상공간에서 자기 고유의 상상은 발 붙일 곳이 없게 된다. 게다가 상상공간의 예속상태는 독립적인 상상력을 뿌리째 위협한다. 한창 상상력을 펼쳐야 할 아이들이 게임 속의 상상공간에 갇혀버리는 것은 게임중독이라는 정신적 장애보다도 더 무서운 지적 파괴현상이다.

찰스 시몬스(Charles Simmons)가 조각가가 되겠다고 결심한 것은 어린 시절 공작용 점토를 가지고 놀았던 일이 계기가 되었다. "어느 날 밤 나는 흙덩이의 일부를 떼어내어 근육질의 레슬러가 드러누운 모양을 만들었다. 점토를 주무르면서 내가 느낀 흥분은 이루 말할 수 없었다. 점토의 느낌, 그

것과 내가 이어져 있다는 감각, 내 손으로 뭔가를 만들어낼 수 있다는 것이 놀라울 따름이었다." 점토가 자기 몸의 일부가 된 것처럼 느꼈을 때 직접 손으로 빚어낸 형상은 그의 눈에 단순한 점토가 아니라 살아 있는 운동선수처럼 여겨졌을 것이다.

유사한 경우로 조각가 오귀스트 로댕이 있다. 그는 조각작품은 안에서 밖으로 만들어진다고 생각했다. 그는 회고록에서 "형을 뜨는 작업을 하기 위해서는 인체에 대한 완전한 '지식'이 필요함은 물론, 인체의 모든 부분에 대한 심원한 '느낌'을 가지고 있어야 한다. 말하자면, 인체가 가지고 있는 선들을 통합해서 나 자신의 일부로 만들어야 하는 것이다. 그래야만 내가 이해하고 있다는 것을 확신할 수 있다"라고 말하고 있다.

(로댕의 말을 빌자면) 시인과 화가, 발명가를 상징하는 한 벌거벗는 남자가 긴장감을 주는 자세로 바위 위에 앉아 생각에 빠져 있다. 로댕은 "작품「생각하는 사람(Le Penseur)」을 생각하는 사람으로 만드는 것은 무엇인가? 그것은 그의 머리, 찌푸린 이마, 벌어진 콧구멍, 앙다문 입술만이 아니다. 그의 팔과 등과 다리의 모든 근육, 움켜쥔 주먹, 오므린 발가락도 그가 생각에 골몰하고 있음을 나타낸다"고 쓰고 있다. 이러한 구체적인 표현은 로댕이 '생각'이라는 동작을 몸으로 느끼지 않았다면 불가능했을 것이다. 로댕이 머릿속으로 그려낸 '생각'이라는 동작은 그야말로 생각 속에 깊이 빠져들어 어떤 실마리를 풀어낼 것 같은 모습이었을 것이다. 작품의 시작부터 마무리 단계에 이르기까지 이 긴장된 모습은 로댕 그 자신의 몸 전체에서 일관되게 나타났을 것이다. 마치 제한된 시간 안에 주어진 문제를 풀어야 할 때의 긴장감처럼 말이다.

인형놀이를 하는 어린아이들이 감정이입을 하면서 착한 인형과 나쁜 인형이 서로 싸우는 놀이를 하는 것처럼, 어른이 되면 머릿속으로 구체적 모형을 만든다. 그것이 예술작품일 수도 있고, 과학적 현상일 수도 있다. 로댕의 말처럼 대상에 대한 완전한 지식과 심원한 느낌이 있을 때 우리는 대상을 자신의 일부로 느낄 수 있다. 이러한 현상은 예술이나 과학의 세계에서 공통적으로 나타난다.

자신의 일부로 느낀다는 것은 어떤 상태를 말할까? 미국의 바이올리스트 예후디 메뉴인(Yehudi Menuhin)은 연주자가 바이올린의 일부가 될 정도로 바이올리니스트 자신이 순수한 소리가 됨과 동시에 청각적 감각기관 그 자체가 되어야 한다고 말한다.

제럴딘 브룩스가 어린 시절, 엄마와 나란히 정원을 거닐면서 느꼈던 '하나가 되어 느끼는 새로운 세상', 꼬마 찰스 시몬스가 점토를 만지면서 느낀 '점토와의 일체감', 로댕이 조각작품을 통해 '생각'을 표현할 때 전신으로 느낀 긴장감, 예후디 메뉴인이 바이올린을 연주하면서 느낀 일체감, 이 모든 것의 공통점은 자신이 대상과 구별되지 않고 완전한 합일을 이룬다는 점이다.

——— 효과적인 지식의 전달

아이가 아무한테나 인사하는 것을 본 아이의 아버지가 아이한테 "아무 때나 인사하는 게 아니라 때와 장소에 따라 인사를 해야 한다"고 가르친다. 이 말을 들은 아이는 "그러면 언제, 어디에서 인사하는 거예요?" 하고 묻는다. 이때 아버지는 명확하게 설명해주기 어렵다. 잠시 생각한 끝에 다음과 같은 대답을 했다고 하자.

[대답 1] "너를 잘 아시는 분과 만났을 때 하는 거야."
[대답 2] "이웃 어른들과 네가 잘 아는 어른, 형, 누나들을 보면 먼저 인사하
는 거야."

두 대답 모두 부족한 점이 많다. [대답 1]은 인사의 대상이 어른으로 제한되어 있고 '잘 안다'는 것이 상대의 주관적 판단이기 때문이다. 아이가 이 말을 잘 이해했다고 해도 상황에 따라서는 적용하기가 애매모호할 수 있다. [대답 2]는 인사의 대상이 보다 구체적이고 아이 입장에서 이해하기 쉽다. 그러나 인사의 대상이 너무 제한적이다. 일반적으로 아이들은 이런 대답을 들으면 별 의문 없이 수긍한다. 인사 자체에 대한 의식이 명확하게 정립되어 있지 않기 때문이다. 왜 인사를 하는 건지, 인사에 어떤 의미가 있는지 등에 대한 개념이 서 있지 않은 상태에서는 어떤 수정 요구를 받더라도 아이한테는 별 차이가 없다.

오히려 아이한테 인사하는 것이 어떤 의미이고, 왜 중요한지를 차근차근 설명해주는 것이 효과적이다. 아이한테 '인사'라는 개념을 확실하게 전달하는 것이 우선이고 그 다음에 사회생활에서 인사가 왜 중요한지를 알게 해주면, 아이는 자기가 이해한 바탕에서 인사를 하게 된다. '때와 장소에 따라서 인사를 하는 것'이라는 조언은 사회생활이 아직 부족한 어린이들에게 그 의미가 제대로 전달되기 어렵다.

다음과 같은 경우를 생각할 수 있다. 아이와 아버지가 산속 길을 걷는데, 마주 오는 사람을 마주칠 때마다 아이가 "안녕하세요?" 하고 인사를 한

다. 아이의 인사에 어떤 사람들은 반갑게 받아주기도 하지만 어떤 사람들은 형식적으로 답하거나 그냥 무시하기도 한다. 이것을 본 아이의 아버지가 "아무 때나 인사하는 게 아니라 때와 장소에 따라 인사를 해야 한다"라고 가르친다. 아이는 자신이 잘못 하고 있다는 것을 알고 인사하는 것을 멈춘다. 아이는 "그럼 인사를 언제 하는 거지요?"라고 묻는다. 인사하는 '때'를 묻는 질문이다.

아이가 아버지의 가르침에 따라 인사하는 때를 의식하면서 인사를 하게 되었다고 하자. 그것이 여전히 마음에서 우러나온 자연스러운 인사일까? 아이가 처음에 생각했던 '인사'는 반가운 마음의 표현이었는데, 인사에 '격식'이라는 절차적 규범이 덧붙으면서 그 인사는 이미 '조작적 인사'의 모습으로 변질되고 그 아이에게 더 이상 자연스러운 마음의 표현이 아니게 된다.

지식을 전달할 때 자칫하면 원래의 의미를 손상시킬 수 있다. 어린이에게 인사는 단순히 마음의 표현이다. 아이들은 꽃과 나무, 동물에게도 스스럼없이 인사한다. 그러나 인사에 격식을 입히면, 그 아이가 이전처럼 꽃에게, 동물에게 반갑게 인사할 수 있을까? 반갑고 친밀한 마음의 표현이었던 인사가 이제 '때 맞춰 잘해야 하는 인사'로 변질된 것이다.

지식을 전달하고자 할 때는 전달받는 사람의 지식이 어떤 상태인지를 가늠하는 노력이 우선되어야 한다. 앞의 예에서 아버지가 아이에게 "왜 만나는 사람 모두에게 인사를 하는 거니?" 하고 먼저 물었다면, 아이가 생각하는 인사의 의미를 알 수 있었을 것이다. 내가 어떤 지식을 전달하고자 할 때는 우선 상대가 어느 정도 알고 있는지를 살핀 다음, 그 상태에 적합한 수준과 방법을 택해 전달해야 한다.

그림 34 지식 전달의 순방향 논리와 역방향 논리

어떤 사람이 x면 y가 된다는 것을 이미 알고 있을 때, 누군가 그에게 x면 어떠한 이유로 y가 된다고 설명해주어도 이때 전달하는 지식은 전혀 새로울 것이 없다. 그러나 거꾸로 y가 나왔는데 이것이 x로부터 나온 값인지 증명해보라고 한다면 답하기가 쉽지 않다. x면 y가 나온다는 것은 알고 있었지만, y가 나왔다고 해서 반드시 y값이 x로부터 기인했다고 주장할 수는 없기 때문이다. 우리가 어떤 지식을 전달할 때, 'x면 y다'라는 식의 순방향 논리형식이 필요할 때가 있고, 'y가 나왔을 때, 이 값이 반드시 x로부터 기인했을까'에 대한 물음을 거치는 역방향 논리형식이 필요할 때가 있다.

앞의 인사에 관한 예에서, 아버지가 아이에게 "인사는 아무 때나 하는 게 아니다"라고 말했을 때, 이 말은 아이에게 "인사라는 것은 무엇이지?"라는 질문과 마찬가지로 혼란을 가져온다. 아이는 인사라는 것을 행위 수준에서만 생각했지 그 의미까지 생각할 지적 수준이 아니기 때문이다. 아이는 '누군가를 만날 때 인사하는 것'이라고 배웠을 뿐, 인사를 하는 이유에 대해서는 생각해보지 않았던 것이다. 아이가 성장하면 비로소 "인사를 왜 하는 거지?" 하고 자문할 때가 있을 것이다. 인사의 본질적인 의미에 대한 고민은 이때 자연스럽게 하게 된다.

플래시먼–힐러드(Fleishman-Hillard)의 데이브 시네이(Dave Senay) 회장은

커뮤니케이션의 가장 중요한 원칙은 상대방이 이해할 수 있도록 정보를 전달하는 것이라고 말한다. 상대방을 이해시키는 것은 전달자의 지식 단면이 상대방에게 거의 동일하게 구축되도록 하는 것이다.

이렇게 하기 위해서는 우선 상대방에게 지식 단면이 형성될 기반이 준비되어 있는지를 확인해야 한다. 상대방이 준비가 되어 있다면, 지식 단면을 생성하기 위해 어디서부터 시작해야 할지를 고려해야 한다. 지식 단면에 포함될 지식요소들 가운데 어떤 지식요소들에 대해서 상대가 친숙하게 받아들일지를 확인하면 된다. 그 다음에는 확인된 지식요소들로부터 접점을 찾고 거기에서 시작해 지식을 전달하는 것이다. 일종의 맞춤식 상품 제작과 유사한 방식이다.

의사소통 중간중간에 상대방이 대화의 어느 지점에 도달해 있는지를 확인하는 것도 매우 중요한 절차다. 이것은 상대방의 지식 단면이 어디까지 생성되었는지를 확인하는 작업이다. 이러한 확인 과정을 거치지 않는다면 의사소통은 과녁 없는 활쏘기와 다를 바 없다. 화살이 과녁에 맞았는지, 빗맞았다면 다음번 화살은 어떻게 수정해서 쏴야 하는지를 점검해야 하는 것과 같다.

이런 맥락에서 의사소통의 효과적인 방법은 상대가 대화 내용과 관련해 어떤 지식상태인지를 파악해야 한다. 본론을 말한 뒤 상대에게 질문을 하게 하면 상대방의 지식 단면이 한결 수월하게 생성될 수 있다. 본론 내용을 어느 정도 숙지했느냐에 따라 질문 내용과 질이 달라지기 때문에, 전달자 입장에서는 의도하는 지식 전달에 필요한 접근방법을 효과적으로 찾을 수 있다. 중요한 것은 서로 지식의 공유점을 찾아내고 거기에서부터 지식의 공감대를 넓혀가는 것이다.

지식공감대와 지식생태계

많은 사람들에게 지식공감대를 동시다발적으로 형성하는 가장 효과적인 수단은 대중매체다. 요즘에는 개인 대 개인(P2P)의 정보교류 기술이 발달했기 때문에 경우에 따라 파급효과는 P2P 교류망이 더 클 수 있다. P2P는 상호신뢰에 바탕을 두고 있을 가능성이 높기 때문이다.

지식공감대가 많은 집단 A와 상대적으로 적은 집단 B는 진화하는 양상이 어떻게 다를까? 우선 집단 A는 내부적으로 지식의 교류가 쉽게 이루어지므로 구성원 간의 지식공감대가 더 넓어진다. 그리고 구성원 간의 공감대가 많은 분야에 지식교류 내용이 집중되기 쉽다. 만약 지식공감 영역이 다양한 분야에 걸쳐 있다면 교류하는 사람들 사이의 지식 확대가 다르게 발전할 것이다. 이것은 집단 차원에서 보면 전체적 지식공감대가 감소하는 것처럼 보이지만 부분적 공감대의 발전을 통해 집단적으로 지식공감대의 확산이 촉진될 수 있다.

집단 B의 경우를 보자. 공감대가 별로 없기 때문에 적극적으로 나서서 지식공감대를 형성하는 사람이 그 집단의 공통지식 형성을 주도하게 된다. 물론 구성원들 간의 적대감이나 편견이 없다고 가정할 때다. 어느 정도 지식공감대가 형성이 되면 이때부터 사람들 사이에 지식이 효과적으로 교류될 수 있다. 그러나 집단 B는 특정인의 주도에 의한 공감 지식에서 시작되었다는 점에서 집단 A와 근본적인 차이가 있다. 집단 A는 자생적 지식공유이고 B는 수동적 지식공유다. 따라서 집단 B에서는 공유된 지식과 관련한 교류가 자발적으로 확대될 정도는 아니다. 구성원 다수가 그 지식을 충분히 이해하고 각자의 지식으로 확신할 때까지는 수동적인 교류에 머물 수밖에 없다. 이때 주도적인 사람이 권위적이거나 위협적이라면 구성원들의 의견 제시는 한층 수동적일 수밖에 없다.

행동경제학의 창시자 대니얼 카너먼에 의하면 인간은 세부조항에 신경을 쓴다고 해도 감정의 지배를 받기 때문에 위험을 회피하기 위해서 종종 비합리적인 결정을 한다. 결국 사람은 위험 회피 쪽에 더 비중을 두기 때문에 합리적인 행동을 하기 어렵다는 것이다. 특히 집단행동에서는 과격하거나 비합리적인 행동이 종종 드러나는데, 이것도 카너먼의 시각에서 보면 다른 사람과 같이 행동함으로써 위험을 회피하려는 인간의 잠재적 본능 때문이다. 이성적이고 지성적인 생각이 위험 회피라는 감정에 지배를 받을 수 있다는 것이다. 따라서 집단회의에서 나온 결론이나 제안은 어떤 과정을 거쳐 나왔는지 타당하고 합리적인 생각인지 확인할 필요가 있다.

자발적 지식 교류가 이루어지는 사회에서는 공유된 지식이 이미 수많은 관련 지식의 일부일 것이다. 따라서 집단 A에서는 지식의 교류가 각 구성원의 지식으로 발전하기가 수월하다. 즉 자생적 지식공감대는 이미 관련된 지식분야로의 확산이 준비된 상태라 볼 수 있다.

미국 펜실베니아대학 와튼스쿨의 크리스티안 터비쉬(Christian Terwiesch), 칼 울리히(Karl Ulrich) 교수는 회의 시작 전 10분간 회의 안건에 대해 생각할 시간을 준 다음에 20분간 회의를 하는 편이 곧장 30분간 회의하는 편보다 세 배 정도 아이디어가 많이 나왔고 발상의 수준도 30퍼센트 정도 실효성 있다는 실험 결과를 발표했다. 이 발견은 무엇을 의미할까?

회의 안건이 제시된 뒤 바로 의견을 제시하라고 하면 처음 제시된 의견에 발상 자체가 쏠릴 위험이 있다. 이것은 집단사고에서 특히 자주 발생하는 문제점인데, 목소리 큰 사람이 초반에 장황하게 의견을 내놓으면 찬성하건 반대하건 그 의견에 영향을 받게 되어 있다. 즉 집단 B 현상이다. 그러나 사전에 안건에 대해 스스로 충분히 생각을 한 사람은 남의 의견에 대한 판단의 기준이 나에게 있기 때문에 사고의 쏠림현상이 억제됨과 동시에 공유된 생각을 바탕으로 의견을 제시하는 등 새로운 발상을 자극할 수 있다.

인터넷상에서의 지식공유를 생각해보자. 2003년, 스무 살이 채 안 된 청년 매트 뮬렌웨그(Matt Mullenweg)는 콘텐츠 관리시스템인 '워드프레스(Wordpress)'를 개발해 프로그램 원본을 무료로 공개했는데, 이는 수많은 사람들이 개발에 참여하는 하나의 생태계(eco-system)를 형성했다. 이들 중 핵심적인 프로그램 개발에 참여하는 사람은 수백 명에 불과하고 99퍼센트의 사람들은 개발된 프로그램을 시험하고 문제점을 보고하는 일에 참여한다. 이러한 자연스러운 생태계의 산물로 훌륭한 프로그램들이 널리 공유되는 것이다. 물론 이러한 발전이 있기까지 핵심 프로그램 개발자들이 각종 문의와 의견을 성실히 검토하면서 프로그램을 개선해왔다. 수만 명의 인터넷 사용자들이 워드프레스를 사용해 콘텐츠를 관리하면서 워드프레스라는 도구와 관련된 지식의 공유가 자연스럽게 확산된 것이다. 수만 명의 집단 안에서 이 도구의 기능을 지식화하고 의견과 질문의 교류를 활성화시키는 사이 계속해서 진화할 수 있는 환경이 형성될 수 있었다. 핵심집단은 끊임없이 관찰하고 개선 방향을 논의하고 서비스를 관리함으로써 지식생태계가 뿌리 내리게 하는 역할을 했다.

워드프레스 지식생태계는 처음에 집단 B와 유사한 방식으로 형성되었다. 그러나 집단 구성원들이 워드프레스의 필요성을 느끼고 자발적으로 참여했다는 점에서 일반적인 집단 B와는 다르다. 구성원들이 자발적으로 제시한 의견과 문제점을 적극 해결하고 반영해가는 과정에 하나의 지식생태계로서 뿌리내리게 된 것이다. 새로운 기술을 중심으로 하나의 생태계가 형성되기 위해서는 기술을 사용하고자 하는 자발적 참여자가 있어야 하고, 지식공유자 사이에 지식교류가 활발히 일어날 수 있도록 지식개발자의 서비스가 뒷받침되어야 한다는 것을 보여주는 사례다.

집단 속의 나는 누구인가

기업의 대표이사가 전 임직원들 앞에서 연설을 한다. "앞으로 우리 회사의 모든 사원들이 간부라는 마음가짐으로 업무에 임하길 바란다." 이 말은 신입사원에서부터 최고위직 임원에 이르기까지 책임감을 갖고 일해줄 것을 당부하는 말이다. 그러나 이러한 포괄적 의미는 각자가 처한 상황에 따라 다양하게 해석될 수밖에 없다. 신입사원들에게는 보다 적극적인 업무태도를 의미할 수 있고, 중견사원에게는 기존의 수직적 업무관계를 탈피해 수평적 업무관계를 지시하는 의미일 수 있으며, 부장급 이상 간부들은 지시하고 보고받는 관료적 사고에서 벗어나라는 의미일 수 있고, 이사급 이상 임원들은 피라미드식 의견수렴의 한계를 극복하라는 의미로 받아들일 수 있다. 이처럼 각자가 받아들이는 의미가 다르기 때문에 업무현장에서의 분위기는 전혀 예상치 못한 방향으로 변화될 수 있다.

신입사원들은 직속상관뿐 아니라 관련된 부서나 동료에게 직접 의견을 개진해도 된다고 생각할 것이고, 중간 관리자들은 윗사람들의 눈치를 보기보다는 신입사원들과 의견교환을 통해 참신한 아이디어를 개발하면서,

아이디어 실현을 위한 적극적인 지원을 요구할 수 있겠다고 생각할 수 있다. 그런데 부장급 이상 간부들에게는 상황이 애매할 수 있다. 갑자기 신입사원들과 접촉을 갖자니 중간 관리사원들 눈치가 보이고 그렇다고 중간 관리자들의 영역을 하루아침에 대신할 수도 없다. 그렇다고 고위 임원들과 상의한다고 나섰다가 별것 아닌 이야기를 한다고 오히려 역효과가 날까 봐 걱정스럽다.

이처럼 사장의 포괄적인 선언이 미치는 영향은 위치(직급)와 역할에 따라 다양하게 해석된다. 개인 입장에서 보면, 자신이 업무상 어디에 위치하고 어떤 임무를 어느 선까지 성취해야 하는지, 자신의 세부목표를 명확하게 설정하면 도움이 된다.

가장 바람직한 것은 세부목표를 스스로 찾는 것이다. 이때 개인의 목표는 이윤창출이라는 회사의 목표와 부합되어야 한다. 중요한 것은 사원의 관점에서 '무엇을 어떻게(W&H)'를 찾기 위해 질문을 하는 것이다. 10여 년전 토요타(Toyota)자동차의 최고책임자가 회사의 생산성 향상을 위해 자유로운 제안을 요구한 적이 있다. 이에 대한 직원들의 반응은 신통치 않았다. 그러자 최고책임자는 그렇다면 사원들의 입장에서 어떻게 하면 일을 더쉽게, 더 효율적으로 할 수 있을지 제안해줄 것을 요청했다. 그러자 기다렸다는 듯 다양한 발상들이 쏟아져 나왔다. 누구의 입장에서 의사를 전달하는가에 따라 듣는 사람의 생각이 다르게 표출되는 좋은 예라고 볼 수 있다.

훌륭한 지도력은 사원들이 자발적으로 참여할 수 있는 여건을 만드는데 있다. 보스(boss)학의 세계적 권위자인 린다 힐(Linda A. Hill) 하버드대학교수는 책임자와 부하직원 간의 감정의 공유가 이러한 여건을 만드는 핵심 요소라고 주장한다. 부하직원들과 의사소통이 잘 이루어지기 위해서는 상호간 감정이 공유되어야 한다. 감정이 공유되고 상호 신뢰감이 있을 때 사원들은 자발적으로 자신의 역할을 제안할 수 있게 되고 그에 대해 서로 의견을 나누고 싶을 것이다. 이런 감정의 공유가 어려우면 업무적 인간관계에도 한계가 있다. 특히 교수, 법조인, 의사, 기자와 같이 전문 직종에서 일하는 사람들일수록 감정공유의 필요성을 못 느끼기 때문에 좋은 상사가 되기 어렵다고 한다.

안무가의 역할은 무용단을 지휘하는 것이다. 세계적 크로스오버 안무가 트와일라 타프(Twyla Tharp)는 '무용단이 아니라 무용수 개인을 지도하는 것이 무용가의 역할'이라고 강조한다. 한 사람, 한 사람의 협력이 하나의 결과물로 관객의 눈에 보이는 것일 뿐이기 때문에 안무가는 무용수 개개인의 특징을 관찰해야 한다. 그러면 그들이 자기에게 주어진 역할을 잘 이해하고 스스로 협력한다는 것이다. 타프는 적게는 수 명, 많게는 수백 명의 스태프와 일하는데, 항상 스태프들을 유심히 관찰하기 때문에 열량의 3분의 1이 눈을 통해 소모되는 것을 실감한다고 한다. 연습과정을 한 명, 한 명 온종일 지켜보다 보면 그들의 이름, 버릇, 습관, 어휘, 생각, 소망까지 알게 된다고 한다. 누구를 앞줄에 세우고 누구를 뒷줄에 세울지, 누가 춤을 사랑해서 춤을 추고, 누가 돈을 벌기 위해 춤을 추는지가 환히 보인다는 것이다.

그녀는 영화 「헤어(Hair)」, 「아마데우스(Amadeus)」를 함께 만든 감독 밀로스 포먼(Milos Forman)으로부터 정밀한 의사소통이 조직력에 절대적인 역할을 한다는 사실을 배웠다고 말한다. "나는 화가 치밀어 오르면 벽을 치곤 했어요. 하지만 포먼은 화가 나면 숙소에 들어가 잠을 청했지요. 그는 소리를 지르는 법이 없었어요. 스태프들에게 동기를 부여하고 스스로 노력할 수 있도록 기회를 주려면 소리를 내선 안 된다고 했지요. 그러면서 친밀감을 표현하는 데 인색하지 않았어요. 악수하고, 쓰다듬고, 쿡쿡 찌르고…. 그들은 '힘내, 난 네 편이야'라는 귓속말을 듣는 기분이었을 거예요. 목줄을 쥔 거장에게서."

타프는 협력이 일종의 특권이라는 신념을 갖고 있다. "좋은 협력은 상생입니다. 자신이 가진 것 이상을 획득할 기회인 셈이죠. 진심으로 협력해본 사람은 가치를 알아요. 중요한 것은 '내가 누구냐'가 아니라 '다른 사람과 함께 있는 내가 누구냐'는 것이지요."

그녀의 말에서 '다른 사람과 함께 있는 나'에 주목해보자. '나'라는 존재는 누구와 함께 있는가에 따라 가치가 달라진다. 누구와 함께 있는가에 따라 공유하는 지식이 달라지고, 나의 역할이 바뀐다. 누구와 무엇을 하는가에 따라서 나의 역할을 수행하는 데 필요한 지식을 다른 구성원들과 적절히 공유해야 한다. 직장에서 부서 책임자이지만, 봉사단체에서는 도우미이고, 합창단에서는 베이스를 맡았다면, 각 집단에서 맡은 역할에 합당한 지식을 동료와 공유하는 것이 가장 이상적인 지식공유다. 봉사단체에서 도우미를 맡았는데 책임자 역할을 하려고 하면 나는 그 집단에서 요구하는 지식공유가 제대로 안된 사람이다.

——— 수평적 지식공유

인텔(Intel)의 역사는 크게 세 시기로 구분된다. '메모리 반도체 기업 (1968~1985년)', '마이크로프로세서 기업(1985~1998년)', 그리고 '인터넷 기반 구축 기업(1998년 이후)'이다. 주력 제품이 메모리 반도체, 마이크로프로세서, 인터넷 관련 각종 반도체 부품 및 완제품으로 바뀌어온 셈이다.

각 시대는 각 CEO의 임기와도 거의 맞물린다. 첫 번째 시기는 고든 무어(Gordon Earle Moore)(1968~1987년), 두 번째 시기는 앤디 그로브(Andy Grove) (1987~1998년), 세 번째 시기는 크레이그 배럿(Craig R. Barrett) (1998~ 2005년)과 폴 오텔리니(Paul Otellini)(2005년~2013년 현재)의 CEO 재임 시기와 거의 들어맞는다. 그렇게 한 시대가 바뀔 때마다 인텔은 사업구조 자체를 탈바꿈시켜왔다.

이런 격변에 대처하는 인텔의 리더십은 독특하다. 다른 기업과 달리 최고경영자뿐 아니라 중간관리자를 비롯한 직원들의 의사를 대폭 반영하기 때문이다. 이른바 '수평적 지식공유 문화'다. 1980년대 중반, 인텔이 메모리 반도체 사업 퇴출을 고민할 때 당시 CEO였던 고든 무어는 망설였다. 한 고위 간부는 "인텔에서 DRAM을 포기하는 것은 포드사가 차를 포기하는 것과 같다"고 말할 정도였다. 고위 경영자들이 결정을 내리지 못하자, 일부 중간관리자들이 스스로 움직였다. 공장 관계자들은 점차적으로 DRAM 대신 마이크로프로세서의 생산 비중을 늘렸다. 사내 자원 관리자들도 DRAM 생산에 대한 자원 배분을 뒤로 미뤘다. 이들은 인텔의 기존 사업방식에 이의를 제기하고, 이윤이 상대적으로 높은 마이크로프로세서 기업으로 회사를 '운전'해갔다.

로버트 버겔만(Robert Burgelman) 스탠포드대학 경영대학원 교수는 "인텔이 공개적 토론과 지식의 힘을 직위로 억누르지 않는다는 원칙을 견지했기 때문에 가능했던 변화"라고 분석했다. 폴 오텔리니는 개방적이고 평등을 중시하는 문화를 인텔의 근본 저력으로 꼽았다. "인텔은 수평적 문

화를 통해 스스로 문제점을 찾아내고 더 강해지는 특성을 지녔다"는 것이다.[59]

위의 사례에서 몇 가지 핵심어를 볼 수 있다. 수평적 문화, 지식의 힘, 공개적 토론, 의사의 대폭 반영 등이 그것이다. '수평적 문화'에 대비되는 개념은 '수직적 문화', '지식의 힘'에 대비 개념은 '직위의 힘', '공개적 토론'의 상대적 개념은 '일방적 지시', '의사 대폭 반영'에 대한 대비적 현상은 '의사 선택적 반영'이다.

대비되는 개념들을 보면 전자는 다양성과 개별적 수용 성향이고 후자는 획일성과 집단적 관리 성향이라고 볼 수 있다. 이러한 문화적 환경은 초원의 풍경처럼 상호 인과적 효과가 어우러진 모습이다. 들꽃에 나비와 벌이 날아오고 그로 인해 꽃들이 번식하고 더 많은 벌레들이 모여들고, 벌레를 잡아먹기 위해 새들이 날아오고 이때 새들은 멀리 떨어진 곳에 있는 나무의 씨앗을 물고 와 떨어뜨린다. 점차 다양한 나무들이 자라나고 더 많은 새들과 동물들이 모여들게 된다. 땅속은 온갖 벌레들로 풍성해지고 땅 위에는 풀과 꽃, 나무들이 우거진다. 환경에 더 적합한 것들이 더 잘 자라게 되고 독특한 풍경이 형성된다. 누가 관리하거나 통제하지 않아도 최상의 생태계가 형성되며 생물들이 더 잘살 수 있게 된다. 처음에는 작은 들꽃 한 송이로 시작해 울창한 숲이 만들어지는 이러한 변화야말로 생존 질서에 따라 움직이는 생태계의 오묘함이다.

사람들의 집단도 유사하다. 중심이 되는 인물을 둘러싸고 사람들이 하나둘 모여들고, 모여든 사람들 사이에 교류가 이루어지면서 정보와 지식의 축적이 다양하게 이루어진다. 다음은 생각과 경험이 조금씩 다른 사람들이 모여 이야기할 때 비롯되는 생각의 파생을 살펴보는 사례다.

제자가 오랜만에 스승을 찾아와 대화를 나눈다.

제자: 선생님, 직장생활을 재미있게 잘하고 있습니다. 일에 대한 보람도 있고요.

스승: 어떤 업무를 하고 있지?

제자: 해외 자원 확보를 위한 전략을 짜는 일을 하고 있습니다.

스승: 매우 중요한 일이군. 고도의 정보와 세밀한 분석이 필요한 일이겠네.

제자: 예, 그래서 부담이 많이 됩니다. 부서에서 저의 능력을 과신하는 것 같은 느낌도 들고요.

스승: 어떻게 보면 행복한 부담이기도 하네. 실제 프로젝트는 어떻게 진행하고 있는가?

제자: 부장님은 저더러 주도적으로 프로젝트를 맡으라고 하십니다. 그런데 막막합니다. 제 힘으로 어떻게 이끌어가야 할지….

스승: 국내에 자원에 관한 정보를 주로 다루는 전문기관이 없는가? 전문기관의 도움을 받으면 수월할 것 같은데.

제자: 안 그래도 몇 군데 알아봤습니다만, 얼마나 전문성이 있는지는 확신이 없습니다.

스승: 좀 더 구체적으로 알아봐야겠네. 딱 적합한 곳은 아닐지라도 연관성이 있는 기관이라면 도움이 되지 않겠나? 그런데 그 자원이라는 것이 어떤 목적의 자원인가에 따라서 유관 기관의 성격이 달라질 걸세.

제자: 국가 전략산업을 위한 자원입니다.

스승: 꽤 자원의 선택 폭이 넓어 보이는군. 자네 혼자 감당하기에는 만만치 않은 전문성이 요구되는 프로젝트인 것 같네. 일단 협력받을 수 있는 기관을 찾고 자문을 받아보는 것이 좋다고 생각하네.

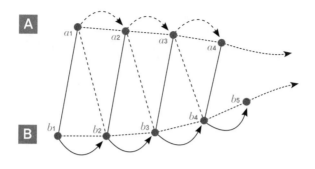

그림 35 A와 B가 대화하면서 생각이 진화하는 과정을 상징적으로 나타낸 그림

제자: 저도 그 방법이 효과적이라고 생각합니다. 부장님과 상의한 뒤 다시 찾 아뵙겠습니다.

위 대화를 보면 제자는 스승을 찾아와 별다른 생각 없이 자신의 근황을 이야기하다가 현재의 부담스러운 상황을 털어놓게 된다. 그러다 자신의 정 신적 부담을 덜면서 보다 효과적으로 일을 수행할 수 있는 실마리를 찾고 그 방법에 관한 생각을 발전시켰다. 대화가 진행되는 과정에 생각의 단면 들이 '신상 문제'에서 '문제 해결방안'의 모색으로 변화하였다. 상대가 던 져주는 자료가 나에게 새로운 생각을 유발시키는 단초가 되고, 이것이 반 복되면서 생각이 진화하는 것이다.

[그림 35]는 A, B 두 사람이 대화하는 과정을 상징적으로 나타낸 것인데, A가 먼저 대화를 시작하고 서로 번갈아가며 이야기를 나누는 모습이다. 서 로 상대의 말을 들으면서 생각이 A는 처음에 a_1에서 시작해서 B로부터 b_1 이라는 생각을 들은 다음 a_2라는 생각의 단면을 얻는다. 그 다음 B로부터 b_2라는 생각을 듣고 a_3라는 생각의 단면을 얻는다. 이런 식으로 대화를 지

속할수록 A에게는 새로운 생각의 단면이 생성된다. 같은 현상이 B에게도 발생해서 A로부터 a_1이라는 생각을 듣고 난 뒤 b_1이라는 생각의 단면을 얻고 이런 현상이 대화를 하면서 계속 반복된다. 나중에 A, B 두 사람의 생각은 일치할 수도 있고 아닐 수도 있다. 일치 여부는 사실상 중요하지 않다.

여러 명이 대화를 나눌 때는 [그림 35]의 현상이 여러 사람들 사이에서 동시에 발생하기 때문에 훨씬 더 많은 생각의 단면들이 생성되고, 그만큼 다양한 생각들이 공유될 수 있다. 대화는 공통된 하나의 생각으로 모아질 수도 있고 여러 가지 생각으로 마무리될 수도 있다. 문제 해결방안을 찾기 위한 대화였다면 하나의 해결방안으로 결론이 날 수도 있고, 의견의 차이만 확인하고 끝나는 경우도 많다. 예컨대 딸이 아버지와 남자친구에 대해 이야기를 나눈다고 하자. 두 사람의 관점은 서로 다르기 때문에 남자친구에 대한 평가도 각각 다르다. 이때 남자친구에 대한 아버지의 평가는 딸에게 새로운 생각의 단면을 제공해주기도 하고, 아버지의 관점을 더 분명히 확인시켜주기도 한다.

한 사람(A)의 지식이 다른 사람(B)의 지식을 포함하는 경우에도 쌍방 간에 새로운 생각의 단면이 생성된다. B는 물론이고, A 역시 B의 생각을 파악하는 과정에서 새로운 생각이 생성된다. 그러면 새로운 생각이 생성되지 않는 경우는 어떤 상황일까? 남의 말을 듣는 도중 딴생각을 하거나, 나의 생각을 상대에게 주입하려는 의도가 앞설 경우, 상대가 뭐라 하건 나의 생각이 옳다고 확신하는 경우 등이 있다. 이것은 수평적인 지식공유와는 정반대의 상황이다. 수평적인 지식공유는 수평적인 대화의 자세에서 시작되는데, 상대로부터 배우겠다는 자세가 없으면 투영이 아예 안 되거나 왜곡되어 나타나기 때문에 수평적인 대화가 성립하기 어렵다.

───• 수평적 문화와 지식 확장

수평적 문화는 문자 그대로 인위적 제제나 규범적 형식이 없는 인간관계를 말한다. 권위적인 틀이나 선도적 지식의 제약이 없는 상태다. 낙엽을 쓰레기로 보는 환경미화원과 그것을 낭만적인 가을풍경으로 보는 사람은 이해관계가 서로 상반되는 입장이다. 그러나 수평적인 문화에서는 낙엽을 쓸어버릴 것인가 쓸지 말아야 할 것인가를 논하는 것이 아니라, 낙엽이 주는 낭만이 사라지는 것을 아쉬워하는 마음과 그것을 치워야 하는 미안한 마음을 나누는 상태다. 다시 말해 수평적 문화는 주어진 대상 자체에 대한 일차적인 해석이 아니라 그 대상이 어떤 의미를 갖고 어떤 관계로 이어지는지를 관찰하는 사람들의 감정적 교류 상태를 의미한다. 따라서 수평적 문화에서는 소통의 장벽이 없고 무수한 관계의 경험과 창출이 가능하다. 낙엽을 아쉬워하는 사람은 오래 지속되지 못할 가을풍경을 사진으로 남기는 마음의 여유를 가질 수 있고, 그러한 여유의 창출은 다시 새로운 문화적 공간을 창출하게 된다. 이러한 환경에서 지식의 번식과 창출은 자연스러운 결과이자 진행형이다.

인텔의 사례에서 볼 수 있는 또 하나의 지식공유 수단으로 공개토론이 있다. 공개토론은 답이 없는 상태에서 문제를 제기하고 그 자리에서 반대와 찬성, 수정제안이 나선형으로 진행되는 방식의 토론이다. 어떤 의견에 대해 찬성과 반대 의견을 내놓고 각각의 문제점을 제시하는 것은 그 자체로 지식진화 내지는 지식확장을 하는 과정이다.

예를 들어 국회에서 3자녀 이상 가정에 대하여 주거 구입시 혜택을 주는 방안에 대해 공개토론을 한다고 하자. 찬성하는 쪽은 인구증가 기여, 자녀교육 부담경감 등을 이유로, 반대하는 쪽은 부득이하게 자녀를 낳지 못하는 가정에 대한 상대적 불이익, 인구증가에 대한 불안감 등의 이유로 주장을 펼칠 수 있다. 양쪽 입장은 3자녀 이상 가구를 바라보는 시각이 다르다. 인구증가 현상을 긍정적으로 보는 사람과 부정적으로 보는 사람은 지식 단면에 그만큼 차이가 발생한다. 상반되는 의견은 관련 지식의 단면이 확장될 기회를 제공한다. 확장과 동시에 수정이 이루어질 수 있다. 그러면서 발전적인 수정제안이 나올 수 있다. 이러한 지식 수정의 역동성은 대화와 토론의 중요한 활력소가 된다.

누군가에게서 무언가를 배웠다고 할 때 나는 지식전달자의 지식공간 안으로 들어가 있는 상태다. 또한 남에게 A라는 지식을 전달했고 그 사람이 완전히 이해했다고 한다면 그 말은 상대방이 A라는 지식에 해당되는 나의 지식공간 안에 들어와 있는 것과 같다. 지식을 전달할 때, 전달받는 사람이 질문을 한다는 것은 전달하는 사람의 지식공간으로 순조롭게 들어가고 있다는 신호이기도 하다.

잘 배우기 위해서는 잘 들어야 한다. 잘 듣는다는 것은 상대의 말을 나의 관련 지식에 투영시킨다는 것을 의미한다. 새로운 지식을 접하면서 관련 지식에 올바르게 투영하기 위해서는 집중해서 들어야 한다. 조립식 건물을 지을 때 건물의 구조물을 적재적소에 연결하는 것과 같다. 접합되는 부분에 조금의 틈도 생기지 않도록 잘 연결시켜야 한다. 이렇게 잘 연결된 새로운 지식은 확장된 지식구조로 발전할 수 있고, 생각공간을 그만큼 풍부하게 펼칠 수 있는 바탕이 된다.

지식의 진화

생각공간을 넓히는 방법

다윈은 끊임없이 자기가 기록한 것을 읽고 또 읽었다.
그럴 때마다 새로운 의미를 발견하곤 하였다.
그의 새로운 생각은 마치 현재시제로 생각하는 뇌와
이전에 관찰했던 과거시제 기록 사이의 이중창 화음처럼 떠올랐다.

: **스티브 존슨**(Steve Johnson)[60]

파스칼(Blaise Pascal)은 인간을 생각하는 갈대에 비유했다. 인간이 다른 동물과 구별되는 특징은 말과 글을 사용하는 것인데, 말과 글은 생각을 전달하는 매우 독특한 도구다. 생각을 표현하기 위해 얼굴 표정, 그림, 몸짓을 이용할 수 있지만 언어만큼 정교한 도구를 찾기는 어렵다.

생각은 그 표현방법이 발달하고 정교해질수록 그리고 지식이 구체적이고 체험적일수록 더 정확하게 표현된다. 영상물이나 인쇄물을 통해 많은 사람들에게 전달되기도 한다. 전달 과정에서 사람들의 관심을 끌기 위해 다양한 강조 방법을 동원하기도 하고, 내용의 이해를 돕기 위해 쉽고 재미

있는 예를 들기도 하고, 청중의 지적인 수준을 고려해서 비유적인 방법을 사용하기도 한다. 잘 전달되고 있는지를 확인하기 위해 중간중간에 질문을 하거나 질문 시간을 갖는 것도 전달의 효과를 높이는 방법이다.

———•컴퓨터처럼 지식을 입력할 수 있다면

공상과학 영화에나 나올 법한 가상적인 방법을 생각해보자. 지식전달자가 전하고자 하는 내용을 생각하게 해서 그것을 생각하는 동안 뇌를 촬영한다. 이 촬영결과를 컴퓨터로 변환시켜 저장해놓았다가 다른 사람의 뇌에 그대로 입력시킨다. 그러면 특정 분야의 전문적인 지식을 공부하기 위해 몇 년 동안 고생할 필요 없이 두뇌에 입력받으면 그만이다. 원하기만 하면 어떤 지식이라도 가질 수 있다. 아인슈타인의 상대성이론을 알고 싶으면 가상의 아인슈타인으로부터 받은 지식을 저장해놓았다가 컴퓨터를 통해 그 지식을 입력받으면 된다. 나는 다만 지식을 입력해주는 기계 안에 잠시 있으면 된다. 이러한 지식 입력을 동시에 수백 명에게 할 수도 있을 것이다. 그러면 수백 명, 수천 명의 사람들이 모두 상대성이론의 전문가가 된다. 복잡한 수학과 물리학의 이론들을 힘들게 공부할 필요가 없이 말이다. 물론 지적 능력이 태생적으로 부족한 사람들에게는 입력불가 판정이 나오는 경우도 있을 수 있다.

이렇게 지식이라는 것을 컴퓨터로 입력받을 수 있다면 세상은 전혀 다른 모습이 될 것이다. 고등학생들은 별도로 시험공부를 할 필요 없이 실컷 놀다가 시험에 나오는 지식을 뇌에 직접 입력받으면 된다. 모든 학생들이 동일한 점수를 받을 것이다. 대학에서는 지식이 아닌 다른 요소를 기준으로 학생을 선발해야 할 것이다. 회사에서는 우수 인재를 뽑기 위해 고민할 필요 없이 지능이 일정 수준 이상인 사람을 데려다 필요한 업무 지식을 컴퓨터로 입력시키면 그만이다.

이러한 공상과학 속에서의 지식은 적어도 컴퓨터로 전달 가능한 상태다. 컴퓨터로 전달 가능하다는 말은 우리의 뇌가 컴퓨터와 상호 자료교환이 가능하다는 뜻이고, 이것은 우리의 뇌가 컴퓨터와 유사한 속성이 있음을 내포한다. 즉 정보를 저장하고 필요할 때 꺼내 사용할 수 있는 기능적인 면에서의 유사성이 전제된다.

이런 기능 면에서 보면 컴퓨터는 사람의 생각을 모방하거나 때로 사람의 생각을 능가할 수 있다. 그 단적인 증거로 1997년 5월에 있었던 체스대회에서 IBM이 개발한 컴퓨터 딥블루(Deep Blue)가 세계 챔피언인 카스파로프(Garry Kasparov)를 6전 2승 3무 1패로 이겼다. 물론 체스라는 제한된 지식공간 안에서의 대결이지만, 기계가 사람의 생각을 이겼다는 사실은 어떤 분야에 있어서 기계가 사람의 생각을 모방할 수 있음을 의미한다. 실제로 컴퓨터는 다양한 분야에서 단순한 계산영역을 넘어 사람의 고차원적인 의사결정을 대신하며 점차 역할을 확대하고 있다.

그러나 확실한 것은 사람의 뇌가 컴퓨터와는 비교할 수 없을 만큼 다양한 기능을 수행한다는 사실이다. 사람들은 두려움, 긴장감, 분노, 혐오감 등 논리적으로 설명할 수 없는 느낌들을 갖는다. 사람에게서 발생하는 모든 생각과 느낌을 논리적으로 설명할 수 있다면 이것들을 반복적으로 재현할 수 있을까? 오지탐험을 처음 했을 때 느끼는 전율과 만족감을 다시 느끼고 싶어서 다음 해에 동일한 곳을 동일한 방법으로 탐험한다면, 이전에 느긴 전율과 만족감을 고스란히 느낄 수 있을까? 이 질문은 다음과 같은 방식으로 표현할 수도 있다. '나는 1년 전과 동일한 사람으로 되돌아갈 수 있을까?' 이것은 불가능하다. 과거에 오지탐험을 한 기억을 나한테서 모조리 지워 없앤다고 해도 나는 여전히 1년 전과 동일한 사람이 아니다. 지식과 경험 그리고 느낌은 끊임없이 재구성되고 추상화되며 다른 지식 또는 감정과 섞여 변질되기도 하고 약화되기도 한다.

우리는 낯선 곳을 여행할 때 흥분과 함께 약간의 두려움을 느낀다. 길을 잘못 들면 어떻게 해야 하나 하는 막연한 두려움이다. 이 두려움은 목적지에 도달할 때까지 지속된다.

어느 순간 거울 속의 나를 보고 "거울에 비친 내가 갑자기 나와 분리되어 나를 덮치면 어떻게 하나?" 하는 두려움이 생길 수도 있다. 컴퓨터에 두려움이라는 것이 있을까? 죽음에 대한 공포라는 것이 있을까? 의도된 두려움을 컴퓨터에 입력시키면, 컴퓨터로부터 특정 자극에 대한 두려움의 반응을 이끌어내는 것이 가능할 수도 있다. 그러나 사람이 전혀 예상치 못한 순간 갑작스러운 두려움을 느끼는 것은 컴퓨터로서는 재현 불가능하다. 이것은 조작 가능한 두려움이 아니기 때문이다.

한편 사람의 조작에 의해 기능하는 컴퓨터가 어떤 새로운 지식을 컴퓨터의 주인, 즉 개발자에게 알려준다고 하자. 개발자는 컴퓨터의 지식을 이미 모두 알고 있다. 그런데 컴퓨터에 새로운 지식이 입력되어 그것을 주인에게 전해줄 경우를 생각해보자. 컴퓨터가 새로운 지식을 전달하는 방법도 주인에 의해 개발된 것이므로 주인은 새로운 지식이 어떻게 생겨났고 그 내용이 무엇인지를 쉽게 알 수 있을 것이다. 마찬가지로 나와 대화하는 사람이 어떻게 새로운 지식을 습득했는지를 안다면 그 사람의 설명을 들고 그 새로운 지식을 쉽게 이해할 수 있을 것이다.

_____,지식의 창조

머릿속의 생각을 문자나 기호 등으로 표현한 것을 두고 지식창조 이론의
창시자인 노나카 이쿠치로(野中 郁次郎)[61]는 '형식지(explicit knowledge)'라
고 불렀다. 우리의 생각을 모조리 문자나 기호로 표현하기란 불가능하다.
예를 들어서 A가 B를 사랑하는데, '목숨을 다 바쳐' 사랑한다는 표현은 그
사랑이 얼마나 강렬한지를 표현해주는 것이지, 진짜 목숨을 바치겠다는 의
미는 아닐 것이다. 또한 10미터 거리만큼 떨어진 과녁의 반경 10센티미터
원을 맞추기 위해 활 쏘는 방법을 설명할 때 활시위를 놓는 순간 어떤 각
도, 어떤 자세여야 하는지를 정확히 말로 묘사하기는 어렵다. 화살 끝은 어
디에, 호흡은 어떻게, 시선은 어디에, 양팔의 힘은 어떻게 등을 정확히 표
현할 수 있겠는가?

19세기 독일의 철학자 프리드리히 니체(Friedrich Nietzsche)[62]는『진실과
거짓에 대한 고찰(On Truth and Lies)』에서 언어 자체의 한계성 때문에 실체를
묘사하기란 불가능하다고 지적한 바 있다. 그래서 어떤 천재 과학자들은
언어로 묘사할 수 없는 것들을 그림으로 묘사하기도 했다. 그 대표적인 사
람이 아인슈타인과 파인만이다.

물론 표현이 가능한 생각도 많다. 주로 학문적인 내용이나 현상적 내용
은 정확하게 재생 가능하다. 수학이나 자연과학적 이론은 더더욱 그렇다.
책 한 권의 내용을 완벽히 알고 있는 사람은 책 내용을 거의 동일하게 재

생할 수 있을 것이다. 이것은 '책 → 뇌 안의 지식 → 책'의 순서로 재생이 가능하다는 의미다. 그렇다고 그 사람의 뇌에 책이 들어 있는 것은 아니다. 필요한 때 재생 가능한 다른 형태로 머릿속에 저장되어 있을 것이다. 이처럼 머릿속에 다른 형태로 변환된 지식을 노나카 교수는 '암묵지(tacit knowledge)'라고 했다. 즉, 뇌 안의 지식을 암묵지, 표현된 지식을 형식지라고 구분한 것이다. 그의 지식창조 이론의 주된 내용은 지식은 다음 과정을 거쳐 나선형 과정(spiral process)으로 창조된다는 것이다.

암묵지(a) → 형식지(b) → 형식지들의 결합(c) → 새로운 암묵지(a') → 새로운 형식지(b') → ……

이것은 암묵지를 형식지 형식으로 전달하고, 여러 사람들로부터 표현된 형식지를 결합해서, 각자의 새로운 암묵지를 생성하고, 다시 이것을 형식지화 해서 전달하는 과정을 반복함으로써 지식이 창조되는 과정을 나타낸 것이다.

그런데 지식결합이나 지식 재구성 과정을 통해서도 이러한 창조 과정이 이루어질 수 있다. 새로운 암묵지를 만들어내는 형식지들의 결합은 다름 아닌 지식결합 또는 지식 재구성을 통해 이루어진다. 노나카 교수의 암묵지는 기술 습득과 같이 말이나 문자로 표현할 수 없는 체험적 지식도 포함한다.

같은 장소에서 동일한 강연을 듣더라도 사람들의 반응은 제각각 다르다. 연사의 전달 내용이 듣는 사람의 지식과 접하는 부분에 따라 다양해진다. 연사의 강연 내용에 익숙한 사람은 전달되는 내용 전체와 접하고, 일부 내용만 아는 사람은 접하는 부분이 제한적이다. 일부만 접하는 사람에게는 강연 내용이 자극이 되어 새로운 생각이 유발될 수 있다. 강연 내용이 자신의 지식과 너무 동떨어져 있을 때는 그 간극을 메우기 위해 관련 지식과 상상력을 동원하게 된다.

노벨 물리학상을 수상한 볼프강 파울리(Wolfgang Pauli)[63]가 처음 자신의 이론을 물리학자들 앞에서 발표했을 때, 그 자리에 참석한 대부분의 물리학자들은 생소한 이론에 대해 놀라워할 따름이었다. 그러나 당대의 석학 닐스 보어(Niels Bohrs)[64]는 그다지 놀라지 않았다. 보어에게 파울리의 이론은 미처 생각해보지 못한 새로운 개념이었지만 이해 가능하고 수긍할 수 있는 것이었다. 보어는 파울리의 강연을 들으면서 새로운 발견 속으로 들어간 것이다. 그는 그 발견을 위해 준비된 사람이었다. 보어는 그 자리에 참석한 학자들 어느 누구보다도 파울리의 지식공간을 가장 많이 공유한 상태였기에 파울리의 새로운 발견을 동등하게 들여다볼 수 있었다. 게다가 그는 자신이 지닌 다른 지식을 통해 더 많은 가능성을 상상할 수 있었다. 양자역학을 개척한 두 천재, 파울리와 보어만이 누릴 수 있는 특권이었다.

──────→ 아이들의 상상놀이

미국의 철학자이자 윤리학자인 마사 누스바움(Matha Nusbaum)은 저서 『공부를 넘어 교육으로(Not for Profit)』에서 자본주의하의 교육이 아이들을 '생각하는 시민'이 아니라 '이윤창출 도구'로 만든다며 경고했다. 경제성장을 국가경영의 최우선 방침으로 삼는 국가들이 많아지면서 학교에서 인문교

양과 예술교육이 점차 축소되고 그 대신 과학과 기술교육이 확대 강화되는 현실을 안타까워했다.

누스바움은 이런 교육환경에서 성장한 아이들은 스스로 생각하고 비판적으로 사고하는 능력이 저하되며, 타인의 고통과 성취의 중요성을 이해하고 공감하는 건강한 시민으로 성장하지 못하고 생산기계와 같은 존재로 전락할 수 있다며 우려했다. 또한 인도 교육의 선구자인 시인 타고르(Rabindranath Tagore) 역시 '영혼의 자살' 현상이 교육현장에서 팽배해지고 있는 현실을 비판하였다.

어린 나이에는 산타할아버지가 크리스마스이브에 선물을 가져다준다거나, 빠진 이빨을 창틀에 놓으면 이빨요정이 와서 가져가는 대신 선물을 두고 간다는 상상을 자극해줄 정서적 풍요가 필요하다. 아이는 아이답게 하늘에 둥실 뜬 달을 보고 달나라에 가서 방아 찧는 토끼를 만나보고 싶다는 상상을 할 수 있어야 한다. 할머니의 사랑을 듬뿍 받고 자란 아이가 달을 보고 할머니의 얼굴을 연상하며 할머니가 자신을 위해 어두운 밤길을 안전하게 비춰주고 있다고 상상하는 것은 지극히 자연스럽다. 달은 생명체가 살 수 없고 지구 주위를 도는 혹성에 불과하며, 밤에 밝게 보이는 것은 태양의 빛을 반사하기 때문이라는 것을 알아버린 어린이는 더 이상 달에 관한 상상을 할 수 없다. 자연현상에 대해서 너무 많이 알아버린 어린아이는 다른 친구들의 상상놀이가 유치하고 말도 안 되는 시간낭비라며 비웃을 수 있다.

아이들의 상상놀이에는 논리가 필요하지 않다. 빗자루 위에 올라앉으면 어디건 날아갈 수 있고, 우주여행도 할 수 있다. 우주에서의 산소부족 문제는 아이들의 상상 속에서는 전혀 문제가 안 된다. 로봇 흉내놀이를 하는 초등학교 4학년 아이들 중 한 명이 갑자기 "아, 로봇의 에너지가 떨어져서 더이상 못 움직이겠다"고 한다. 그러자 다른 아이가 곧바로 해결책을 제시한다. "햇볕에 드러누워서 팔다리의 태양광 발전장치를 펼치고 있으면 충전될 거야" 하고. 이런 독창적인 생각이 아이들의 상상 속에서는 거리낌 없이 튀어나온다. 정교한 논리구조가 만들어지기 전 단계에서 아이들은 직관적으로 무한한 상상의 세계를 경험하는 것이다.

빈터에서 공놀이를 하면서 노는 아이들은 어떻게 차면 볼이 어느 방향으로 날아가는지를 모른다. 다만 동물적인 감각으로 놀 뿐이다. 돌에 걸려 볼이 엉뚱한 곳으로 튀기도 하고 헛발질을 하기도 한다. 그래도 재미를 느낀다. 볼을 차는 것 자체가 신이 나니 다른 생각을 잊을 수가 있고 배고픈 것도 잊어버린다. 친구들과 서로 공을 차지하려고 덤비다가 넘어져 다치기도 하지만 재미있다. 그런 과정에서 어떻게 해야 덜 다치는지를 감각적으로 터득한다. 새로운 공놀이를 개발하기도 한다. 목표지점까지 땅에 공을 떨어뜨리지 않고 가는 내기를 하는 것이다. 해가 지는 줄도 모르고 놀이에 열중하게 된다.

이처럼 무제한적이면서 감각적인 발상으로 상상놀이를 하는 아이들은 우뇌가 발달한 성인으로 자라나게 된다. 어린 시절 제한 없는 상상놀이는 우뇌 개발에 직접적인 영향을 미치며, 좌뇌와 우뇌를 균형 있게 발달시킨다. 미국의 뇌신경학자 로버트 대처(Robert W. Thatcher)의 뇌 발달 5년 주기설은 이런 맥락에서 주목할 만하다.

어릴 때부터 논리 훈련에 치중하는 것은 마치 숲속의 어린 넝쿨나무를 뽑아서 화분에 심은 뒤 넝쿨이 멋있는 기린 모양으로 자라도록 미리 지지대를 기린 모양으로 만들어놓은 것과 같다. 주기적으로 물을 주고, 가지가 넝쿨 지지대를 벗어나면 지지대에 다시 묶어둔다. 넝쿨은 지지대를 그대로 타고 자라서 점차 기린 모양이 되어간다. 그것을 바라보는 화분 주인은 만족해한다. 그리고 넝쿨이 충분히 자라서 지지대를 완전히 뒤덮으면 넝쿨이 기린 모양을 계속 유지하도록 잔가지들을 다듬어준다. 어린아이를 논리적으로 훈련시키려는 부모나 교사는 이런 화분 주인의 모습과 다르지 않다.

어린아이들은 논리적으로 생각할 준비가 안 되어 있다. 논리적 사고에서는 문장과 문장 사이에 접속사를 사용하게 되어 있다. '그러므로'나 '그래서', '그럼에도 불구하고' 등의 접속어는 인과관계와 논리에 대한 익숙한 지식이 있을 때 가능한데, 아이의 지식은 대부분 감각적이기 때문에 '―이다', '아니다' 수준이지 '―이기 때문에 …이다' 수준은 못 된다. 아이들은 언어를 논리적으로 배우지 않는다. 아이들은 감각과 직관으로 얻은 것들을 점점 체계적으로 엮어 나간다. 쉬운 예로 지식이 어느 정도 갖추어지기 전에는 거짓말이라는 것을 모른다. 남의 행동을 보고 그 의도를 읽기 시작하면서부터 비로소 거짓말을 꾸며낼 수 있게 된다. 거짓말을 할 수 있는 나이가 되면 논리적 사고가 가능하다는 것을 의미한다.

18개월이 되면 아이들의 언어습득 능력은 일취월장하게 된다. 이때가 되면 말을 배우고 자기 의사를 표현하기 시작하면서 이것저것 손으로 가리키며 묻기 시작한다. 자기가 지적한 것의 이름을 배우고 무엇에 쓰는 물건인지를 배우면서 사물의 특징을 조금씩 배운다. 전화기에 대한 지식이 있는 아이들은 바나나를 들고 전화하는 시늉을 하며 즐거워한다. 바나나는 먹는 것이지 전화기가 아니라는 것을 알기 때문에 이러한 장난을 재미있어 하는 것이다. 이 시기의 아이들은 옛날 이야기를 듣거나 동화책의 그림을 보면서 듣고 또 듣는다. 그림 속의 동물 이름을 외우고 동물들의 모양을 익힌다. 새가 하늘을 날아가는 모습을 보고 나면 새처럼 팔을 위아래로 휘저으며 날아가는 흉내를 내기도 한다.

두 살 정도의 아이들은 자기가 무엇을 원하는지 이야기할 줄 알고 세 살쯤 되면 생각하는 것과 안다는 것의 차이를 알기 시작한다. 엄마를 놀리기 위해 어떤 행동을 꾸미기도 한다. 엄마가 속고 있다고 생각하면 자기가 거짓말했다고 말하면서 웃음을 터뜨린다. 이런 것들은 모두 발달심리학자들의 연구 결과로 확인된 것들이다.[65]

이런 엄청난 변화의 시기에 있는 아이들을 자연스럽게 성장하는 숲에서 뽑아내 인위적인 기린 모양의 지지대를 따라 자라게 한다면 아이는 야생에서 다른 식물들과 어울려 자라던 시기의 생명력을 잃고 연약한 식물이 될 것이다. 숲속 자연 그대로 환경을 생각해보자. 적당한 습도와 온도, 다른 식물들과의 경쟁, 내리는 비와 눈, 가지와 잎을 흔드는 바람결, 이웃한 식물들의 가지와 잎사귀들과 온갖 미생물이 풍부한 흙에 묻힌 뿌리들. 이 모든 것들이 한데 어우러져 넝쿨을 건강하게 자라게 한다. 마찬가지로 구성원들이 각자 타고난 역량을 발휘할 수 있도록 존중해주는 사회는 질서가 바로 선 사회를 이룰 수 있고 그러한 환경에서 자라나는 아이들은 몸과 마음이 건강할 것이다. 그러나 사람을 이윤창출 도구로 훈련시키면 누스바움이 우려한 바와 같이 가치관의 획일화와 인간 존엄성의 상실로 사회 전체가 병들게 될 것이다.

상상은 사람들만의 특권이자 소중한 자산이 된다. 영국의 아동문학 작가 조앤 롤링(Joanne Kathleen Rowling)의 해리 포터 시리즈가 전 세계적으로 4억5,000만 부가 팔린 것만 보아도 사람들이 나이와 상관없이 새로운 상상을 얼마나 좋아하는지 가늠할 수 있다.

레고와 지식

레고는 조립형 장난감의 대명사라고 불릴 만큼 어린이들에게 인기를 끈다. 레고를 조립할 때 아이들은 목표물을 마음에 그려놓고 시작한다. 어디에 어떤 레고조각을 끼워넣어야 목표물을 완성시킬 수 있는지 생각하면서 놀이를 하기 때문에 두뇌발달에 효과적이다.

레고와 지식은 다르다. 레고는 직접 만질 수 있지만, 사람은 자기 머릿속에 구성된 지식을 만질 수 없다. 레고는 만들다가 중단하면 그 형태 그대로 남아 있지만, 지식은 시간에 따라 잊히기도 하고 내용이 달라지기도 한다. 레고는 새로운 조각을 갖다 붙일 때, 모양이 어떻게 변화하는지 눈으로 확인할 수 있지만, 지식은 그 변화의 양상을 실감하기 어렵다. 레고는 갖다 붙이는 대로 구조물의 부피와 면적이 커지지만, 지식은 기존의 지식구조가 바뀌면서 확장된다. 레고는 끊임없이 다양한 조각을 붙일 수 있지만, 새로운 지식조각은 기존 지식의 관련된 부분에만 접착된다.

지식은 경험에 바탕을 두고, 경험은 자연현상이나 일상적 삶을 통해 얻어진다. 자연현상은 일정한 질서 안에서 움직이고, 그에 터를 둔 사람들의 세상도 이러한 질서에 따라 움직인다. 이런 맥락에서 우리의 지식은 질서의존적이다. 이 질서는 자연계의 법칙, 사회적 윤리와 같이 어떤 체계를 구성하는 구성원 또는 구성물 사이의 관계법칙을 포함한다. 그렇기 때문에 우리의 지식은 그 자체가 자연이 지닌 질서적 특징을 갖고 있다.[66]

새로운 지식을 습득할 때 지식요소들 사이에는 레고조립식 관계가 성립한다. 그러나 그 지식이 예시의 단계를 넘어서 추상화 단계로 넘어가면 그 지식은 더 이상 레고조립형이 아니다. '정상(頂上)'을 말할 때 우리는 흔히

산을 연상하게 된다. 그러나 산과 정상이라는 레고조립식 관계가 추상화되면 인생의 정상, 능력의 정상, 사랑의 정상 등으로 정상이라는 개념을 다양한 분야에 접목할 수 있게 된다. 일상적인 언어생활을 들여다보면 은유나 환유의 방식으로 의미를 추상적으로 접목하는 경우가 적지 않다. 특히 시나 노랫말은 은유나 환유적 표현을 많이 사용한다. 다음은 김동명[67] 시인의 「내 마음은」이다.

내 마음은 호수요,
그대 노저어 오오.
나는 그대의 흰 그림자를 안고,
옥같이 그대의 뱃전에 부서지리다.

내 마음은 촛불이요,
그대 저 문을 닫아 주오.
나는 그대의 비단 옷자락을 떨며, 고요히
최후의 한 방울도 남김없이 타오리다.

내 마음은 나그네요,
그대 피리를 불어 주오.
나는 달 아래 귀를 기울이며, 호젓이
나의 밤을 새이오리다.

내 마음은 낙엽이요,

잠깐 그대의 뜰에 머무르게 하오.

이제 바람이 일면 나는 또 나그네같이,

외로이 그대를 떠나오리라.

　마음을 호수, 촛불, 나그네, 낙엽으로 비유했고, 사랑의 마음을 뱃전에 부서짐, 남김없이 탐, 귀 기울이며 밤을 샘, 바람에 날려 떠남으로 표현했다. 눈에 보이지 않는 마음을 형상화한 표현이다. 레고조립식 지식세계에서는 불가능한 표현이다. 뱃전에 부서지는 파도가 어떻게 사랑의 마음으로 연결되고, 타는 불꽃이 어떻게 사람의 마음과 연관된단 말인가? 시는 이처럼 눈에 보이지 않는 것을 가시적인 것으로 형상화해서 눈에 보이지 않는 사랑의 마음을 섬세하게 그려낸다. 파도의 격렬한 부딪힘을 마치 지치지 않고 몰려오는 사랑의 열정에 비유하는 것은 전혀 다른 대상물의 속성을 연결한 것이다. 이런 맥락에서 시와 같은 예술작품은 작가의 독특한 상상을 통해 생각의 공간을 넓히는 자극이 되어준다.

　『미래사회가 온다(A Whole New Mind)』의 저자 다니엘 핑크(Daniel H. Pink)는 미래형 인재가 갖추어야 할 자질로 디자인, 스토리, 창조, 공감, 놀이, 의미부여 능력 등을 꼽았는데, 이런 능력들은 인문학적 소양과 지식을 필요로 한다. 눈앞의 현상을 보다 넓은 시각으로 볼 수 있는 안목을 키우기 위해서는 분석적인 접근보다 관조와 직관에 의한 접근이 더 유리하다. 다양한 상황 속에 숨어 있는 이야기들을 포착할 수 있는 소양이 필요하며, 이것은 시대에 국한되지 않는 요구사항이다. 로켓의 아버지라고 불리는 치올코프스키(Konstantin E. Tsiolkovsky)[68]는 열 살이라는 어린 나이에 청력을 잃고 불우한 청소년 시절을 보냈지만 쥘 베른(Jules Berne)[69]의 『지구에서 달까지(*From the Earth to the Moon*)』를 읽고 영감을 얻어 인류의 우주여행을 앞당기는 위대한 업적을 남겼다. 둘러보면 우리의 상상력을 키워주는 요소들은 도처에 있다. 다만 인지적 관성에서 얼마나 벗어날 수 있느냐에 따라서 생각공간은 끝없이 넓어지기도 하고 현재의 모습에서 굳어지기도 한다.

사고의 전이

마에다 신조 시세이도 사장은 2007년에 '에콜 시세이도'를 설립했다. 기업 내 대학인 에콜 시세이도는 다양한 프로그램을 운영하고 있는데 특히 눈길을 끄는 부분이 있다면 커리큘럼에 철학이나 문학이 포함돼 있다는 점이다. 화장품 회사 임직원들이 데카르트(Descartes)에 대한 강의를 듣고 토론하는 것은 이 회사만의 진풍경일 것이다. 마에다 신조가 이러한 교육을 통해 강조하는 것은 바로 다양성이다.

"향후 10년간 일어날 가장 본질적인 변화가 무엇일까요? 글로벌화일 것입니다. 그리고 글로벌화의 파도가 비즈니스맨에게 요구하는 것은 다양성에의 대응력일 것입니다. 철학이나 문학을 공부해야 하는 이유도 거기에 있습니다. 경리나 인사부 사람들이 평소 생각하지 않던 철학이나 문학에 대해 진지하게 생각하다 보면 다양성의 대응력을 단련하게 됩니다."

'다양성의 대응력'을 다른 말로 표현하면 자신의 지식 범주를 벗어난 현상에 대해서 이해하고 적응할 수 있는 힘이다. 상반된 생각을 가진 사람과 대화를 나눌 때 생각의 공유점을 찾기 위해서는 상대의 이야기를 잘 듣고 상대의 생각과 나의 생각을 교차적으로 엮어 나갈 수 있는 능력이 필요하다. 이것은 내가 낯선 오지에 혼자 떨어져 있을 때 살아남는 적응력과도 관련된다.

미국 시카고대학은 1929년부터 교양교육을 강화하기 위한 정책으로 1학년생 전원에게 100권의 인문교양서를 읽도록 의무화 했다. 이와 관련 있는 결과인지는 확실하지 않지만 다른 명문 대학과 비교하면 상대적으로 역사가 짧은 이 대학(개교 120년)이 하버드대학이나 MIT를 제치고 세계에서 가장 많은 80여 명의 노벨상 수상자를 배출했다는 점은 주목할 만하다. 시카고대학 총장이자 수학자인 로버트 짐머(Robert Zimmer)는 많은 변수가 복잡하게 뒤얽힌 문제에 성공적으로 대처하기 위해서는 반드시 인문학적 소양이 뒷받침되어야 한다고 역설했다. 특정 부문의 기술은 단기적인 성과에 효과적이지만, 장기적이고 거시적인 안목과 문제해결 능력은 인문학적 통찰력과 밀접한 관련이 있다.

논리의 학문으로서 수학 역시 대응력 향상에 효과적인 학문이다. 수학은 '조건'에서 시작해서 '결론'에 이르기까지의 논리적 과정을 가르치고 경험하는 학문이다. 논리적 인과관계를 찾고 이를 바탕으로 다른 인과관계나 결론을 유도하는 과정을 다루는데, 여기에는 옳고 그름이 분명히 드러난다. 생각과 지식의 오류 확인이 명백하게 이루어질 뿐 아니라 틀렸으면 왜 그런지 증명 또한 가능하다. 이러한 논리적 사고는 모든 현상을 이해하는 데 유용한 도구가 된다. 훌륭한 미술가는 놓친 유리병이 바닥에 떨어져 산산조각 나는 순간까지 세심하게 포착하는 사람이다. 그만큼 관찰력이 섬세하고 뛰어나야 한다. 뛰어난 수학자는 보이는 현상을 세밀하게 파헤쳐 보이지 않는 원인을 찾아낸다. 현상의 비가시적인 면을 관찰할 수 있는 눈이 있기 때문이다.

한 대상 안에서의 이론을 다른 대상에 적용시키는 것은 일종의 사고의 전이(transfer of thought)다. 인류의 역사는 이러한 사고의 전이를 통해 발현된 새로운 생각들의 연속이었다. 수학자들은 눈에 보이는 현상 속에 숨어 있는 원리를 찾기 위해 수많은 사고의 전이를 한다. "지식보다 상상력이 더 중요하다"는 아인슈타인의 말도 이와 맥을 같이 한다.

조각붙임 작품으로 유명한 에셔(M. C. Escher)는 자신의 작품을 바흐(Bach)의 음악과 비유했다. 소리마디들이 정해진 간격으로 연이어 반복되는 음악 형식과 일정한 주제들이 반복되는 에셔의 미술형식은 많은 사람들의 연구 주제가 되고 있다. 에셔는 그림조각과 소리마디와의 유사성이 서로 다른 분야에서 어떤 작품으로 나타나는지를 시사한다.

"바흐의 음악을 듣는 것은 가장 위대하고 정교한 패턴 제작자에게서 방법을 배우는 것과 같았다. (…) 바흐는 내게 강한 영감을 주었다. 투명하고 논리적인 언어와도 같은 그의 음악은 내 머릿속에서 수많은 도안을 완성시켜주었다."[70]

바흐의 음악에서 영감을 얻은 에셔는 점진적으로 변화하는 동일한 그림조각을 반복적으로 사용함으로써 독특한 작품세계를 열었다. 소리의 반복현상을 그림조각의 반복현상으로 전이시킨 것이다.

지식공간의 경계를 넘어서는 사고의 전이는 새로운 생각이 탄생하는 원동력이 된다. 열의 흐름과 전달을 이해하고 그것을 수학적 모형으로 표현함으로써 자연현상을 재현하는 이론적 배경을 금융시장에서 돈의 흐름을 설명하는 이론으로 확산시킬 수 있는 것도 사고의 전이로써 가능하다.[71] 레고처럼 정형화되었던 지식이 형태에 의존하지 않는 모습으로 추상화되면, 자신이 지닌 지식을 훨씬 자유롭게 다른 현상들에 적용하면서 새로운 생각을 발전시킬 수 있다. 필자 역시 통계적 이론을 사람의 생각과 지식 축적 과정에 전이시킴으로써 생각과 지식의 변화에 대해 체계적으로 이해하는 발판으로 삼을 수 있었다.

'사람들이 각자의 전문 분야에서 따로따로 연구한 결과들을 합리적으로 결합하는 방법'에 관한 통계학적인 관심은 필자의 주요 과제였다. 사람들의 생각과 지식 사이에서도 결합과 확대가 가능하지 않을까? 사람들 사이에서 지식이 교류되기 위해서는 일정한 공유점이 존재해야 하고 그 공유지점을 통하면 지식의 확대가 진행될 수 있는 것 아닐까? 이러한 생각의 바탕에는 필자가 연구해온 통계학적 이론과 유사한 논리가 적용된다. 여기에서의 전제 조건은 지식이 어떤 '구조'를 갖고 있다는 것이다.

통계학의 이론에 추론과 학습이론이 있다. 통계학에서의 '추론'은 눈에 보이는 현상으로부터 그 현상 속에 숨은 원인이나 진실에 접근하는 과정이다. 이를 위해 관련된 지식의 틀 안으로 현상을 끌어들이고 그 틀이 현상과 조화를 이루는지를 점검하면서 목표하는 진실에 접근한다. 기존에 알고 있던 지식을 현상에 전이시켜 얼마나 조화를 이루는지를 점검하는 것이다. 적용한 지식의 틀이 현상과 동떨어진 것이면 추론과정에서 부조화 또는 부적합 현상이 나타난다.

또한 통계학에서 '학습'은 현상 속에 내재한 규칙을 찾는 것이다. 현상에 숨어 있는 규칙을 찾아내고 이를 이용해 현상의 특징을 규명한다. 여러 대상이나 다양한 현상들을 일정한 규칙에 따라 분류할 수 있으려면 이러한 학습과정을 거쳐서 규칙성을 찾아내야 한다. 어떠한 기준을 사용하느냐에 따라 학습 결과가 다를 수 있기 때문에 동일한 현상이나 대상을 놓고 보더라도 사람마다 해석이 다르게 나올 수 있다.

도약에의 상상

헬렌 켈러는 귀로 소리를 듣거나 눈으로 사물을 보는 것이 불가능한 상태에서 촉감과 미각, 후각만으로 감지하고 터득하며 생각하였다. 보지도 듣지도 못하면서 어떻게 보는 것과 듣는 것을 느낄 수 있었을까?

가정교사였던 애니 설리번이 물에 대한 욕구와 느낌을 연상해서 표현해보라고 가르친 일을 회고하며 켈러는 이렇게 말하였다. "감촉과 냄새로부터 어떤 인상이 떠오르는지 전에는 알 수 없었지만 이제는 이 물건 저 물건을 가지고 시험해볼 수 있게 되었다. 이 감각들이 내게 무수한 '개념'들을 공급한다는 것을 알고 무척 놀랐다. 그것들은 내게 시각과 청각의 세계에 대한 단서를 제공해주었다."

그녀는 감각에 대한 유추로 가득한 아름다운 글을 남겼다.

나는 기분이 좋아지는 향기의 종류와 농도를 '관찰'한다. 이것이 지닌 다양한 색의 종류와 색조에 내 눈이 어떻게 매혹당하는지 상상할 수 있다. 그 다음 나는 생각 속의 빛과 한낮의 빛 사이의 유사성을 추적한다. 그러고 나면 인간의 삶에서 빛이 얼마나 소중한지를 예전보다 더 뚜렷하게 인식하게 된다.

켈러가 듣지 못하면서 말을 배웠다는 것, 보지 못하는데도 읽고 쓰는 능력을 익히고 점자를 통해 몇 개 국어를 읽을 수 있었으며, 사람의 생각에 관한 설득력 있는 글을 썼다는 것, 또한 보고 듣는 세계와 이것이 차단된 세계 사이에 다리를 놓았다는 것은 유추적인 상상력이 실제로 작동하고 있음을 보여주는 놀라운 증거다.[72]

켈러는 상상 속의 빛과 실제 태양빛의 유사성을 찾고, 태양의 빛이 얼마나 사람에게 중요한지를 유추하였다. 피부에 와닿는 태양의 빛, 그 온도와 빛의 촉감을 그녀는 예민한 촉감으로 감지할 수 있었을 것이다. 이렇게 촉감을 통해 자연현상을 느끼는 켈러는 사고의 전이 또는 유추를 통해 감각으로 느끼는 그 이상을 생각할 수 있게 되었다. 그녀는 피아노 위에 손을 얹고 발로는 마루판의 진동을 느끼면서 음악을 '듣고,' 얼굴과 손으로는 공기의 움직임을 느끼면서 무용수들의 춤을 '보았다'.

미국의 전설적인 현대 무용가 마사 그레이엄(Martha Graham)을 만났을 때, 자신에게 몸에 대한 이미지가 없음을 잘 알고 있던 켈러는 물었다. "마사, 도약한다는 게 어떤 거죠? 전 도무지 모르겠어요." 그레이엄은 그 답을 알려주기 위해 즉시 제자 한 명을 불렀다. 그가 바로 혁신적인 안무가로 세계적인 명성을 떨치게 될 머스 커닝햄(Merce Cunningham)[73]이었다. 그레이엄은 켈러의 손을 잡아 그의 허리에 대보게 했다. 그레이엄은 당시 정황을 이렇게 말한다.

"머스는 켈러의 손을 허리에 붙인 채 그 자리에서 공중으로 뛰어올랐다. 스튜디오 안의 모든 눈이 여기에 쏠렸다. 그녀의 손은 머스의 움직임을 따라 올라갔다가 내려갔다. 그녀의 표정은 호기심에서 기쁨으로 바뀌었다. 켈러의 얼굴에 떠오른 그 희열이라니! 그녀는 '어쩜 이렇게 내가 생각한 것과 똑같지?'라고 말하면서 공중으로 손을 뻗은 채 탄성을 질렀다."[74]

헬렌 켈러는 이미 '도약'이라는 동작을 상상했다. 그리고 힘차게 도약하는 무용수 머스 커닝햄의 허리 움직임을 통해 그것을 실감했다. 앞 못 보는 그녀는 움직이는 사람의 몸을 확인할 수가 없으니 우리처럼 구체적인 사람의 모습을 머릿속에 그릴 수 없었을 것이다. 그러나 그녀는 무용수의 허리에서 느껴지는 근육의 움직임에서 도약의 힘이 어디서 나오는지를 세밀하게 느꼈을 것이다. 이러한 근육의 역동적인 변화와 공기의 진동을 통해서 '도약'이라는 것을 직접 체험하고 나서 자신이 상상한 '도약'과 같음을 확인한 것이다.

헬렌 켈러는 보통 사람이 느끼지 못하는 공기의 진동을 통해 사람의 움직임을 감지하고, 손끝으로 전달되는 감각을 통해서 몸의 근육이 움직이는 것을 느꼈다. 이것은 보통 사람들이 시각적으로 느끼는 근육의 움직임과는 다르다. 어린아이의 피부를 눈으로 봤을 때 느끼는 부드러움과 손끝으로 만져봤을 때 느껴지는 부드러움이 다른 것처럼, 헬렌 켈러가 상상하는 도약은 근육의 역동적인 움직임까지를 포함한 도약이었을 것이다. 아마 헬렌 켈러가 무용수의 도약에 대한 그림을 그렸다면 얼굴 모습, 손놀림, 발끝의 힘과 같은 구체적인 모습은 보통 사람들의 묘사보다도 세밀할 것이다. 그녀가 손끝과 공기의 진동으로 감지한 역동적인 동작은 보통 사람들의 상상을 초월하는 섬세함으로 표현될 것이다.

그녀는 자서전 『사흘만 볼 수 있다면(Three Days to See)』[75]에서 사흘 동안 하고 싶은 것을 아래와 같이 적었다.

만약 내가 눈을 뜰 수만 있다면, 나는 내 눈을 뜨는 첫 순간 나를 이만큼이나 가르쳐준 내 스승 앤 설리번을 찾아갈 것이다. 지금까지 손끝으로 만져 익숙해진 그 인자한 얼굴, 그리고 그 아름다운 몸매를 몇 시간이고 물끄러미 바라보며 그 모습을 내 마음 깊숙이 간직해둘 것이다.

그 다음엔 내 친구들을 찾아갈 것이며, 그 다음엔 들로 산으로 산보를 나가리라. 바람에 나풀거리는 아름다운 잎사귀들, 들에 핀 예쁜 꽃들과 저녁이 되면

석양으로 빛나는 아름다운 노을을 보고 싶다. 다음 날 일어나면 새벽에는 먼동이 트는 웅장한 광경을, 아침에는 메트로폴리탄에 있는 박물관을, 그리고 저녁에는 보석 같은 밤하늘의 별을 보면서 또 하루를 보낼 것이다.

마지막 날에는 일찍 큰 길에 나가 출근하는 사람들의 얼굴 표정을, 아침에는 오페라하우스, 오후에는 영화관에 가서 영화를 보고 싶다. 어느덧 저녁이 되면 건물의 숲을 이루고 있는 도시 한복판으로 걸어 나가 네온사인이 반짝이는 쇼윈도에 진열된 아름다운 물건들을 보면서 집으로 돌아올 것이다. 그리고 눈을 감아야 할 마지막 순간, 사흘 동안이나마 눈으로 볼 수 있게 해주신 나의 하느님께 감사의 기도를 드리고 영원히 암흑의 세계로 돌아가리라.

이 얼마나 섬세한 묘사인가! 보통 사람들이 보고 느낀 그대로 묘사하고 있다. 저녁노을, 새벽 먼동, 밤하늘의 별들, 네온사인의 반짝임과 같은 것들의 묘사가 어떻게 가능할까? 촉감으로 느낄 수 있는 것이 아닌데 말이다. 이러한 묘사가 가능한 것은 보지 못하는 것을 상상으로 보기 때문이다. 그녀는 자신만이 알고 있는 지식으로부터 사고의 전이를 통해 넓은 공간을 메워갔다.

그녀는 이러한 사고의 전이 과정을 이렇게 표현하였다. "나는 관찰한다, 나는 느낀다, 나는 상상한다. 나는 셀 수 없을 만큼 다양한 인상과 경험, 개념을 결합한다. 이 가공의 이미지를 가지고 내 머릿속에서 하나의 이미지를 만들어낸다. 세계의 안과 밖 사이에는 영원히 마르지 않는, 닮은 것들로 가득 찬 바다가 있지 않은가. 내가 손에 들고 있는 꽃의 신선함은 내가 맛본 갓 딴 사과의 신선함과 닮았다. 나는 이러한 유사성을 이용해서 색에 대한 개념을 확장한다. 내가 표면과 떨림과 맛과 냄새들의 특질에서 이끌어낸 유사성은 보고 듣고 만져서 찾아낸 유사성과 같은 것이다. 이 사실이 나를 견디게 했고 눈과 손 사이에 놓인 간극에 다리를 놓아주었다."[76]

꽃과 사과의 신선함에 유사성이 있다는 말은, 싱싱함이라는 속성을 포함해 향기의 강도, 맛의 강도와 결합되어 얻어진 개념이 서로 유사하다는 것을 의미할 것이다. 어쩌면 그녀는 냄새와 촉감의 섬세한 차이로부터 색감을 느꼈을지 모른다. 사람의 말소리가 공기의 진동으로 전달되듯이 색깔도 빛의 파동으로 전달된다. 그 파동을 눈으로 감지할 수는 없었을지라도 그녀라면 섬세한 상상력을 통해 색깔을 보았을지도 모를 일이다.

감각의 한계를 넘어서는 헬렌 켈러의 상상력과 사고의 전이는 중요한 시사점을 던져준다. 감각으로 받아들이는 것 때문에 사고가 제한될 수 있지만, 사고의 전이를 통해 그 한계를 뛰어넘을 수 있다는 점이다. 눈에 보이는 물리적인 현상을 통해 눈에 보이지 않는 현상까지를 유추할 수 있는 힘이 바로 사고의 전이에서 비롯되기 때문이다.

생각은 지식—경험을 포함해서—에 의해서 제한받는다. 그러나 지식에 기반을 둔 상상을 통해서 지식 간의 경계를 허물 수 있고, 이를 통해 새로운 발견, 더 나아가 새로운 지식과 창의적 발상의 세계를 열 수 있다. 스페인의 IE경영대학이 미국 브라운대학과 공동으로 경영과 교양을 결합한 새로운 과목을 시도하는 것은 사고의 전이 훈련을 위한 바람직한 시도라고 볼 수 있다. 스탠포드대학, 예일대학, 토론토대학, 옥스퍼드대학, 런던 정경대학 등 세계 여러 유명 대학에서 MBA와 타 학문 분야의 이종(異種)결합을 시도하는 것은 매우 의미 있는 일이다.

11

창의성

경험할 수 없는 것을 상상하는 힘

상상력이 풍부한 사람은
그렇지 않은 사람보다 실수를 더 많이 한다.
진리를 향한 풍성한 상상과 추측은
새로운 발견을 위해서 반드시 필요한 첫걸음이다.
그리고 엉뚱한 추측을 합리적인 추측보다
몇 곱절은 더 하게 된다.

: 윌리엄 제본스(William Stanley Jevons)[77]

전혀 새로운 상황 속에 있을 때 우리는 긴장하게 된다. 긴장의 속성을 먼저 생각해보자. 긴장이란 내가 나를 보호하기 위한 생물학적 현상이다. 평소에는 익숙한 상황에 있기 때문에 보호막이 필요하지 않지만, 갑자기 어두워지거나 모르는 사람이 다가오거나 하면 긴장을 느끼게 된다.

학습현장에서의 긴장감도 마찬가지다. 친숙한 문제이거나 내용이면 나는 준비된 상태에서 당황하지 않고 대응할 수 있다. 그러나 준비되어 있지 않는 문제나 내용을 접할 때는 긴장감이 감돈다. 더구나 시간에 쫓기게 되면 머리가 제대로 기능하지 못한다. 시간적 여유가 허락하는 한 '새로운 대응방안'을 찾아야 한다. 창의적 사고는 그래서 필요하다. 준비되지 않은 상황에서 문제를 해결해야 할 때 우리는 도움이 될 만한 것이라면 어떤 것이라도 붙들고 실마리를 찾고 싶어 한다. 그러면 창의적 사고의 근원은 어디에 있을까?

———·통찰과 직관

운동경기가 재미있는 이유 중의 하나는 운동선수들의 독창적인 경기 내용과 기술을 보고 즐길 수 있기 때문이다. 고도의 기술과 체력 그리고 창의적인 몸놀림을 보면 감탄사가 절로 나온다.

창의성은 의식세계 속에 없는 것이라고 주장하는 사람들이 많다. 프랑스의 수학자 하다마드(Jacques Salomon Hadamard)[78]는 유명한 과학자와 동료 수학자들을 대상으로 혁신적인 발상이 어디서 오는지를 질문했다. 모두들 한 가지 문제에 대해서 오랜 시간을 두고 깊이 몰두할 때, 씨앗이 발아하는 것처럼 새로운 발상이 생겨났다고 답했다. 신중하게 숙고를 거듭하다가 충분히 잠을 자거나 며칠 동안 다른 일을 하며 머리를 식히고 난 뒤 결정적인 통찰이 머리에서 뻥 터져 나왔다는 것이다. 아인슈타인은 이것을 '결합 놀이(combinatorial play)'라고 표현하기도 했다.

통찰이나 직관은 인지적으로 접근할 수 있는 것이 아니라는 것이 최근에 확인되었다.[79] 우리가 경험하고 배우는 다양한 지식들은 우리가 인식하지 못하는 사이에 서로 연관성을 지어가는데, 이런 것들이 어떤 순간 동시적으로 발화하면서 새로운 발상을 불러일으킨다. 이것이 바로 지식의 결합현상이다.

더마트렌즈(Dermatrends)사의 CEO 쉬바르츠락(Ted Schwarzrock)은 초등학교 3학년 때 엘리스 폴 토런스(Ellis Paul Torrance)[80] 교수가 이끈 창의성 놀이에서 깊은 인상을 받았다. 토런스 교수와 연구진들은 어린이들을 모아놓고 '어떻게 하면 장난감 소방차의 기능을 개선하면서 더 재미있는 장난감으로 만들 수 있을까'를 주제로 프로젝트를 진행하게 했다. 프로젝트에 참여한 어린이들은 이동식 사다리를 추가하고 차 바퀴에 스프링을 설치하는 등 가지각색의 기발한 아이디어를 내놓아 교사들을 놀라게 했다.

추적조사 결과 어렸을 때 이러한 창의적인 놀이를 했던 일명 '토런스 어린이'들은 어른이 되어 기업가, 발명가, 대학 총장, 작가, 의사, 외교관, 컴퓨터 프로그램 개발자 등 다양한 창의적인 직종에 종사하는 것으로 조사되었다. 토런스 교수가 개발한 창의성지수(CQ)는 일반적으로 많이 알려진 IQ지수에 비해 일생 동안의 창의적 성취도와의 상관관계가 세 배 정도 높은 것으로 나타났다.[81]

미국에서는 창의성지수가 1990년을 분수령으로 해서 점차 낮아지고 있다고 한다.[82] 단정하기는 어렵지만 어린이들이 TV나 게임에 많은 시간을 빼앗기는 것도 하나의 원인일 수 있다. 선진국에서는 국가적으로 창의성 향상 방안을 추진하는 추세다. 영국은 2008년부터 중학교 교과과정에 창의적 사고를 진작시키는 프로그램을 도입했고, 유럽은 2009년을 '창의성과 혁신의 해'로 정하고 창의성을 육성하기 위한 교과과정을 실생활과 연계하여 추진하기도 했다. 중국도 반복 훈련식 교육방식을 폐기하고 문제 중심 학습방식으로 전환하고 있다.

여기서 하나 짚고 넘어갈 것이 있다. 예술은 창의적이고 과학은 비창의적이라는 고정관념이다. 실제로 공학과 학생과 음대생들한테 창의성 문제를 주면 두 집단 간에 별다른 차이가 없다는 것도 밝혀졌다.[83] 창의성이 학습과 관계가 없다고 생각하면 착각이다. 오히려 새로운 진실을 밝히고 연구에 몰두하는 것이 창의성을 활성화하시키는 데 유효하다. 따라서 창의성을 육성하기 위해 정규 교과과정을 희생해야 한다는 극단적인 주장은 옳지 않다. 문제는 교육방법에 있다.

또 한 가지, 흔히들 잘못 알고 있는 것 중 하나가 창의성이 우뇌에서 나온다고 믿는 것이다. 새로운 진실을 밝히려는 사고과정이 주로 좌뇌에서 이루어진다는 사실만 봐도 '창의성 = 우뇌'라는 생각이 잘못이라는 것을 알수 있다. 창의성은 좌뇌와 우뇌의 합작품이다. 우뇌의 직관적인 생각과 좌뇌의 논리적이고 추상적인 생각이 공유점을 갖는 순간 발생하는 것이 바로 창의성이다. 해답을 찾기 위해 골몰하다가 잠시 머리를 쉬기 위해서 영화를 보거나 좋아하는 길을 산책하거나 가까운 곳으로 여행을 떠난다. 그런 뒤에 다시 생각하면 의외로 쉽게 좋은 해결책이 떠오르는 수가 있다. 좌뇌의 추론과 우뇌의 직관이 새로운 접점을 찾는 것이다.

2004년에 노벨 물리학상을 수상한 윌첵(Frank Anthony Wilczek)[84]은 프린스턴대학에서 대학원생으로 있던 시절, 원자핵 공존문제를 골몰히 생각하다가 전혀 다른 문제를 검토하는 중에 갑자기 원자핵 공존문제의 결정적인 실마리가 떠올랐다고 회상한 바 있다. 전혀 관계가 없는 것처럼 보이는 자극이 다른 문제의 해결에 실마리를 제공하는 경험은 누구나 일상에서 종종 경험하게 된다.

창의성과 지능의 관계는 상관이 그렇게 높은 것 같지가 않다. 1950년대부터 둘 사이의 상관관계에 대한 논란이 있어왔는데 상반되는 연구 결과들이 많이 보고되었다. 가장 널리 알려진 이론은 토런스 교수가 주장한 '문지방 가설'[85]이다. 창의성과 지능이 낮은 상태에서는 양의 상관관계가 있으나, 둘 다 일정 수준 이상이면 상관관계가 없다는 것이다.

———•창의성과 환경

창의적 사고에 영향을 미치는 요인에 관한 주목할 만한 연구 결과가 있다. 건축물의 형태와 색채에 따라 창의적 사고에 차이가 있음이 확인된 사례다. 미국 미네소타대학의 조안 마이어스-레비(Joan Meyers-Levy) 교수는 천장의 높이가 각각 3미터와 2.4미터로 다를 뿐 구조는 똑같은 두 방에 100명의 피험자를 나눠 넣고, 동일한 문제와 퍼즐을 풀게 했다. 그 결과 높은 천장 아래서 문제를 푼 사람들에게서는 자유롭고 창의적으로 생각하는 경향이 강하게 나타났다. 반면 낮은 천장 쪽 사람들은 정해진 범위의 일을 꼼꼼하게 처리하는 데 강점을 보였다.

2009년에는 캐나다 브리티시 컬럼비아대학의 줄리엣 주(Juliet Zhu) 교수가 색깔과 창의성의 상관관계를 입증해 보였다. 600명에게 컴퓨터로 퍼즐을 풀게 하면서 문제의 배경색으로 빨간색과 파란색을 사용했다. 그 결과 빨간색을 배경으로 문제를 푼 그룹은 기억력과 주의력이 필요한 단어 암기, 철자법 점검 관련 점수가 높았다. 반면 파란색을 보고 문제를 푼 그룹은 창의력이 필요한 조각퍼즐 맞추기 등에서 훨씬 우수한 성적을 거두었다.

'소아마비 백신의 아버지'로 알려진 요나스 소크(Jonas Salk)[86]는 1950년대 초, 피츠버그대학의 지하 연구실에서 소아마비 퇴치법을 찾고 있었다.

오랜 시간을 매달려온 연구가 벽에 부딪히자 그는 기분전환을 위해 이탈리아 중부의 13세기 중세 수도원으로 여행을 떠났다. 높다란 기둥 사이를 한가롭게 거닐던 순간 소크의 머릿속에는 사균(死菌)백신의 영감이 반짝 떠올랐고, 이로써 소아마비 정복의 길을 열 수 있게 됐다.

인간의 영감을 끌어내는 건축의 힘을 직접 체험한 소크는 이후 당대 최고의 건축가인 루이스 칸(Louis Kahn)과 함께 태평양이 내다보이는 캘리포니아 샌디에이고 해안 언덕에 자신의 이름을 딴 생물학 연구소를 건립했다. 소크 박사는 "파블로 피카소(Pablo Picasso)가 감상할 정도의 예술적인 공간을 만들라"고 당부했다고 한다. 그 결과 당시로서는 파격적으로 높은 천장과 큰 창, 열린 공간을 지향하는 건축이념으로 세워진 소크 연구소는 그 예술적 풍광이 널리 알려져 '생물학계의 보석'으로 불릴 정도다. 연구소의 환경적 영향인지 소크 연구소에서 노벨상 수상자만 다섯 명을 배출하였다.

어린이들은 그 자체가 창의성 덩어리다. 아이들은 단순한 장난감을 가지고도 다양한 상상을 하면서 놀이를 한다. 심리학자 칼 융(Carl Gustav Jung)[87]은 어린이들처럼 환상 속에서 놀 수 없으면 창의성은 아직 그 사람 안에서 잠자고 있는 것과 같다고 말했다. 어린이와 같은 순수한 감탄과 경이로움을 느끼지 않고서는 창의성이 깨어날 수 없다는 의미다.

창의성이 넘치는 천재들을 보자. 그들은 그림을 그릴 때, 작곡에 몰두할 때, 우주의 원리를 찾는 여정에서 어린아이와 같은 환상 속에 있었다. 그들은 자기 분야의 전문지식을 어린이와 같은 자유로운 환상 속에서 재구성하는 사람들이다. 아인슈타인은 우주의 원리를 이해하기 위해 시공간 세계의 환상 속에서 물리적 원리와 놀이를 한 인물이다. 다른 과학자들이 이

미 알려진 결과를 붙들고 씨름하는 동안 그는 '왜 진공은 무게가 없을까'
와 같은 어린아이와 같은 궁금증을 자기의 환상 속으로 끌어들였다. 환상
은 창의성의 날개와 같다. 결국 창의성이 깨어나기 위한 환경은 내 안에 있
다고 볼 수 있다.

———.창의성과 지식결합

어떤 생각이 새롭게 느껴지는 것은 그 생각이 나의 지식으로 가능하지 않
을 때다. 나에게 익숙지 않은 것들은 모두 새롭게 느껴진다. 다른 사람의
옷차림, 머리 모양, 음악 등 우리 주위에는 새롭게 느껴지는 것이 많다. 사
람에 의한 새로움을 접할 때, 우리는 이것을 '창의적'이라고 말한다. 따라
서 창의성은 상대적인 시각에서 비롯된다.

열 명의 의상디자이너들이 모두 같은 학교를 다니며 같은 교수 밑에서
훈련받았다면 이들의 의상디자인 관련 지식은 거의 완전합치 상태일 것이
다. 즉, 열 명이지만 사실은 한 명이나 같은 상태다. 그러나 서로 다른 학
교 출신인 의상디자이너 열 명이 모여 있다면, 한 사람이 만든 의상에 대
해서 다른 의견들이 나올 것이고, 이런 과정이 모두에게 새로운 생각을 유
발시킬 것이다. 지식의 불합치 상태가 새로운 생각의 유발을 위한 촉매제
역할을 하는 셈이다.

어느 정도의 지식 불합치 상태가 집단에 발전적인 자극이 될까? 열 명
모두 서로 다른 학교에서 훈련받은 의상디자이너라고 하자. 열 명 모두가
하나의 의상에 대해서 제각각 다른 의견을 갖고 있다. 이때 서로 다른 의견

들을 최대한 반영하기 위해서는 각자 자기 생각에 맞게 의상을 수정하게 한 다음 각 의상에 대해 구성원 모두가 점수를 매기고, 점수 합이 가장 높은 의상을 선정하면 된다.

이제 열 개의 의상 작품을 놓고 열 명이 점수를 준다고 하자. 각 의상 작품에 대해서 각자의 주관에 따라 작품의 창의성을 점수로 매기는 것이다. 이때 모든 사람으로부터 10점 만점에 고르게 6점을 맞은 작품이 1등을 했다고 해보자. 그 작품은 누구에게서도 최고점을 받지 못했지만 종합점수는 가장 높다. 이 1등 작품을 나머지 아홉 명의 디자이너가 수정해서 각자 새로운 작품을 개발한다고 하자. 이것을 다시 열 사람이 점수를 매겨서 1등 작품을 고른다. 이렇게 해서 얻은 1등 작품은 1단계에서의 1등 작품과 비교할 때 창의성 측면에서 어떤 차이가 있을까?

분명한 것은 1단계에서의 1등 작품이 아홉 명의 디자이너에게 새로운 사고 유발의 단초를 제공했다는 점이다. 예컨대 6점을 주었다면 그에 대한 이유가 있을 것이다. 점수에서 4점을 뺀 것은 평가자가 자신의 불만을 표현하는 방식이다. 아마도 아쉬운 부분에 대한 자기만의 생각이 구체적으로 있었을 것이다. 바로 이 불만이 2단계 수정작업에서 새로운 창작을 가능케 했다고 볼 수 있다. 평가자의 불만이 클수록 작품에 대한 창의적 수정 작업의 여지는 많다. 그렇다고 평균점수가 가장 낮은 작품이 가장 강력한 창의성을 유발한다고 볼 수는 없다. 평균점수가 가장 낮은 작품은 모두에게 진부한 작품이라고 평가받았을 수 있기 때문이다. 창의적인 사고를 위해서는 유발 요인이나 자극요소가 충분히 있어야 하는데, 진부한 작품이라면 창의성 유발 요인이 낮기 때문이다. 0점을 매긴 평가자는 그 작품에 대해 아예 관심이 없다는 의미일 수도 있다.

2단계 작품은 이제 아홉 명 나름대로의 창의적 보충이나 변화 과정을 거친 상태다. 1단계에서 1등한 작품의 아이디어에 아홉 명이 각각의 아이디어를 결합한 결과물들이므로 아홉 개 작품 모두가 의미 있는 작품이다. 즉, 2단계에서의 아홉 개 작품들은 지식결합의 좋은 예다.

A가 B의 작품에 수정을 가한다는 의미는 A가 B의 작품을 이해했다는 것을 의미한다. 어떤 작품에 대한 이해를 바탕으로 하지 않고 그것을 수정할 수는 없기 때문이다. 수정한 작품을 B가 감상했을 때, 작품이 더 좋아졌다고 평가한다면 이것은 지식결합의 긍정적인 결과다. 그러나 B가 실망했다면 A는 B와의 지식공유가 별로 없거나 아예 B에 종속적인 지식을 소유했다고 보아야 한다.

창의성을 연구하는 학자들은 지식의 결합이야말로 창의적 사고의 본질이라고 본다. 아무 연관성이 없어 보이는 생각들을 결합해 새로운 발상을 떠올리는 과정은 화학적 결합만큼이나 근본적인 변화를 가져온다.

지금은 유전학의 기초가 되었지만 콩의 유전 현상을 확률적으로 규명한 멘델(Gregor Mendel)은 생명현상을 수학적으로 분석했다는 점에서 서로 무관하게 보이는—무관하게 보이지 않는다면 우리가 이미 멘델의 법칙에 익숙해졌기 때문이다—두 분야의 결합을 이루어낸 대표적인 인물이다. 이러한 결합은 결합하는 두 분야의 지식이 풍부할 때라야 가능하다. 평소 쌓아둔 지식들, 고민했던 문제들과 생각했던 아이디어들에 대해서 깊이 생각하면서 그것들과 익숙해지면, 그것들은 의식적으로 생각해내지 않더라도 머릿속에서 서로 연결되고, 무의식적으로 동시발화하는 관계로 발전할 수 있다. 어떤 문제에 골몰히 빠져 있다가 그 문제에 대한 구상을 접고, 전혀 다른 것을 생각할 때 갑자기 그 문제의 해결책이 떠오르는 때가 종종 있다. 마치 크리스마스 트리의 전구 불빛이 전기를 연결한 순간 일시에 반짝이거나 서로 다른 주기로 울리던 진동체가 어느 순간 공진하는 것처럼 동시에 발화하는 것이다. 그러므로 평소 다양한 분야에 많은 경험과 지식을 쌓아두는 것은 창의적 사고를 위해 중요한 준비과정이라고 볼 수 있다.

앞에서 언급했던 문지방 가설이 암시하는 바와 같이, 지식의 양과 창의성이 상관관계를 갖는다고 단정 지을 수는 없다. 지식이 많다고 해서 창의성이 높다는 보장은 없다는 것이다.

그런데 창의적인 활동을 하는 천재들을 보면 많은 작품을 내놓았다. 바흐는 몸 컨디션에 관계없이 거의 매주 한 곡씩 칸타타를 작곡했고, 모차르트(Mozart)는 평생 600여 곡을 작곡했으며, 렘브란트(Rembrandt)는 650점의 그림과 2,000점의 드로잉 작품을 남겼다. 피카소는 평생 2만 점의 작품을, 셰익스피어(Shakespeare)는 154개의 소네트를 썼다. 물론 이들 작품 모두가 하나같이 뛰어난 예술성과 완성도를 자랑하는 것은 아니다. 어떤 것은 평범하고 어떤 것은 심지어 보잘것없는 것도 있다. 우리가 주목할 점은 이들 천재들의 왕성한 작품활동 속에 나타난 그들의 풍부한 사고 역량이다. 막힘없이 흐르는 사고의 유연성도 이들의 공통된 특징이다. 예술가들뿐 아니라 아인슈타인, 프로이트, 다윈과 같은 천재적 과학자들도 분야를 넘나드는 수많은 연구 결과물들을 내놓았다.

───·수학, 이야기와 상상의 학문

수학은 일상생활에 필수불가결한 학문이다. 그러나 정작 내용을 들여다보면 현실과 분리된 내용이 주를 이루는 건 왜일까? 수학은 현실을 추상화해서 재구성하는 과정과 매우 흡사하다. 지구와 달의 인력운동을 이해하고 나면, 인력의 성질을 다루는 데 지구와 달이 더 이상 필요 없게 된다. 인력이 두 물체 사이의 고유한 성질로 추상화된 개념이 바로 수학적 내용이다. 눈에 보이는 것들 속에 숨어 있는 공통적인 성질을 다루기 때문에 수학적 사고는 무제한적인 상상력이 요구된다. 이 점이 수학의 단점이면서 동시에 장점이기도 하다.

수학은 사람의 상상력을 키워준다. 상상력은 예술이나 판타지 영화에서만 키울 수 있는 것이 아니다. 일상생활에서 접할 수 없는 추상적인 것들에 대한 성질을 생각하는 것 자체가 상상력을 요구한다. 우리가 사는 지구를 중심에 놓고 달이 지구 주위에서 돈다고 설정하는 것은 생각하기 어렵지 않다. 그런데 두 물체가 서로를 향해 끌어당기거나 밀어내면서 서로를 돌고 있다고 한다면 더 많은 상상력이 요구된다. 세상의 물체들은 모두 무엇인가를 중심으로 돌면서 서로 끌어당기기도 하고 밀어내기도 한다. 이러한 운동을 아주 오랫동안 한다면 나중에는 어떻게 될까? 현재와 거의 유사할까 아니면 전혀 다른 모습으로 바뀔까? 다른 모습으로 변화한다면 어떤 모습일까?

인간 사회에서는 어떻게 될까? 친밀한 관계에 따라 친한 사람들끼리는 가까이 뭉치고, 싫어하는 사람들끼리는 서로 멀리 떨어져 있으려고 한다. 그러면 오랜 시간이 흐르면 어떻게 될까? 물감이 물속에서 흩어지는 것하고는 반대되는 현상이 생길까? 사람들의 집단에서는 문제가 그렇게 간단하지 않다. 사람은 분자처럼 단순한 원리에 따라서 움직이는 존재가 아니기 때문이다. 사람은 감성과 이성적인 판단에 따라 움직인다. 더구나 사람의 생각은 고정불변한 것이 아니다. 사회생활을 하면서 도덕적 가치관이나 지식은 항상 변할 수 있으며 그에 따라 사람들 사이의 관계도 달라진다. 과장해서 표현하면 어제의 나와 오늘의 나는 가치관이나 지식수준이 다를 수 있기 때문에 그에 따라 사람들 사이의 친밀도와 내용도 달라진다.

그런데 복잡하게만 보이는 사람들 사이의 관계를 어떻게 수치화할 수 있을까? 너무 막연하지 않을까? 그런데 이것을 단순화해서 표현한 연구 결과가 있다.

1960년대의 저명한 사회심리학자 스탠리 밀그램(Stanley Milgram)[88]은 미국 내 임의의 두 사람의 친구관계를 실험적으로 조사한 결과 평균적으로 다섯 또는 여섯 사람을 통하면 누구하고나 연결된다는 것을 알아냈다. 이 현상을 머릿속에 그리면서 생각하면 복잡해진다. 평균적으로 5~6명을 통하면 다 연결된다는 말이 무슨 의미일까? 미국 내 모든 사람이 이렇게 연결되어 있다면 이 연결은 어떤 형태를 이룰까? 모든 미국인들이 골고루 연결되어 있을까? 이것을 어떻게 알아볼 수 있을까? 사람 집단에만 우리의 생각을 묶어두면 적절한 답이 나올 수 없다. 그런데 이것을 점과 선을 이용

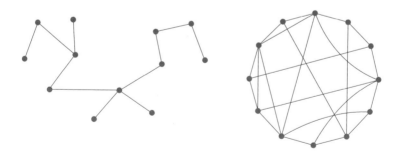

그림 36 열두 명의 친구관계를 그래프로 나타낸 그림

해 상상하면 어느 정도 답이 떠오르기 시작한다. 사람은 점으로, 관계는 점과 점을 연결하는 선으로 나타낸다고 할 때, 사람 집단의 친구관계는 아래 [그림 36]과 같이 나타낼 수 있다.

선분으로 직접 연결된 두 사람의 친구지수를 1촌이라고 하면 세 사람을 통해 연결된 두 사람의 친구관계는 4촌이 된다. 밀그램의 결과에 따르면 미국인들의 친구지수는 평균 6~7촌이다. [그림 36]에서 왼쪽 그림에 나타난 친구지수의 평균값은 오른쪽 그림보다 클까, 작을까? 오른쪽을 보면 바로 1촌 친구 사이가 왼쪽에 비해 훨씬 많아 보인다. 눈짐작으로도 오른쪽의 친구지수가 평균적으로 왼쪽보다 더 작음을 알 수 있다. 실제로 왼쪽 그림에서의 평균 친구촌수는 3.35, 오른쪽 그림에서는 1.76이다. 사람들의 숫자가 늘어나면 이 그림은 어떤 식으로 변형될까? 수백, 수천만 명의 사람들이 기껏 친구지수가 평균적으로 6~7촌이라는 것을 그림으로 어떻게 표현할 수 있을까? 100명만 해도 4,950쌍의 친구관계를 생각해야 하는데, 평균적으로 6~7촌이라는 친구관계를 어떤 모양으로 나타낼 수 있을까? 이렇게 생각하다 보면 궁금증이 꼬리를 물고 계속 생긴다. 이 문제를 생각하는 것은 수학적 상상의 힘이 아니면 불가능하다.

사람 집단 안에서의 친구관계를 어떻게 표현해야 할지를 고민하는 것 자체가 수학적 생각을 지향하고 있는 셈이다. 수학은 이처럼 현상의 본질을 들여다보고 그 본질을 단순화 또는 추상화해서 생각을 쉽게 이끄는 수단을 제공한다. '사람 집단'이라는 구체적인 개념에 묶여 있으면 이러한 생각 공간의 단순화 작업에 방해가 된다. 마치 분수의 덧셈·뺄셈을 계산할 때 피자조각을 떠올려야 하는 어린아이들의 생각방식과 유사하다. 피자를 떠올리며 분수를 생각하는 아이들은 피자조각이 떠오르지 않으면 생각을 진전시킬 수 없는데, 분수 계산의 일정한 단계를 넘어서면 순수하게 분수 그 자체만으로 계산할 수 있어야 한다. 그래야 수학적으로 생각할 수 있게 된다.

수학을 싫어하는 사람들은 대부분 수학이 실생활에서 사용하는 용어로 표현이 되지 않았다며 알아듣거나 이해하기 어렵다고 불평한다. 그렇지만 수학도 명백한 '이야기'다. 다만 일상용어로 표현하기 까다로운 이야기일 뿐이다. 우리가 보고 듣고 느끼는 것들은 누구나 쉽게 이야기로 전할 수 있다. 그것은 경험할 수 '있는' 것이기 때문이다.

그렇지만 경험하는 현상들의 원인은 대부분 경험할 수 없는 것들에 있는 경우가 많다. 그것들은 사람이 경험할 수 있는 범주를 벗어난다. 예컨대 무엇과 충돌하여 아픔을 느낀다. 그렇지만 '힘'이라는 것 자체는 사람이 느낄 수 있는 범주 밖에 있는 것이다. 사람은 빛의 속도를 경험할 수 없기 때문에 다만 상상할 따름이다. 수학에서 다루는 많은 내용들은 사람이 경험할 수 없는 범주에 있다. 주로 원리와 자연의 법칙을 다루는 것들이기 때문이다. 그래서 수학은 많은 상상력을 필요로 하고 그만큼 생각하는 힘을 길러준다.

이런 맥락에서 필자는 학생들에게 가능하면 학창시절 수학과목을 많이 공부하라고 권한다. 추상적인 내용일수록 더 좋다. 학생들에게 더 풍부한 상상력을 요구하기 때문이다. 생각을 위한 머릿속 근육을 섬세하게 발달시키는 데 있어서 수학은 최고의 도구다. 일상생활에서 접할 수 없는 추상적 내용을 이해하고 도출하는 과정에 떠올려지는 생각들은 우리에게 낯설지만 한층 더 생각의 경계를 넓혀준다.

12

생각의 흐름

세상의 변화와 열린 생각

생각은 크게, 시작은 작은 데에서, 행동은 빠르게 하라
(Think big, Start small, Move fast).

: 미국 메이오클리닉의 표제어

우리나라의 그린(green)디자인 분야에서 손꼽히는 개척자 중 한 명인 이아영 희림종합건축사무소 상무는 "말로만 친환경을 외칠 뿐 설계에 제대로 구현하는 경우는 드물다"고 안타까워한다. 그녀는 막연히 건물에 녹색공간을 많이 만들고 주차장을 공원으로 꾸미는 것은 친환경이 아니라고 잘라 말하면서, 지구적 차원에서 에너지나 탄소를 적게 배출하기 위한 구체적 실천방안을 설계로써 구현해야 한다고 강조한다.

이 작업은 건축은 물론, 환경적 요소까지 아우르는 종합적 지식을 필요로 한다. 즉 건축자재, 규모, 용도, 기능 등 종합적인 설계를 구상하면서 에

너지 효율을 극대화하는 것을 바탕에 깔고 진행해야 한다. 이 상무는 설계 단계에서부터 에너지 효율성 극대화를 구체화하는 방향으로 지식을 구축하고 활용한다.

———• 종합적 사고능력

종합적 사고란 무엇일까? 종합적 사고를 할 때 동시발화가 이루어지면 얼마나 많은 뇌신경들이 활성화될까? 런던 시내의 택시기사들은 2만5,000여 개에 달하는 도로를 알고 있다. 그래서 손님이 가고자 하는 목표지점에 가장 빠른 시간에 도달하려면 어느 길로 가야 할지를 즉시 떠올린다. 라디오 교통방송을 듣다가 어느 지점이 막힌다고 하면 곧바로 길을 수정해서 나머지 선택 가능한 경로 가운데 최단거리를 택한다. 런던의 도로망을 한눈에 보듯 꿰뚫고 있기 때문에 이와 같은 즉각적 대응이 가능하다.

종합적 사고능력은 논리적 사고능력과 구분된다. 좌뇌와 우뇌의 역할을 비교해서 생각하면 쉽다. 논리적 사고는 주로 좌뇌에서 이루어지고, 종합적인 사고는 여러 상황을 직관적으로 판단하는 우뇌에서 주로 담당한다. 논리적 사고는 특정 문제의 해결방안을 찾는 과정에서 어떤 구체적인 방안을 전개할 때 주로 이루어지고, 그 방법을 찾을 때까지는 직관적 판단으로 문제를 관찰하여 자신의 지식으로 재해석하고 문제를 단순화시키는 작업을 우선 처리해야 한다. 이것은 좌·우뇌가 협력적으로 활동해야 가능한 작업이다. 따라서 종합적 사고능력이 뛰어난 사람은 좌·우뇌의 협력이 잘 이루어진다고 볼 수 있다.

어떤 상황에 접했을 때, 무엇이 문제인지를 남보다 먼저 파악할 수 있는 사람은 그 상황과 관련된 지식이 남들보다 풍부하고, 관련 지식들이 상호간에 잘 결합된 사람이다. 따라서 종합적 사고능력이 있는 사람은 남이 잘 보지 못하는 틈새를 꿰뚫어보고, 구체적이면서 설득력 있는 방법을 생각해낼 수 있다.

책을 통해 현상을 접한 사람과 직접 눈과 귀로 현상을 체득한 사람은 현상을 재현하는 데 뚜렷한 차이가 있다. 전자는 남에 의해서 걸러진 것 이상을 볼 수 없는 반면 후자는 남이 보고 말한 것의 의미를 재해석할 수 있다. 진실의 일부만을 아는 사람과 진실을 모두 아는 사람의 차이라고도 볼 수 있다.

───── 예단적 사고와 유보적 사고

수평적 사고의 창시자 에드워드 드 보노(Edward de Bono) 교수는 여럿이서 새로운 발상을 찾기 위해 논의할 때 어떤 생각이 좋고 나쁘다거나, 목적에 적합한지 아닌지를 미리 판단하지 말라고 주문한다. 논의하는 중에 미리 판단을 내려버리면 참여한 사람들의 생각에 공통적으로 편견을 심어줄 수 있기 때문에 폭넓은 사고의 개발에 방해가 된다는 것이다. 다시 말해 모든 사람들의 의견은 각각의 가능성을 염두에 두고 들어야 한다.

논의하면서 사람들의 다양한 의견을 듣다 보면 혼자서는 생각하지 못한 새로운 생각의 단초가 잡히는 경험을 한다. 이것은 나의 머릿속에 잠자고 있던 생각이 건드려지는 과정이다.

통계학에서는 복잡한 자료를 분석할 때, 자료를 여러 가지 그림으로 표현해서 들여다보는 단계가 있다. 자료 속에 어떤 진실이 숨어 있는지를 처음에는 전혀 감을 잡지 못하다가도 그림으로 보면 직관적으로 전체를 파악하고, 어떤 특징이 있는지를 대강 직감할 수 있다. 이 직감적 느낌을 보다 체계화하기 위해서는 분석하는 과정이 이어진다. 이때 어떤 특정 모형을 가정하고 과학적 분석으로 들어가게 되면 분석 결과에 대한 해석이 처음 가정한 모형을 기준으로 만들어진다. 그 모형에 특별한 문제가 있다는 징후가 나타나지 않는 한 그 모형을 사용해서 자료 속의 진실을 설명하게 된다. 그러면 다른 모형에 대한 가능성은 생각할 수 없게 된다. 누군가 현재 개발된 모형에 대해서 설득력 있는 부정을 하지 않는다면 현재의 모형 외에 다른 것을 생각해내기는 쉽지 않다. 이미 현재의 모형과 너무 익숙하기 때문이다.

사물 그 자체를 있는 그대로 관찰하기란 결코 쉬운 일이 아니다. 사람은 누구나 자신이 관심이 있는 쪽에 더 집중해서 관찰하게 된다. 사람의 순간적 인식용량에는 한계가 있고 작업 기억용량은 다른 두뇌활동으로부터 영향을 받기 때문이다. 그야말로 관조적 관찰을 하기 위해서는 자기 머릿속의 선입적 생각을 동결시키고 어떤 판단도 없이 바라보는 훈련을 받아야 한다. 그래서 행동심리학자인 거드 기거렌저는 어느 기관이나 단체의 신임 책임자에게 전임자의 구성원에 대한 정보를 제공하는 것은 오히려 편견의 악순환을 키우기 쉽다고 본다. 신임자의 눈으로 새롭게 관찰함으로써 조직의 분위기를 변화시킬 수 있는 동기 유발이 중요하다는 것이다.

찰스 다윈은 일생을 바쳐 연구한 결과가 자신의 기독교적 신앙에 위배된다는 사실 때문에 고뇌에 빠졌다. 특히 독실한 기독교인이었던 부인 엠마에 대한 정신적 부담감이 상당했다고 한다. 젊은 시절 성직자가 되겠다고 마음먹었을 정도로 신앙심이 깊었던 다윈이 과학적 연구 결과, 신앙을 저버릴 수밖에 없는 생각의 대변화를 겪게 된 것이다. 진화론적인 생물현상을 꾸준히 관찰한 그는 인간이 신의 창조가 아닌 진화론적인 결과물이라는 엄청난 사고의 변화를 겪었다. 그는 과학적 증명을 바탕으로 자신의 생각을 바꾸고 오랜 시간에 걸쳐 자료를 모으고 분석함으로써 변화된 입장을 강화하는 쪽으로 논리를 전개해 나갔다. 그런 이유로 다윈은 통계학적 사고의 대표적인 인물이다.

신이 인간을 창조했다는 주장을 부정해온 무신론자들에게 진화론은 그야말로 종결자 역할을 했다. 독실한 기독교인이었던 다윈이 기독교적인 신앙관에 위배되는 이론을 체계적으로 정립해가는 과정에서 다윈이 예단적인 사고의 영향으로 미리 판단하고 결정을 내려버렸다면 진화론에 도달할 수 없었을 것이다. 다윈은 모든 가능성을 끝까지 버리지 않고 판단을 유보하며 신중하게 관찰하고 또 관찰했다. 다윈의 아들인 프란시스 다윈 (Francis Darwin)은 자기 아버지의 유보적인 사고능력에 경탄을 금할 수 없었다고 한다.

예단적 사고와 유보적 사고는 사고의 역동성 면에서 차이가 있다. 예단적 사고의 경우 자신의 지식체계에 반하거나 쓸모없다고 판단하는 대상들은 곧바로 무시하고 버린다. 자기가 좋아하는 것 위주로 취하고 더 관심을 강화하는 유형이다. 그런 반면, 유보적 사고는 모든 가능성을 열어놓고 해결책 또는 진실을 향해 생각을 발전시키는 유형이다.

통계학적 사고는 관찰 도중에 질문을 사용한다. 지금까지 상대가 말한 내용을 토대로 자신이 알고자 하는 것의 실체에 대하여 가설을 세운 다음 그 가설의 타당성 정도를 가늠하기 위해서 질문을 활용하는 것이다. 이때 질문은 그 가늠에 유용한 정보를 노출시킬 수 있는 내용일수록 좋다. 유능한 통계적 관찰자는 그만큼 유효한 질문을 던질 것이다. 그렇다고 통계학적 사고가 목표 지향적 사고에 몰입하는 것도 아니다. 선입관념에 따라 자료를 거르지 않고 노출된 그대로를 받아들이는 태도가 중요하다.

통계학적 사고의 이런 특성은 일반적인 사고와 구별된다. 보통 사람들의 뇌에서는 외부로부터 정보를 받아들일 때 자동 여과장치를 작동시킨다. 싫어하거나 관심이 없는 정보이면 한쪽으로 듣고 한쪽으로 흘려버리는 속성이 있다. 자연스러운 선택적 강화현상이다. 자기에게 익숙한 것과 관심 있는 분야의 사고는 더 정교해지고 풍부해지는 것이다.

───• 생각의 얽매임 현상

어떤 문제를 해결하고자 할 때, 해결방안이 잘 떠오르지 않으면 자신이 어떤 생각에 묶여 있는지를 살펴야 한다. 처음 접어든 생각에 계속 머물러 있으면 그 생각공간에 갇혀서 시간이 흘러도 생각의 물길은 더 고착화될 뿐이다. 아무리 시간이 지나도 문제의 해결책이 보이지 않으면 그것은 내가 처음부터 접근을 잘못했거나 관련 지식이 부족하다는 것을 의미한다.

접근 방법은 문제를 보는 관점에 따라 달라지기 마련이다. 파인만의 말처럼 동일한 문제라도 표현 방식에 따라 문제를 접근하는 방식이 달라지는 것과 같은 이유다. 아인슈타인은 어떤 문제에 대해서 생각할 때 그 문제를 가능한 여러 가지 방법으로 묘사하는 작업이 필요하다고 강조했다. 그에게 누군가 "만약 한 시간 뒤에 대규모의 혜성이 지구와 충돌해서 지구를 산산조각 낼 것이라는 소식을 듣는다면 어떻게 할 것인가?"라고 질문한 적이 있었다. 그는 이렇게 답했다. "나는 55분 동안 그 문제를 어떻게 묘사할 것인지에 대해서 생각할 것입니다. 그리고 나머지 5분 동안 그 문제를 해결할 겁니다." 이것은 자신에게 보이는 물체가 무엇인지를 다양한 각도에서 관찰하다 보면 그 물체가 무엇인지 더 뚜렷하게 보인다는 것과 일맥상통하는 이야기다.

3M은 세계적인 사무용품 제조회사다. 우리가 많이 쓰는 스카치테이프는 애초에 산업용으로 개발되었으나 산업체 고객들의 초기 반응은 영 시큰둥했다. 그러자 경영진들은 이 제품을 모조리 소각하라는 지시를 내렸다. 그러나 그 개발자는 이 제품에 다른 용도가 있지 않을까 생각하며 몇 개를 집으로 가져왔다. 며칠 뒤 집에서 아이들이 테이프를 이용해 머리모양을 꾸미고, 자기 방을 장식하고, 찢어진 책장을 붙이는 등 다양한 용도로 사용하는 것을 본 개발자는 곧바로 경영진을 찾아가 이 테이프를 산업용이 아니라 일반 소비자용으로 판매할 수 있다고 설득했다.

지금 생각해보면 스카치테이프가 처음부터 어떻게 산업용으로만 국한해서 개발되었는지 이해할 수 없을 정도이지만, 경영진이 소각처분이라는 극단적인 결정을 내린 것을 보면 "원래 산업용으로 개발된 제품이니 산업용으로서 경쟁력이 없으면 쓸모없다"고 생각이 고착된 것을 알 수 있다. 개발자 역시 경영진과 같은 기존의 생각의 틀에 묶여 있었다면 아이들이 스카치테이프를 다양한 용도로 활용하는 것을 보고도 새로운 발상으로 연결시키지 못했을 것이다. 테이프에 다른 쓰임새가 있을 것이라는 가능성에 대해서 생각을 아예 닫아놓으면 눈에 보이는 가능성도 보지 못하게 된다.

고착화된 사고와 열린 사고의 예는 얼마든지 있다. 시계산업의 종주국

이던 스위스는 노이텔에 있는 연구소에서 전기로 작동하는 시계를 처음 발명했지만, 스위스인들은 전자시계가 미래의 시계가 될 수 없다고 여겼다. 그러나 세계 시계박람회에서 이 전자시계를 본 일본의 세이코(Seiko)는 전자시계에 새로운 성장동력을 찾기로 결정하였고, 결국 세계 시계시장을 석권하게 되었다.

처음에 컴퓨터를 발명한 유니박(Univac)[89]은 관심을 보이는 기업체들에게 '컴퓨터는 과학 연구용이지 산업용으로는 맞지 않는다'며 무시했다. 그래서 정작 컴퓨터를 기업용으로 개발하여 막대한 수익을 올린 기업은 유니박이 아닌 IBM이었다. 아이러니하게도 그런 IBM마저 '경험적으로 볼 때, 개인용 컴퓨터 시장은 사업성이 없다'고 단언했다. 개인용 컴퓨터를 사용할 사람은 전 세계에서 열 명도 안 될 것이라는 게 그 이유였다. 나중에 개인용 컴퓨터를 내세워 사업에 성공한 기업은 IBM이 아니라 애플(Apple)이다.

이처럼 어떤 환경에 익숙해진 상태에서는 미래를 보는 시각이 익숙한 흐름에 고정되기 때문에 열린 생각으로 새로운 상황을 받아들이기 어렵다. 당시 컴퓨터의 규모가 워낙 크고 유지 비용이 많이 드는 점을 고려할 때 IBM이 개인용 컴퓨터를 구상하기는 어려웠을 것이다. 그리고 컴퓨터의 용도가 기업 정보처리용으로 국한되어 있었으므로 개인이 컴퓨터를 쓴다 해도 그 쓰임새가 극히 제한적이었다. 따라서 IBM은 곧 다가올 개인용 컴퓨터 시대를 내다보지 못한 것이다.

IBM은 기업용 컴퓨터 시장에서 충분히 수익을 올리고 있었던 데다, 개발해야 할 프로젝트도 엄청나게 산적해 있었다. 컴퓨터가 발전할 수 있는 가능성을 개인용으로까지 확대하기에는 IBM이 기존의 성공 공식에 너무나 익숙해져 있었던 것이다.

———• 생각의 흐름

프랑스의 철학자 장 자크 루소(Jean-Jacques Rousseau)는 산책을 하거나 혼자 여행하면서 영감을 많이 얻었고, 괴테(Johann Wolfgang von Goethe) 역시 생각을 하고 새로운 발상을 얻기 위해서 산책을 즐겨 했다. 또한 정신분석학자 프로이트는 장기간 등산여행을 하는 동안 무의식, 전의식, 의식에 관한 이론을 완성하였다.

생각은 하나의 흐름이다. 처음에 어떤 단초를 포착하면 그 다음부터는 물결이 퍼지듯 계속 확산된다. 최초의 단초는 대개 생각의 경계 부근에서 발생하는데, 생각의 경계는 남의 생각이나 외부의 자극과 나의 지식공간이 맞부딪히는 지점이다. 어떤 필요가 있는지를 인식하는 곳에서 생각의 단초가 형성된다. 그러므로 어디에 어떤 필요가 있는지를 인식하는 것이 중요하다. 기록하지 않고 진행하는 생각은 툭툭 건드리는 생각과 같다. 물론 이때에도 어떤 곳에서 잠들어 있던 생각이 자극받아 부지불식간에 튀어나올 수 있다.

연세가 90대인 필자의 어머니에게는 대화에 일정한 유형이 있다. 저녁 시간에 맞춰 전화를 드리면 저녁을 먹었는지 물으신다. 안 먹었다고 하면 배고프겠다고 걱정하신다. 당신도 젊으셨을 때는 배고픈 것을 많이 참지 않으셨냐고 하면 그 옛날 보릿고개를 넘기는 와중에 식량이 부족해 힘드셨던 이야기를 꺼내신다. 어머님께 태어나신 고향이 어디인지 여쭈면 정확히 답하시지만, 필자가 어디에서 태어났는지는 가끔 다른 답을 하시기도 한다. 그러고는 아들(필자)을 데리고 산에 나무하러 갔던 이야기를 이어하신다. 고향 이야기가 나오면 변함없이 반복되는 순서다. 어머니가 하시는 이야기의 내용은 거의 고정되어 있다.

젊으셨을 때는 기억력이 동네에서 둘째가라면 서러울 정도로 좋으셨지만, 고령이신 관계로 지금의 기억은 모두 당신이 젊으셨을 때의 내용으로 국한된다. 그러나 최근의 일은 시각적인 자극과 결부되었을 때는 어느 정도 기억을 하신다.

고령이신 어머니의 기억을 생각하면 마치 호수의 물이 거의 다 빠지고 난 뒤에 호숫바닥 패인 곳에 조금씩 물이 고여 있는 것과 같음을 느낀다. 물길이 서로 연결되어 있지 않은 채 패인 곳에만 드문드문 고여 있는 물. 어쩌다 그 작은 웅덩이에 조그만 낙엽이 떨어지면 그 웅덩이에만 물결이 일고 잠잠해지는 것처럼, 어머니는 건드려지는 젊은 시절 이야기만을 되풀이하셨다.

젊고 건강한 머리에서는 웅덩이마다 물이 넘쳐흘러 물 전체가 연결된 형태를 이룬다. 물고기들이 웅덩이들을 넘나들고, 웅덩이 위로 떨어진 나뭇잎들로 인해 물결이 사방팔방으로 퍼져 나가듯이 생각이 출렁일 것이다.

축구경기에서 볼이 어디로 가느냐에 따라서 선수들의 눈과 움직임이 끊임없이 변하듯이, 우리의 생각도 대화의 내용을 따라 연속적으로 변한다. 미래를 생각할 때도 과거의 유사한 것에서부터 생각이 전이되어서 과거의 특정 부분이 미래와 연결되는 식이다. 생각의 흐름이 풍성해지기 위해서는 지식과 상상이 연결된다. 추론과 마찬가지로 상상도 빈칸 메움을 위한 작업이다. 사람의 생각에서 상상을 배제하면 생각하는 기계와 별다를 게 없다. 제한된 문제에 대한 추론은 컴퓨터가 오히려 더 정확하게 해내지 않는가.

노르웨이의 표현주의 화가 뭉크(Edvard Munch)의 그림 「절규(The Scream)」

를 보면 저녁노을이 짙게 물든 평온한 주위 분위기 속에서 고통에 몸부림 치는 사람의 모습이 강렬하게 느껴진다. 고통스러워하는 사람을 보면 그림 전체가 다른 느낌으로 와 닿는다. 절규하는 사람 대신에 예쁜 꽃을 든 귀여운 소녀가 노을을 바라보는 모습을 그려 넣었다면, 그림 한쪽에서 걸어가는 두 사람에 대한 인상도 확연히 달라지면서 그림 전체적으로 전혀 다른 느낌을 주었을 것이다.

느낌은 명확하게 설명하기가 어렵다. 무의식적으로 여러 가지가 동시에 어우러진 복합적인 결과이기 때문이다. 이러저러한 이유로 이것과 저것이 결합해서 이런 느낌이 날 것이라고 유추할 수는 있지만, 어떤 느낌 자체에 대해서는 분명하게 설명할 수 없다. 상상도 이와 같다.

──• 생각의 소용돌이 현상

첨단기술의 변화속도와 일상생활의 문화적 변화속도를 비교해보면 어떨까? 한쪽은 100미터를 1초에, 다른 한쪽은 100미터를 20초에 달리는 속도의 차이로부터 세상 속 마찰과 복잡성이 생겨났다고 말할 수 있다. 흐르는 속도가 다른 두 강물이 만나면 소용돌이가 생긴다. 서로 다른 속도가 만날 때 두 물줄기가 마찰을 일으키면서 만들어내는 자연적인 현상이다.

요즘 세상에서 인간은 속도가 다른 두 기차 사이에 서 있는 것 같은 소용돌이 속에서 살고 있다. 한마디로 속도차로 인한 복잡성이라고 표현할 수 있다. 시시각각 만들어지는 각종 첨단기기들이 우리들의 생활을 변화시키고 있다. 인터넷, 로봇청소기, 내비게이터 등 각종 가상현실 기기들이 일상생활에 일대 변화를 가져왔다.

일상생활을 들여다보면 변하지 않는 것과 빠르게 변하는 것이 있다. 어린아이는 성장과정에서 지식의 양과 질이 변할 뿐 아니라 커갈수록 정신적인 기준도 바뀐다. 아버지가 두려움의 대상이었다가 인생의 조언자가 되었다가 어느 순간 보통 어른들과 다르지 않게 인식이 바뀐다. 역사적 시각에서 보면, 교육, 직장, 경제위기, 사회적 공포, 국가적 위기, 전쟁 등 동일한 문제가 거의 모든 세대에 걸쳐 반복된다. 이러한 반복은 할아버지 세대에서나 할아버지의 할아버지 세대에서나 동일하다. 다만 내용과 규모, 속도 면에서 차이가 있을 뿐이다.

생태계 역시도 속도차로 인한 복잡성에 노출되어 있다. 자연이 처리할 수 있는 속도를 넘어 빠르게 양산되는 쓰레기로 인해 곳곳에서 환경이 파괴되고 있다. 이러한 환경파괴의 소용돌이 속에서 지구적인 불확실성이 우리들을 불안하게 한다. 특히 기후이상 현상은 대표적인 예다. 전에는 없던 구제역과 같은 광역 동물 질병 현상도 또 다른 예다. 이러한 것들은 속도가 다른 둘 이상의 움직임이 마찰을 일으켜서 발생하는 현상이다.

일상생활에서 보는 느리게 변하는 것은 사회적 관념 또는 통념과 연관된 것들이다. 예컨대 상식, 전통, 학설, 집단 편견 등 인간의 사고를 하나로 묶는 모든 것들이 이런 것들이다. 이들 사회적 지식에는 지식 전달 유전자와 같은 것이 있다. 이 유전자를 생물학자 리처드 도킨스(Richard Dawkins)는 『이기적 유전자(The Selfish Genes)』[90]에서 '밈(meme)'이라고 명명하였다. 사회학자 레베카 코스타(Rebecca Costa)[91]는 그중에서도 사회에 강력한 영향을 미치는 강력한 밈이 존재한다고 주장한다. 그녀가 꼽은 이 강력한 밈들을 살펴보면 다음과 같다,

+ 무엇이든 일단 반대하고 보려는 태도

+ 시스템의 문제를 개인에게 떠넘기는 태도

+ 잘못된 상관관계를 쉽게 믿는 태도

+ 매사를 자기 영역과 입장에서만 생각하려는 틀에 박힌 사고

+ 사회의 모든 가치를 경제 원리로 생각하고 그것이 합리적이라고 믿는 경

　제우선주의

레베카 코스타는 가장 위험한 사회적 유전자로 모든 것을 돈과 연관 지어 생각하려는 극단적 경제우선주의적 사고를 꼽았다. 주위의 모든 상황을 '이게 얼마나 돈이 될까?'로 보는 사고의 틀, 돈과 관계없다고 생각되는 것은 쓰레기통에 버리는 가치관념 등 극단적 경제몰입적 사고는 크건 작건 인류에게 도움이 되는 생각과 노력을 점점 우리 사회의 구석진 곳으로 밀어내고 있다. 가정주부의 역할을 경제적 생산성 측면에서 바라보는 현상이 그 대표적인 예다.

20세기 초에 독일에서 4인 가족을 위해 주부가 1년간 하는 일을 조사하였다. 접시 닦기 1만3,000개(하루 평균 35개), 사발 닦기 3,000개(8개), 포크와 나이프 씻기 1만8,000개(22개), 컵 씻기 6,000개(16개), 빵 썰기 9만 번(246번), 마루 청소 3만 평방미터(82평방미터), 침대 시트 갈기 1,500번(4번), 식품 운반 7톤(19킬로그램), 집안 물건 나르기 5톤(14킬로그램), 집안 걷기 5,000킬로미터(14킬로미터). 우리나라의 주부의 경우에는 일의 가짓수나 횟수가 더 많게 나타날 것이다. 독일과 우리나라는 음식문화가 다르고, 우리나라는 불에 데워서 만드는 음식이 훨씬 많기 때문에 그만큼 일의 가짓수와 양도 증가할 수밖에 없다. 다만 아파트가 주된 주거양식인 오늘날에는

물건 나르기나 집안에서 걷는 거리가 상대적으로 많이 줄었다.

이러한 가치관의 치우침을 극복하고 균형적 사고를 갖기 위해서는 각자의 통찰력을 되살리는 것이 우선이다. 이 통찰력은 논리적인 사고가 어떤 사회적 통념이나 편견에 오염되어 있을 때, 각자 그러한 오염된 현상을 자각하고 균형적인 감각을 되찾는 데 도움이 된다.

거리를 걷다 보면 많은 여성들이 색깔도 모양도 유사한 소위 명품가방을 들고 다니는 것을 쉽게 볼 수 있다. 전형적인 집단적 치우침 현상이다. 그 시각 거리를 걷는 여성들이 마침 유사한 취향을 갖고 있으리라는 것은 확률적으로 매우 희박한 현상이다. 사회적인 경험에 의해 남과 다르게 보이는 것을 피하려는 집단적 동화현상으로 보는 편이 더 설득력 있다. 적어도 겉으로 치장하는 데 있어서는 집단적 동화가 개성적 차별화를 압도하는 현상이다.

이러한 집단적 치우침 현상을 접했을 때, 이 치우침을 치우침으로 인식할 수 있는 것은 상대적인 관점이 있을 때라야 가능하다. 즉, 그 치우침 속에 동화되지 않고 눈앞의 현상을 객관적으로 바라볼 수 있는 다른 눈이 있어야 한다.

'BRICS'[92]란 용어를 탄생시킨 짐 오닐(Jim O'Neill) 골드만삭스(Goldman Sachs) 회장은 일반 투자자들이 가축 무리처럼 몰려다니는 경향이 있다고 지적한 바 있다. 유능한 투자자는 무리지어 다니지 않는다. 효율적인 투자를 위해서는 가치에 대한 관심을 일관성 있게 유지하고 집단적 사고에 휘둘리지 않으며 일정한 거리를 두어야 한다.

명품 선호는 그 물건 자체의 품질로 인한 선호보다는 소위 베블런 효과(Veblen effect)로 불리는 신분과시 욕구에 의한 현상으로 해석된다. 중국에서의 명품소비는 2010년에 미국을 제치고 일본 다음으로 12조 원 규모를 기록해 세계 2위다. 5조 원 규모인 우리나라의 두 배 이상이다. 이러한 현상을 중국 인민대학의 경영학 교수인 마크 제이콥 교수는 "중국 사람들은 남에게 자랑하기 위해 소비하는 성향이 강하다"고 분석하였다. 부의 축적을 미덕으로 여기는 중국의 사회적 분위기와 맞물리는 베블런 효과의 파장이라고 볼 수 있다.

오랫동안 노동자 생활을 했던, 미국의 저술가이자 사회철학자인 에릭 호퍼(Eric Hoffer)[93]는 개인에게 무제한의 자유를 부여하는 사회는 오히려 지나치게 획일화될 위험성이 있다고 했다. 그 반대일 것 같은데, 어째서 그럴까?

대표적인 예를 극단적인 나치즘이 극단적인 공산주의로, 이것이 다시 극단적인 반공주의로 발전했던 역사적 사실에서 볼 수 있다. 하나의 극단적인 사회현상이 그 반작용으로 또 다른 극단을 야기하는 것은 물리적인 현상에만 국한되는 것이 아니다. 사회적 극단현상은 사회 구성원들 대부분이 동일한 생각과 동일한 행동수칙을 추구하는 형태로 나타난다. 여기에는 분명히 촉매 역할을 하는 사람이 있고 선동하는 사람이 있으며 논리적 기반을 조성하는 사람이 있다. 일단 이 극단적 현상이 가시화되면 그 사회는 문제점이 노출될 때까지 한동안 지속된다. 그러나 그 문제점이라는 것도 사회 전체적 분위기가 극단으로 치우친 상황에서는 이미 공론화하기 어렵다. 대다수의 사람들이 이미 치우친 방향으로 생각이 고착되어 있기 때문이다.

2012년 2월, 우리 사회를 떠들썩하게 했던 소위 '채선당 사건'은 피해자의 주장 외에는 다른 정황이 알려지지 않은 상태에서 여론이 잘못된 방향으로 극명하게 치우친 사례로 남아 있다. 사회적 통념으로 볼 때 피해자가 마땅히 보호받아야 할 임신부라는 점과 서비스업 종사자가 고객을 폭행했다는 정황만으로 가해자에 대한 사회적 비난이 걷잡을 수 없을 만큼 확대되었다. 사건의 진위를 떠나 이러한 생각의 치우침 현상은 집단 안에서 더 강화되어 나타난다.

LG경제연구원에서 발간한 「높아진 여론 쏠림의 파고」라는 보고서에서 인용한 연구 결과에 따르면 2012년 기준 한국의 100대 기업이 최근 3년간 가장 많이 경험한 위기는 악성 유언비어와 같은 정보 관련 위기로, 그 피해를 입은 기업이 무려 37퍼센트를 차지했다고 한다. 사람들이 그만큼 정보와 여론에 쉽게 동조되고 휩쓸린다는 반증이다.

반대 의견이 나오면 새로운 의견을 받아들이기 위해서 상당한 지식 재구성의 단계를 거쳐야 하므로, 극단적으로 치우친 사회적 현상은 대개 그 치우침 자체로 인해 사회가 붕괴할 위기에 놓일 때까지 진행된다. 이러한 극단적 치우침을 막기 위해서는 어떠한 상황에서건 논리적으로 균형 잡힌 의견들이 지속적으로 사회에 제공되어야 한다. 마치 사람의 몸에 영양을 골고루 제공하는 것과 같다.

좋아하는 음식만 골라 먹다 보면 그 사람의 몸은 편식에 맞게 적응된 상태에서 생리적 치우침 현상이 나타난다. 매운 음식을 좋아하는 사람은 점점 더 자극적으로 매운 음식을 좋아하게 되고 소화기관도 그러한 음식에 적응적으로 진화하여 보통 사람들은 맵다고 느끼는 것도 아무렇지도 않게 먹게 된다. 결국 이와 관련된 질병으로 심한 위장 장애를 겪은 뒤에야 비로소 보통 음식으로 식단을 바꾸게 될 것이다. 이미 매운 음식에 맛을 들인 사람에게 '매운 음식이 몸에 안 좋다'는 충고가 소용없는 이유는 본인이 '몸에 안 좋다'는 것을 잘 인식하지 못하기 때문이다. 이런 사람들은 '나는 자극적인 것이 좋은데 왜 못 먹게 하느냐'는 식의 거부반응으로 일관한다. 이런 경우 속쓰림 증상으로 병원을 찾았을 때 전문의가 위벽이 얼마나 헐었는지를 보여주면서 의학적으로 경고하면 그제야 귀담아 들을 것이다.

한 집단에서 여러 의견이 나오는 것은 그 집단의 건강도와 밀접한 관련이 있다. 반대 의견을 자유롭게 이야기하고 서로 다른 의견들의 교환이 순조롭게 이루어지는 집단은 매우 건강한 집단이다. '다른' 의견과 '반대하는' 의견을 동일시하는 집단에서는 생각의 고착현상이 높다. 반면 다른 것을 여러 의견들 중 하나로 받아들이는 집단에서는 나의 생각 또한 많은 의견들 중의 하나로 인식한다. 이런 집단은 논리적으로 문제가 없다면 일단 의견을 존중한다. 논리적 타당성이라는 균형유지 장치가 잘되어 있기 때문에, 집단 구성원 모두 합리적 의견을 접할 수 있는 기회가 많고, 그래서 더욱 의견 교환이 자유롭다. 따라서 생각의 치우침이나 소용돌이 현상이 발생할 확률이 낮다.

에릭 호퍼는 자존감이 낮은 사람이 많을수록 집단적 사고의 가능성이 크다고 지적하였다. 남의 말을 비판적으로 경청하지 않고 무조건 따르거나, 의도적으로 특정 의견 쪽으로 몰고 가려는 사람들이 있거나, 원활한 의견교환을 억제하는 사람들이 많은 집단에서는 집단적 사고의 위험성이 도사리고 있다. 사람들 사이에 생각이 물 흐르듯 흘러가지 않고 한곳에 갇혀있는 모습이다. 이렇게 되면 생각은 발전하지 못하고 화석처럼 굳어지게 된다.

지식의 고착화

발명왕 토마스 에디슨(Thomas A. Edison)은 독특한 사원 채용방식을 고수했다. 그는 지원자를 면접할 때 점심 식사를 같이한다. 식당에서 수프를 먼저 주문하고, 면접자가 수프에 소스를 먼저 넣으면 그를 채용하지 않았다. 그 면접자가 일상생활 속에서 고정관념에 많이 묶여 있다고 판단하기 때문이었다. 그는 고정관념이나 습관에 지배받는 사람은 창의적인 발상을 하거나 받아들이는 것이 다른 사람보다 더디거나 어려울 것이라고 생각했다.

오늘날 우리 사회는 자녀교육에 대한 막중한 부담감으로 인해 출산율이 저하되고 이것이 노령사회로의 변화를 불러왔다. 노령사회를 유지하는 부담은 노인 본인은 물론이고 젊은 층에게도 세금부담의 형식으로 돌아온다. 또한 자녀양육이 사랑과 기대감 이상으로 큰 경제적 부담이 되는 우리 사회문제는 하나의 덫이 되고 말았다. 주위에서 또는 언론에서 지적하듯 자녀교육비가 생활비의 큰 부분을 차지하고 자녀들은 경쟁적인 사교육 시장에 내몰리고 있다. 자녀가 곧 경제적 부담이라는 등식이 일종의 고정관념화 되어 있는 것이 우리의 현실이다. 공포감에 짓눌려 아이 낳기를 거부하고 자녀교육의 막중한 부담으로 인해 가정이 파탄나기까지 하는 현 체제가 이미 저주의 순환고리에 들어왔음을 말해주는 것이 아닐까?

지식의 본질을 헤아릴 여유가 없이 막연히 상식적으로 받아들인 관념들이 우리 주위에는 비일비재하다. 생활 속에서 뿌리내린 이러한 막연한 두려움이 우리 사회를 저주의 순환고리에 들게 하고, 이것이 우리의 지식체계를 더욱 고착화시켜버린다. "왜 그렇지?"라는 의문이 오히려 새삼스럽게 느껴질 정도로 익숙해진 지식의 고착화 현상은 원인에 대한 궁금증이

고갈되었다는 증거다.

지식의 고착화란 익숙한 지식에 대해서 한 번도 의심하지 않는 상태를 말한다. 그 지식이 내 삶의 일부가 되고 내 몸의 일부가 되어 있는 상태다. 이미 머릿속에 받아들여서 그것이 지식인지조차 인식하지 못하는 상태, 의심의 대상이 아닌 상태에 있는 것을 말한다.

'벤처기업' 하면 미국의 실리콘밸리를 연상한다. 이것은 거의 무의식적으로 받아들일 정도로 우리에게 익숙한 지식이다. 세계적으로 성공한 벤처기업들을 보면 실리콘밸리 출신이 많다. HP, 애플, 오라클, 선마이크로시스템즈, 시스코, 야후 등 수많은 세계적 IT업체들이 실리콘밸리에서 시작되었다. 2012년 현재 세계 100대 첨단산업 중 20개 회사의 본사가 실리콘밸리에 있고, 4,000개가 넘는 벤처기업들이 이곳에 몰려 있다.

그런데 이러한 고정관념에 의문을 제기한 사업가가 있었다. 인도의 모바일 광고업체 인모비(InMobi)가 좋은 예다. 인모비의 CEO인 나빈 티와리(Naveen Tewari)는 스마트폰으로 인해 전 세계 광고시장이 열려 있는 상황에서 기업의 위치가 고객에게 미치는 영향력이 예전만큼 중요하지 않다는 사실을 알았다. 그는 2007년에 인모비를 인도 벵갈로에 창업했다. 실리콘밸리에는 벤처기업을 위한 인프라가 잘 갖추어져 있는 반면 그만큼 경쟁이 치열하다는 것을 티와리는 간과하지 않았다. 우수한 인재를 확보하기 위해 비슷한 규모의 벤처기업 수백 개와 경쟁해야 하는 것도 그에게는 큰 부담이었다. 실리콘밸리 대신 그가 선택한 곳은 외국계 IT기업 연구소들이 많이 진출한 벵갈로였고, 그는 과도한 경쟁을 피하면서 우수한 인재들을 모을 수 있었다. 그 결과 그는 성공적으로 사업 영역을 인도, 동남아시아, 남아프리카, 유럽, 미국 순서로 확장할 수 있었다.

내가 이끌리고 있는지 아닌지를 분별하는 간단한 방법이 있다. 다른 사람이 내가 하고 있는 일에 간섭하거나 비판할 때, 화가 나거나 듣기 싫으면 무엇인가에 이끌리고 있다는 증거다. 즐기는 것과 어떤 것에 이끌리고 있다는 것은 전혀 다른 차원에 속한다. 내가 즐기고 있으면 그야말로 마음이 편하고 만족감을 느낀다. 그렇지만 이끌리고 있으면 이미 예속되어 있는 노예와 다름없는 상태이기 때문에 좀처럼 만족감을 느끼지 못한다. 만약 느낀다고 해도 오랫동안 지속될 수 없다. 마치 노예가 주인이 시키는 일을 하고 잘했다는 칭찬을 들으면 잠깐 뿌듯함을 느끼는 정도의 만족감일 것이다.

이끌리고 있는 상태는 자신을 이끄는 대상에 대해 자존감이 종속된 상태다. 내 앞에 있는 사람이 평소 내가 갖고 싶던 물건을 지니고 있다면 나는 갖고 싶다는 소유욕에 예속되어 있기 때문에 그 물건을 갖고 있다는 이유만으로 그 사람을 부러워하게 된다.

갖고 싶은 물건이 눈앞에 있다. 그 물건을 사려고 마음먹고 있는데, 간발의 차이로 누군가 그 물건을 덥석 집어 들고 갔다고 하자. 나는 상실감과 허탈감에 사로잡히게 된다. 그 물건에 나의 가치관이 상당 부분 예속되어 있다는 반증이다. 나의 가치관에 상처를 입힌 그 사람이 밉기도 하고 부럽기도 하다. 스스로의 감정을 통제할 수 없다면 그 자리에서 울음을 터뜨리거나 그 사람에게 소리치며 화를 낼 것이다. 이미 그 물건의 충성스러운 종이 되어 있는 셈이다. 이것이 즐기는 자와 이끌린 자의 차이점이다.

즐기는 자는 스스로를 남과 비교하지 않는다. 자기가 좋아하는 것을 하기 때문이다. 즐거움이 나로부터 나오고 남들도 나와 같이 즐거움을 느끼며 일하도록 돕고 싶어 한다. 이끌 수 있는 힘이 여기에 있다. 이끌리는 사람은 자기 자신이 아닌 다른 사람이나 소유감, 소속감에 의해서 만족을 느낀다. 즐거움이 자기 안에 있지 않고 외부에서 주어지는 것이다.

———•집착과 고정관념

친구가 근사한 새 차를 몰고 왔다. 동료가 이번에 승진해서 연봉이 많이 올랐다. 친구가 시험성적이 좋아서 장학생이 되었다. 친구가 방학 때 부모님과 해외여행을 다녀왔다며 기념품을 선물해주었다. 이런 경우 나는 어떤 마음이 생기는가? 대개는 부러운 마음이 생긴다. 이러한 마음은 가치관이 그쪽에 많이 형성되어 있다는 의미다. 가치관은 생각의 흐름을 결정짓는 요소다.

고층 아파트를 좋아하는 사람과 저층 아파트를 좋아하는 사람은 각각 아파트에 대해 생각하는 가치가 다르다. 땅에서 멀리 떨어져 높은 곳에 사는 것에 대한 불편함, 높은 곳에서 멀리 바라볼 수 있어서 느끼는 만족감 등 각자 중요하다고 생각하는 요소가 다양하다. 따라서 높은 층에 사는 사람을 부러워하는 사람이 있는가 하면 전혀 관심이 없는 사람도 있다.

부러워하는 마음, 남의 물건을 탐하는 마음, 과시하고 싶은 마음, 더 잘하고 싶은 마음은 모두 동일한 맥락에 있다. 더 잘하고 싶은 마음은 어찌 보면 별개의 것으로 보이겠지만 실상 들여다보면 부러워하는 마음과 맥을 같이한다. 더 잘하고 싶어지는 이유를 생각해보면 쉽게 알 수 있다. 특히 '누구'만큼 또는 '누구'보다 잘하고 싶다고 할 때는 이미 부러움이 내재되어 있는 것이다. 누구는 이렇게 했는데 나는 좀 다른 방법으로 해보고 싶다는 생각도 역시 동일한 맥락이다.

그런데 본질적으로 나의 장점이 무엇인지를 살펴서 그것을 바탕으로 더 발전시킬 수 있는 것을 해보고 싶다고 할 때, 이런 경우는 좀 다르다. 다른 무엇에 이끌려 가는 것이 아니라 나로부터 출발하는 것이기 때문이다. 나의 장점이 무엇이고 그 장점과 내가 하고 싶은 것이 얼마나 밀접한 관계에 있는지, 그래서 어떤 방식으로 나의 장점을 살려야 목표에 다다를 수 있는지를 생각한다. 이것은 나만이 할 수 있는 것이기 때문에 외관상 같은 범주에 속하는 것, 즉 동일 분야 내에서의 경쟁으로 볼 수도 있겠으나 엄밀히 보면 나의 장점으로부터 비롯된 새로운 결과물이다. 이는 남과 비교하거나 모방하거나 누구를 경쟁의 대상으로 삼는 것과는 차원이 다르다. 나는 다만 나의 장점으로부터 어떻게 하면 효과적으로 원하는 결과를 낼 수 있는가에 몰두하게 된다.

거짓말을 하지 말아야지 하고 마음을 먹은 다음 거짓말을 하지 않는 것하고, 거짓말을 하는 근원적인 이유가 무엇인지를 생각하고 나서 거짓말을 하지 않는 것하고는 본질적으로 다르다. 거짓말하는 것 자체가 나쁜 것이니까 무조건 하면 안 된다고 하는 것보다 자신이 무엇 때문에 거짓말을 하게 되는지, 어떤 경우에 거짓말을 하고 싶어지는지 등을 생각하면서 그 본질을 되새겨보는 과정이 중요하다.

거짓말이라도 경우에 따라서는 남을 배려해서 하는 경우도 있다. 자식들을 더 먹이려고 배가 고프지 않다고 하는 엄마의 거짓말은 자식을 생각하는 마음에서 나온 애정의 표현이다. 사랑하는 사람을 멀리 떠나보내면서 내 걱정은 하지 말고 열심히 일하라는 말도 자기희생의 마음에서 나온 거짓말이다. 이처럼 배려하는 거짓말은 내가 희생하고 남을 위하는 마음이 바탕에 깔려 있다.

그러나 공포감에서 비롯된 거짓말은 대부분 위기를 모면하기 위한 것이다. 직장에서 불이익을 회피하기 위해 하는 거짓말, 친구들 사이에서 나의 잘못을 감추기 위한 거짓말, 그 외에 타인에게 피해를 주는 이익추구형 거짓말 등 비양심적 거짓말이 대부분이다. 이러한 거짓말의 밑바탕에는 공포감이 자리 잡고 있으며, 이는 공포의 대상으로부터 멀리 달아나기 위한 행동이다.

내가 공포를 피한다고 할 때 나는 과연 공포로부터 멀리 있을까? 공포로부터 멀리 있다는 말은 나의 인식이 그렇다는 의미이지, 사실은 전혀 달라진 것이 없다. 내가 죽음이 무서워서 그것을 멀리하기 위해 노력한다고 하자. 그것이 과연 죽음으로부터 나를 멀리하는 것인가? 죽음이 모든 사람에게 피할 수 없는 사실이라고 할 때, 내가 죽음을 피하는 것은 나의 의식 안에서는 불가능하다. 죽음의 공포는 여전히 나의 의식 안에 남아 있기 때문이다. 죽음의 공포를 벗어날 수 있는 유일한 길은 죽음의 본질을 직시하고 그것을 초월할 수 있는 인식을 갖는 방법이다. 이를 위해 많은 사람들이 신앙을 갖는다. 불교의 윤회사상과 기독교의 부활사상이 좋은 예다. 불교에서는 사람이 죽으면 살아생전 쌓은 덕에 상응하는 모습으로 다시 태어난다고 하고, 기독교에서는 하나님에게 진정으로 순종하는 사람은 부활하여 영생한다고 가르친다. 이처럼 죽음을 초월하는 인식이 확실하게 서 있으면 죽음은 변화과정의 일부분으로 받아들여지기 때문에 더 이상 공포의 대상이 아닐 수 있다. 이렇게 본질적으로 죽음을 초월한 인식을 갖게 될 때, 공포감에서 벗어날 수 있고 공포에 의한 거짓말로부터도 자유로울 수 있게 된다.

두 개의 서로 다른 물건을 비교하기 위해서는 적어도 하나 이상의 공통된 기준을 볼 수 있어야 한다. 이 공통점은 그 물건들의 고유한 특질과 무관할 수도 있다. 아이들에게 둘 중 하나를 고르라고 할 때, 평소에 갖고 싶은 것이 있으면 주저 없이 그것을 고른다. 그러나 둘 다 평소에 갖고 싶은 것이 아니었거나 모두 갖고 싶었다면 망설이고 고민하게 된다. 선택의 이유를 찾기 위해서다. 평소에 생각하지 않았던 것이라고 해도, 물건을 보면 그 물건에 대한 새로운 용도가 떠오르면서 갖고 싶은 마음이 생길 수 있다. '어느 것이 더 갖고 싶은가'를 다른 말로 표현하면 '어느 것이 나에게 더 큰 기쁨을 줄까'다. 이미 경험한 즐거움에 더 많은 즐거움을 가질 수 있다는 확신이 서면 그것을 선택할 것이다. 그렇지만 두 물건 모두 내가 경험한 즐거움을 더해줄 것이라는 확신이 서지 않을 경우, 좋아하는 친구나 가족에게 선물할 것을 염두에 두고 선택할 수도 있다. 이처럼 확실한 이유가 있으면 의미 있는 선택이 된다.

　눈앞의 물건들을 볼 때 사람마다 생각하는 공통점은 제각각 다를 수 있다. 물건 고유의 기능을 생각하면서 공통점을 생각할 수 있고, 즐거움 제공 면에서 생각할 수 있고, 특정인에 대한 필요성 면에서 생각할 수도 있다. 만화책과 선글라스 둘 중에서 하나를 고르라면 어떻게 할까? 보다 많은 사람이 사용할 수 있다는 측면에서는 만화책이 더 좋을 것이고, 눈을 보호해야겠다는 필요성을 느낀다면 선글라스일 것이다.

　아끼는 물건을 남에게 주라고 하면 누구나 거부감을 느낀다. 그러나 좋아하는 사람에게 주기 위해서 포기하라고 하면 오히려 적극적으로 주고 싶어 할 것이다. 이처럼 거부감도 상대적이다. 이 상대적인 차이를 더 면밀히 살펴보면 엄청난 차이가 있음을 볼 수 있다. 처음에 물건을 포기하라고 할 때, 나는 그 물건에 대한 생각에 붙들려 있다. 포기하라는 말과 그 물건에 대한 호감이 강하게 밀착되어 있는 상태다. 포기하라고 하면 할수록 그 물건에 대한 호감이 더 강하게 작용한다. 그런데 그 물건을 내가 좋아하는 사람에게 준다는 말을 듣는 순간 내 생각의 중심은 그 물건이 아니라 좋아하는 사람으로 옮겨간다. 그 사람이 그 물건을 받아보고 즐거워할 모습이 내 생각공간을 지배하게 된다.

무엇인가에 집착하는 사람은 생각공간이 온통 그 대상으로 가득 채워진 상태다. 직장인의 경우라면 잘 풀리지 않은 업무 계약 건일 수 있고, 교제하는 사이라면 상대방에 대한 생각일 것이다. 계약 조건이나 교제 상대의 행동과 말을 되새기다 보면 시간 가는 줄 모르고 열중하게 된다. 내가 누군가의 말을 듣고 있다면 나는 그 사람이 말하는 내용에 집중하게 된다. 이 집중은 문자 그대로 어떤 대상에 몰두한 상태다.

그러나 문제가 풀리지 않은 상태에서 계속 집착하게 되면 새로운 생각을 가로막는 장애물에 묶여 있는 상태가 된다. 집착으로부터 벗어나려면 어떻게 해야 할까? 위의 예에서처럼 전혀 다른 자극에 의해서 가능하다. 즉, 자기가 좋아하는 사람에게 선물로 준다는 식으로 생각을 전환하는 것이다.

학자에게 익숙한 수직적 또는 논리적 사고에 대비되거나 보완적 특징을 갖는 사고로서 수평적 사고라는 것이 있다. 수평적 사고는 문제해결을 위한 방법으로써, 하나의 방안에 고착되지 않고 다양한 방안을 찾기 위한 사고방법이다.

어떤 사람에게 매우 사소하고 당연하게 여겨지는 생각이 다른 사람의 지식공간 속에 있는 다른 생각과 합쳐졌을 때 아주 독창적인 아이디어가 만들어지는 경우가 종종 있다. 이것이 수평적 사고의 모습이다. 수평적 사고의 목적은 경직된 사고방식 또는 상황을 해석하는 기존의 방식을 유연하게 하고, 대안적인 사고 과정을 착안해내는 것이다. 즉, 수평적 사고의 목적은 상황을 다른 시각으로 바라보고, 사고방식을 재구성하며 대안을 착안해내는 것이다.

수평적 사고를 하는 것은 해답을 찾는 것이 아니라, 상황을 바라보는 다른 사고 과정을 자극하는 것이다. 어린아이가 모든 것을 손으로 만지면서 느끼는 것처럼, 수평적 사고과정은 다양한 자극에 자신의 생각을 노출시키는 것이다. 이렇게 함으로써 주어진 상황과 관련된 나의 고정관념에 벗어나 새로운 관점에서 바라보고 생각공간을 재설정할 수 있다. 우리는 일상생활에서 이러한 수평적 사고의 경험을 많이 한다. 내가 어떤 것에 대해서 욕심을 부리고 집착하고 있을 때, 내가 나의 모습을 직시할 수 있다면, 나는 이미 그 상태에서 벗어날 수 있는 좋은 출발점에 있다고 볼 수 있다. 내가 나를 본다는 것 자체가 나의 집착과 관련된 고정관념으로부터 벗어났음을 의미하기 때문이다.

———•지식공유 운동

나의 생각에 갇혀 있다는 것은 물이 이미 만들어진 물길로만 흐르는 것과 같다. 같은 물길로만 계속 물이 흐르기 때문에 그 물길은 넓고 깊어지지만, 다른 곳으로 흘러갈 수는 없다. 물이 물길에 갇혀 있는 상태다. 어떤 생각에 묶여 있다는 것은 어떤 특정 사상이나 가치관에 세뇌된 사람이 다른 사상이나 가치관을 받아들일 수 없는 모습이다.

자기 생각에 갇혀 있는 현상은 우리 주위에서 여러 모습으로 볼 수 있다. 남의 말을 잘 안 듣는 사람, 스스로 잘났다고 생각하는 사람, 외모 또는 재산에 가치관을 크게 두는 사람, 눈앞의 이익에 몰입하는 사람, 출세를 위해서 물불 안 가리는 사람, 일류 대학 입학에 목숨 거는 사람, 최단기간에 대학을 졸업하려는 사람 등 다양한 모습이 있다. 대학 4년간 공부한 분야에서 평생을 맴도는 사람도 생각에 갇혀 있는 사람이라고 볼 수 있다. 물론 자기가 공부한 분야가 좋아서 평생 그 분야의 직무에 종사하는 사람을 나쁜 의미로 평가하는 것은 아니다. 다만 생각이 갇혀 있을 가능성은 충분히 있다는 의미다.

내가 생각에 갇혀 있는지를 가늠할 수 있는 간단한 방법은 내가 남의 말을 어떻게 판단하는지를 보면 된다. 남의 말을 자기 기준으로 쉽게 분류하고 정리해버리는 사람은 자기가 설정해 놓은 생각울타리 안에 스스로 갇혀 있다고 보면 된다. 이런 사람은 상대의 말을 들으면서 그 이야기 속으로 함께 여행할 마음의 여유가 없다. 그냥 몇 킬로미터 밖의 강 건너 불 보듯이 듣고 지나치는 유형의 사람이다.

에드워드 드 보노의 수평적 사고를 위한 방법을 보면 고정관념이나 개념으로부터의 탈출을 돕기 위한 방안으로 임의의 단어를 보여주고 그것으로부터 문제 해결을 위한 실마리를 생각하게 하는 것이 있다. 나에게 익숙한 길만을 택하는 패턴에서 벗어나 새로운 길을 생각하게 하는 실마리를 만나게 하는 것이다. 아인슈타인은 특허청에서 일하면서 사귄 공학자 베소(Michaelangelo Besso)와의 대화에서 특수상대성 이론에 대한 생각을 하게 되었다고 한다. 또한 그의 부인 밀레바(Mileva)의 도움이 컸다고 한다. 심지어 아인슈타인은 특수상대성 이론을 부인과의 합작품이라는 의미에서 '우리들의 이론'이라고 부를 정도였다. 다양한 분야의 사람들과 생각을 공유할 수 있다는 것은 이처럼 새로운 생각의 물길로 들어가는 데 중요한 역할을 함을 알 수 있다.

대형 자석을 이용해서 고도로 정밀한 자석 성질을 연구하는 물리학자가 있다. 연구를 준비하면서 자석의 상태를 검사하는 중에 철분가루가 묻어 있는 것을 발견한다. 이 가루들을 제거하기 위해 온갖 가능한 방법을 다 써봤지만 깨끗하게 제거되지 않는다. 고민하던 물리학자는 다른 학과 교수들에게 이 문제를 논의한다. 우연찮게 미대 교수가 이 말을 듣고서 조형물을 뜰 때 사용하는 점토를 사용해보라고 한다. 과연 점토로 닦아냈더니 말끔히 문제가 해결되었다.

우리가 생각에 갇혀 있을 때는 생각하기가 편하다. 나에게 익숙한 생각 공간 안에서 무의식적으로 생각의 흐름이 진행된다. [그림 37]을 보자. 왼쪽에 있는 세 개의 사각형으로 하나의 사각형을 만들라고 하면 당연히 우측에 있는 것과 같은 기다란 사각형을 생각할 것이다.

이제 다음 페이지의 [그림 38] 왼쪽에 있는 사각형 네 개를 사용해서 새로운 사각형을 만들라는 문제가 나왔다고 하자. 이때 이미 [그림 37]의 기다란 형태의 사각형을 생각해낸 사람은 아래 그림의 오른쪽에 있는 것처럼 옆으로 조각을 하나 더 덧붙인 기다란 사각형을 생각할 수밖에 없다. 이 것은 이미 만들어진 사각형에 사각형을 합한다는 생각의 흐름에 묶여 있기 때문이다.

그러나 [그림 37]의 직사각형에 생각이 묶이지 않은 사람은 다른 직사각형을 만들 수도 있다. 예를 들면 [그림 39]의 사각형이 가능하다. 이 사각형은 주어진 네 개의 사각형 조각을 새로운 시각으로 관찰해서 얻은 결

그림 37 세 개의 사각형으로 하나의 사각형을 만들기

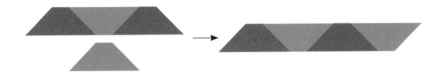

그림 38 네 개의 사각형으로 하나의 사각형 만들기

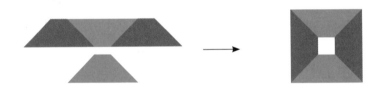

그림 39 네 개의 사각형으로 새로운 방식으로 결합해 만든 속이 빈 사각형

괴물이다. 이처럼 내가 현재 어디에 있는가, 무슨 생각에 묶여 있는가에 따라서 그 다음에 발생하는 생각의 결합이 다르게 나타난다.

나의 생각이 더 이상 진전되지 않고 진흙더미에 묶여 있는 것처럼 느껴지면 밖에 나가서 잠시 산책을 해보자. 그리고 거리의 풍경들을 바라보자. 그냥 바라보지 말고 머릿속으로 그리면서 관찰하자. 기존의 고정관념에 묶여 있는 자신의 생각더미에서 빠져나오기 위해 상황을 전환하는 방법이다.

혹시 아는가, 다빈치처럼 연못에 돌을 던지고 나서 성당의 종소리가 소리의 파동성질을 보게 하는 상황 전환 속으로 당신을 안내해줄지.

주전자 속의 끓는 물이 수증기를 뚜껑을 밀고 나오는 것은 수없이 많은 사람들에게 익숙한 장면이지만 여기에 착안해 증기의 힘을 증기기관차에 이용할 수 있겠다고 생각한 것은 제임스 와트(James Watt) 한 사람이었다. 도꼬마리열매를 둘러싼 가시는 흔히 볼 수 있고 그 가시를 통해서 열매가 옷에 들러붙은 경험을 한 사람은 많지만, 그 가시로부터 옷의 찍찍이, 일명 벨크로(Velcro)를 처음으로 고안해낸 사람은 스위스의 전기기술자 조지 드 메스트랄(George de Mestral)이다. 그는 휴가차 개 한 마리를 데리고 사냥을 다녀오면서 개와 자신의 옷에 붙어 있는 도꼬마리열매들을 털어내다가 잘 떨어지지 않는 것이 신기해서 자세히 살펴보았다. 가시의 끝이 낚시바늘처럼 휘어서 아무것에나 잘 들러붙고 떨어지지 않는다는 것을 발견한 그는 오늘날의 찍찍이를 고안하게 되었다.

에어아시아(Air Asia)사의 토니 페르난데스(Tony Fernandes) 회장은 오래된 항공기 2대와 빚 1,100만 달러가 전부인 말레이시아 국영항공사를 25센트에 인수하였다. 마하티르 모하마드(Mahathir Mohamad) 당시 말레이시아 수상은 페르난데스 회장의 인수를 허가하면서, "당신은 항공사업을 해보지 않았기 때문에 성공할 것이다"라고 말했다고 한다. 마하티르 수상도 아마 항공업계가 안고 있는 갇힌 사고의 문제점을 간파한 것으로 보인다. 실제로 에어아시아는 2012년에 세계 3위의 저가 항공사로 성장하였다.

230년의 역사를 자랑하는 일본의 세계적 제약회사 다케다약품의 하세가와 야스치카(長谷川閑史) 사장은 연구개발 과정에서 연구자의 자부심은 반드시 필요하지만 과하면 독이 된다고 경고하였다. 자부심이 집착으로 발전하면 자기가 개발하지 않은 기술에 대하여 배타적인 자세를 갖게 되고, 여간해서는 외부의 연구 결과를 인정하지 않으려는 사고의 고립화 현상이 발생한다는 것이다. 하세가와 사장은 이런 연구자들이 있는 집단에서는 신약개발을 기대하기 어렵다고 단언하였다.

세계 최대 제약회사인 화이자(Pfizer)는 7,000~8,000명의 연구자가 있고 연간 10조 원 규모의 연구비를 투자한다. 그렇다고 세계에서 신약을 가장 많이 개발하는 것은 아니다. 제약산업의 역사로 볼 때, 200명 정도의 작은 연구단위에서 가장 좋은 결과가 나왔다고 한다. 지난 10년 동안 미국 FDA(식품의약국)가 승인한 약품의 60퍼센트가 대학과 바이오 벤처기업에서 나온 것도 그러한 맥락에서 수긍할 수 있다.

오랫동안 미국을 포함한 선진국에서는 관광, 레저와 같은 서비스업이 고용창출에 효자산업인 것처럼 생각했다. 그러나 연구 결과를 보면 한 지역에서 제조업이 1달러를 생산하면 부가적으로 1.4달러가 발생되지만 서비스업에서 1달러는 0.7달러만을 발생시킨다고 밝혔다. 고용창출 측면에서 보면 그 차이가 더 심하다. 제조업이 서비스업의 5배에 이르는 효과를 낸다는 것이다. 다우케미컬(The Dow Chemical Company)[94]의 앤드루 리버리스(Andrew Liveris) 회장은 제조업 없이는 혁신도 불가능하다고 말한다. 더 좋은 제품을 생산하기 위한 연구개발 과정에서 파생되는 새로운 발상의 기회가 제조업에서 많이 나온다는 의미다.

'새로운 것'을 개발하려는 노력은 항상 생각의 경계선상에 있지 않으면 좋은 결실을 맺을 수 없다. 내가 전혀 접해보지 못한 분야의 사람들과 의견을 나누고 토론하는 가운데 튀어나오는 생각들은 내가 경계선상에 있을 때 누릴 수 있는 특권이기도 하다.

미국 남북전쟁 당시 미국 중북주 지역의 미네소타주 로체스터에는 전상 자들을 치료하기 위한 병원이 없었다. 당시에 군의관으로 활동했던 윌리 엄 메이오(William Mayo)는 1889년에 의사인 두 아들과 함께 병원을 세웠 다. 설립 초기에 이들은 수술 장면을 외부의사에게 공개하기로 결단을 내 렸다. 그렇게 함으로써 그들이 쌓아온 효과적인 수술 방법을 외부 의료진 들과 공유하기 위해서였다.

메이오클리닉은 지금도 이 지식공유를 다양한 방식으로 실천하고 있다. 이러한 실천의 바탕에 깔린 철학은 '환자중심 철학'이다. 환자에 대한 서비 스 개선을 최우선 목표로 삼고, 그것을 위해서 새로운 기술환경에 맞는 혁 신을 추진하고 있다. 이것은 자기중심적 닫힌 사고로는 불가능하다.

한 예로 메이오클리닉은 직접 병원을 방문하기 어려운 환자들을 위해서 원격진료 서비스를 시작했다. 이 원격진료는 처음에 거센 내부반발에 부 딪혔다. 원격진료를 시행하면 방문환자가 줄어들어 병원의 수입이 감소할 것이라는 주장이었다. 그러나 개혁 추진팀의 생각은 달랐다. 원격진료를 통해서 환자들의 의료비 지출을 줄일 수 있다는 데 의미를 두었고, 원격진 료 경험을 한 환자들이 메이오의 잠재적인 환자고객이 될 수 있다는 것이 었다. 여기에 앞으로 10~20년 뒤면 미국 내 의사들의 수가 절대적으로 부 족할 것이라는 예측도 중요한 요소로 포함되어 있었다.

메이오의 지식공유 철학은 지금과 같은 치열한 경쟁 속에서 음미할 점 이 많다. 메이오클리닉은 현재도 추진 중인 기업 혁신활동 내용을 매년 가 을에 보고하고 공유하기 위해 국제 설명회를 개최한다. 메이오클리닉의 기 술혁신 책임자 니컬러스 라루소(Nicholas LaRusso)는 혁신 사례를 공개함으 로써 외부인으로부터 또 다른 혁신 제안을 피드백 받을 수 있어서 메이오의 지속적인 유지에 도움이 된다고 말한다. 또한 국가적·세계적으로 의료서비스의 개선을 유도할 수 있으니 궁극적으로는 환자에 대한 서비스 질 향상에 도움을 줄 수 있다는 것이다.

상식적으로 기술의 공유와 지식의 공유는 경쟁에서 불리하다고 생각한다. 그러나 메이오클리닉은 지식의 공유가 가져다주는 유익이 더 크고 중요하다고 믿기 때문에 지금도 설립자의 정신을 지키고 있다. 경쟁적 사고 속에서 자기의 생각에 갇혀 있는 사람들은 자신의 행동이 누구에게 어떤 유익을 가져다주는지를 곰곰이 생각해볼 가치가 있다.

─────. 선행학습의 실체

선행학습은 특정 학년 때 배우는 교과내용을 미리 공부하는 것이다. 월반 제도가 있던 과거로 따지면 한두 학년을 월반하는 것과 같다. 이렇게 하면 학습내용을 기준으로 학생들의 학년등급을 매기면 된다. 그러나 그것이 아니고 학교 성적을 올리기 위한 목적이라면 미리 배운 것을 한 번 더 배우고 나서 시험을 보는 셈이므로 선행학습을 하면 성적이 더 높게 나올 가능성이 높다. 이것이 과연 지식적 측면으로 볼 때 바람직한 것인가는 짚어봐야 한다.

선행학습의 실체를 들여다보자. 지식을 습득하는 과정을 보면 단위개념과 간단한 기술의 습득으로부터 점진적으로 이전 지식을 기반으로 새로운 지식을 추가하는 형태로 진행된다. 이 추가과정에서 기존의 지식구조의 변형이 이루어지면서 새로운 지식구조가 형성되는 경우가 많다. 그런데 학습과정이 초·중·고로 올라갈수록 지식영역의 확대와 세밀화가 동시에 이루어진다. 초등학교 때 배운 도형의 개념이 중학교로 가면서 면적과 도형의 비교개념으로 확대되고, 고등학교에 진학하면 보다 일반적인 도형의 면적이나 부피 문제를 다루게 된다.

거꾸로 보면, 선행학습을 하면 현행학습 내용은 이미 아는 내용이 된다. 즉 선행학습 내용의 범주에 묶이게 되는 것이다. 그런데 여기에 무서운 독(毒)이 있다. 즉 현행학습에서 필요한 상상력이 닫힌다는 점이다. 이것은 마치 어린아이가 할머니로부터 옛날이야기를 들으며 상상의 나래를 펴는 기회를 박탈당하는 것과 같다.

필자가 학교 다니기 전에 할머니가 들려주시던 이야기가 생각난다. "네 할아버지가 그러셨다. 네가 어른이 될 때는 땅속으로 기차가 다니고 차가 다닐 것이다." 어린 시절에 들은 낯선 바깥세상 이야기는 지식이 빈약한 어린아이에게 많은 상상을 자극하게 된다. 시골에서 자란 필자로서는 땅속을 다니는 것이라곤 쥐, 뱀, 두더지를 생각하는 게 고작이었으므로, 어떻게 땅속에 구멍을 내고 기차가 다닐 수 있을까를 이리저리 상상하며 잠들었던 기억이 난다.

상상은 충분한 지식이 준비되어 있지 않을 때 발생하는 현상이다. 자기가 갖고 있는 실제 지식과 할머니가 들려주신 이야기 지식이 결합되면 새로운 생각의 단면이 형성된다. 아직은 지식으로 형성되지는 않았다. 확인된 것이 아니기 때문이다. 지식은 확인된 내용일 때 되새김이 된다. 그 진위가 문제가 아니라 내가 되새김할 수 있는 내용이면 그것은 이미 나의 지식이다.

아직 지식이 빈약한 어린아이들은 되새김되지 않는 나머지 부분을 상상으로 채운다. 어른들과 친구들에게서 들은 이야기를 바탕으로 새로운 이야기를 엮어낸다. 이러한 상상이야말로 어린아이들에게는 중요한 지적 능력이다. 동일한 이야기를 어른과 어린이가 들었을 때, 어른과 어린아이가 각각 생성하는 지식 단면은 다르다. 어른들은 논리적이고 사실적이다. 반면 어린이들은 비논리적이고 비현실적이다. 비논리적이라 함은 무비판적이고 수용적이라는 의미다.

일반 주택에 사는 어린이들은 산타할아버지가 굴뚝을 통해 선물을 두고 가신다고 말하면 곧이곧대로 믿는다. 무비판적 수용은 논리적 사고능력이 부족하기 때문이기도 하지만 관련 지식이 아직 충분하지 않아서이기도 하다. 이러한 아이들이 성장하면서 점차 사실적 지식이 풍부해지면 비논리적인 이야기들은 단지 '이야기'로만 기억될 것이다.

이제 선행학습으로 돌아가보자. 현행학습에만 충실한 학생과 선·현행학습까지 마친 학생에게 현행학습 수준의 어려운 문제를 풀게 했다고 하자. 선행학습자는 어려운 문제에 대한 상위적 지식을 사용할 수 있기 때문에 기술적으로 해결할 수 있다. 그러나 현행학습자는 상위적 지식이 없기 때문에 많은 생각을 해야 한다. 이 '많은 생각'을 본인이 하는 것하고 남이 대신해주는 것하고는 지적능력 개발에 본질적인 차이가 난다. 또 다른 상황을 생각해보자.

어느 도시의 지도를 그리는 문제가 나왔는데, 두 가지 조건이 있다. 하나는 도시를 관찰하는 고도에 제한을 두었고, 다른 하나는 고도제한이 없다. 전자의 경우에는 도시 전체를 한눈에 보기 어렵다. 장애물도 있을 것이다. 후자의 경우에는 구글어스(Google Earth)[95] 같은 곳에서 자료를 얻으면 되므로 간단하다. 그러나 전자의 경우에는 직접 여러 곳을 찾아다니면서 도시를 관찰하기에 적당한 위치를 찾아야 하고 여러 장의 사진을 찍고

종합해서 지도를 그려야 한다. 조각 사진을 맞추어서 전체 도시의 모습을 그려야 할 때 부딪히는 여러 과정상의 문제점들을 해결하면서 도시의 지도 그리기 문제를 해결해야 한다. 이 과정은 시간과 노력이 많이 든다. 그러나 이러한 문제해결 과정에서 지도가 도시를 나타내주는 한계점, 사진을 찍을 때 배율조정의 중요성, 제한적인 사진으로 전체 도시의 윤곽을 알기 위한 전략 짜기 등 수많은 문제들을 접하고 해결하게 된다. 이러한 작은 문제들과 새로운 경험은 구글어스로는 얻을 수 없다. 이것이 현행학습과 선행학습의 차이다.

이미 만들어진 물건을 주고서 이것이 왜 이렇게 되어 있는지를 설명해주는 것이 선행학습이라고 한다면, 현행학습은 그 물건을 어떻게 만들어야 할지를 생각하게 하는 것이다. 따라서 현행학습에서는 똑같은 물건이 아니라 다양한 모양의 물건이 나올 것이다. 그래서 현행학습에 참여하는 학생들은 다양한 모양의 물건을 경험하게 된다. 이들에게는 비교할 정답이 없기 때문에 소위 '열린 사고'를 접하게 된다. 그러나 선행학습에서는 이미 정답과 규정된 기술, 즉 만들어진 물건에 익숙해 있다. 그리고 다른 모양의 물건을 생각하기가 어렵게 된다. 선행학습자의 지식 단면에는 이미 완성된 물건이 자리 잡고 있기 때문이다. 구태여 다른 모양의 물건을 만들어야 하는 동기가 유발되지 않는다.

이런 맥락에서 선행학습은 풍성한 지적 경험과 상상력을 제한하는 독이될 수 있다. 선행학습에서 접했던 문제이거나 이와 유사한 문제를 푸는 것은 엄밀한 의미에서 보면 학습이 아니라 이전에 했던 문제풀이를 반복하는 것과 같다. 지식의 필요한 부분을 결합해서 새로운 것을 생각하는 것이 아니라 단순한 반복작업인 셈이다.

─────• 힌트

3차원 공간 속에 삼각형이 있다. 책상 위에 비스듬히 서 있는 삼각형을 생각해보자. 어떤 학생이 이 삼각형의 면적을 구하는 문제를 풀어야 하는데, 바로 전에 삼각형들로 둘러싸인 사면체의 부피 문제를 생각했다. 이 부피는 밑면적에 높이를 곱한 다음에 3으로 나눠주면 된다. 부피문제를 이해한 다음, 공간 속의 삼각형의 면적을 계산하는 문제이기 때문에 이 학생은 바로 사면체의 부피 공식을 이용해서 공간 속의 삼각형의 면적을 구하는 방법을 생각한다. 한참을 생각해봐도 해결책이 잘 안 나온다. 수학을 잘하는 형이 골똘히 생각 중인 동생을 잠시 바라보다가 무슨 문제를 풀고 있는지를 묻는다. 형은 동생이 공간이라는 말 때문에 삼각형의 면적 문제를 공간도형의 일부로 생각하는 데 묶여 있음을 발견한다. 그러고는 힌트를 하나 준다. "삼각형의 한 꼭짓점이 원점에 있다고 생각해보면 어떨까?" 한참 생각한 뒤에 그 동생은 평면상의 세 점으로 생각하고 문제를 해결한다.

이런 경험은 학창시절에 수학문제를 많이 풀어본 사람이면 누구나 한번쯤 했을 것이다. 이전에 생각했던 내용이 다음 문제를 푸는 데 영향을 미치는 경험이다. 이것은 가장 생생하게 남아 있는 지식일수록 현재 나의 생각에 더 영향을 미친다는 것이다. 어떤 생각에 묶여서 다른 시각으로 사물을 보지 못할 때, 누군가가 슬쩍 던져주는 힌트는 나의 닫힌 생각공간에 시원한 통풍구 역할을 해준다.

어떤 일을 할 때 일을 시키는 사람이 기준을 잡아놓고 그 기준에 따라서 하라고 하면 일하기가 편하다. 예술작품을 평가할 때 평가위원장이 평가기준을 정해주면 평가하기가 수월하다. 그런데 아무런 기준을 정해두지 않고 각자의 생각대로 점수를 매기라고 하면 불편해진다. 우선 내가 예술작품을 평가한다는 것이 무슨 의미인지가 명확하지 않기 때문이다. 작가의 의도가 제대로 표현되었는지? 작가는 무슨 생각을 하면서 이 작품을 만들었는지? 이 작품을 작가가 만족해하는지? 작가는 어떤 사람인지? 작품이 미완성인 것처럼 보이는 건 재료가 부족해서 그런 건지, 아니면 작가가 의도한 건지 등 고려할 점들이 많을 것이다.

내가 작품 평가 점수를 100점 만점에 45점을 줬다. 이제 평가위원장이 질문한다. "왜 그 작품에 45점을 줬나요? 다른 사람은 90점을 줬는데…." 나는 그 점수의 의미를 설명한다. 의도에 비해서 표현이 적절치 못한 것 같아서 그렇게 줬다고 간단히 설명한다. 그러자 평가위원장이 작가가 손을 잘 못 쓰는 장애인이라고 알려준다. 그 순간 나는 왜 그렇게 표현될 수밖에 없었는지 이해가 간다. 작지만 중요한 힌트 하나가 나의 모든 의문들을 순식간에 정리해준다. 그렇지만 힌트가 주어지기 전의 나의 고민도 충분히 의미 있는 고민이었다.

이처럼 힌트는 여러 갈래의 생각들을 한두 가지로 정리해주는 데 중요한 실마리가 된다. 만약에 평가위원장이 작가에 대한 힌트를 사전에 주었다면 나는 그 힌트에 영향을 받아서 후한 점수를 주었을 것이다.

때로는 힌트를 안 주는 것이 바람직한 경우도 있다. 경우에 따라 힌트는 생각을 편협하게 한다. 힌트를 언제 주는 것이 좋을까? 물론 힌트가 가장 필요할 때 주는 것이 제일 좋다. 문제는 언제가 가장 필요할 때인지 판단하는 것이다. 그것은 힌트를 줄 수 있는 사람이 결정할 일이다. 중요한 것은 힌트를 받는 사람이 그 힌트가 얼마나 중요한 힌트인지를 스스로 인식할 수 있을 때까지 기다리는 것이다.

힌트를 잘 주기 위해서는 잘 관찰해야 한다. 상대가 지금 어디에 있는지, 무슨 생각에 얽매여 있는지, 무엇을 잘 모르고 있는지, 방법은 아는데 필요한 도구를 쓸 줄 모르는 것인지 이모저모를 잘 관찰해야 한다. 잘못 준 힌트는 상대를 더욱 미궁에 빠트리거나 더 좋은 생각을 방해할 수도 있다. 그러나 상대가 가장 절실할 때 적절한 힌트를 주면 그야말로 광활한 사막에서 목마른 사람한테 시원한 냉수 한 병을 주는 것과 같다. 그 물을 마시고 나면 길이 더 잘 보이고 발걸음도 가벼워진다. 힌트는 이처럼 목마른 자의 냉수와 같이 시원하게 갈증을 풀어줄 때 진가가 발휘된다. 그리고 그것이 귀하다는 것은 힌트를 받을 때까지 열심히 준비한 사람만이 느낄 수 있을 것이다.

경계를 돌아보며

책을 마무리하며 지금쯤 독자에게 '생각의 경계'라는 것이 어떻게 그려졌는지 궁금해진다. 우리에게 너무 익숙해서 경계라고 인식하지 못했던 것들을 경계라고 새롭게 인식하게 되고, 사물과 우리 자신을 보다 객관적으로 바라볼 수 있게 되었으면 좋겠다.

우리가 대화나 지식을 주고받는 과정에서 새로움을 맛보거나 궁금증이 떠오를 때 생각의 경계가 함께 나타난다. 이 생각의 경계는 동일한 자극이 주어졌다고 해도 시간이 흐름에 따라 다르게 나타난다. 10년 전, 5년 전의 나와 오늘의 내가 달라져 있기 때문이다. 내가 사물을 있는 그대로 보고 들을 수 있다면, 나의 생각의 경계는 더 이상 달라지지 않을 것이다. 그렇지만 사람은 모든 분야에서 완전해질 수 없기 때문에 생각의 경계는 새로움이 있는 곳에서 시시각각 변한다. 그리고 지식공간을 변화시킨다. 새로운 생각의 경계를 잉태하면서.

어제의 경계가 오늘은 지식의 매듭으로 변해 있기도 한다. 그리고 그 매듭에서 새로운 궁금증이 싹을 틔우기도 한다. 그 싹이 자라서 새로운 지식 덩어리가 되면 그 매듭은 이제 지식 깊은 곳으로 감춰질 것이다. 그러다 어느 날 그 감춰진 매듭이 다른 매듭과 연결되면서 새로운 경계가 될 수도 있다. 이처럼 우리의 지식은 안과 밖이 따로 없다. 지식의 어느 곳이건 새로운 자극과 만나는 곳이 경계가 되고, 이 경계에서 변화가 시작된다. 이 경계는 10년 동안 건드려지지 않은 지식매듭일 수 있고 어제 막 만들어진 것일 수도 있다.

　나에게 떠오른 지식의 단면들이 남에게 새로운 생각의 경계를 위한 단초가 될 수 있다. 그러나 이 생각의 경계가 아무에게나 형성되는 것은 아니다. 어린아이와 같은 맑은 눈과 순진한 귀가 아니면 좀처럼 있는 그대로 받아들여지지가 않기 때문이다. 자신감으로 가득 찬 눈과 귀에는 새로운 것들이 그 사람에게 맞게 조정되어 입력될 뿐이다. 그러니 새로움을 있는 그대로 즐기고 싶으면 마음의 눈과 귀를 항상 어린아이처럼 열고 잘 듣고 관찰해야 한다. 그리고 세밀하게 생각하는 습관도 필요하다. 그러면 궁금증은 도처에서 솟아오른다. 새로운 생각의 경계가 거기에서 펼쳐진다. 그리고 더 세밀하게 관찰하는 나를 발견할 것이다. 마음의 눈을 통해서 더 세밀하게 새로움을 투영받는 나를.

　시간이 흐를수록 생각이 단조로워짐을 느끼는가? 그렇다면 내가 모든 것에 너무 익숙해져 있지 않은지 돌아볼 일이다. 익숙한 나머지 착각하고 있을 수 있다. 멀리서 바라본 나의 일상은 단조롭게 느껴진다. 그러나 어제와 오늘의 나를 비교하는 대신에, 10년 전이나 5년 전과 오늘의 나를 비교해보자. 많이 다를 것이다. 그만큼 축적된 나의 일상은 작은 변화의 연속이다. 지식도 그럴 것이다. 거의 매일 새로운 것을 배우는 학창시절을 제외하고는, 어쩌다가 새로운 지식을 얻었다고 할 때 그로 인한 지식의 변화는 대체로 작은 변화일 것이다. 그래서 오랫동안 나에게 익숙한 지식으로 여겨진다. 너무 익숙해서 의심할 여지가 새털만큼도 없어 보인다. 이야기를 들으면 대부분 그냥 흘려듣게 된다. 익숙하기 때문이다. 누군가가 진지하게 질문하거나 의문을 제기하지 않는 한 나에게 익숙한 지식은 좀처럼 세밀히 들여다보게 되지 않는다. 그래서 새로운 시각으로 재조명하기가 쉽지 않다. 바로 여기에 질문의 필요성이 있다. 본질을 건드리게 하는 질문이 요구되는 것이다.

창조, 창의성, 창의적 사고. 이 상큼한 용어들이 이젠 진부하게마저 들린다. 너무 자주 접했기 때문이기도 하다. 그래서 피상적으로나마 이 용어들에 익숙해진 것이다. 그런데 이 용어들의 진정한 시작은 질문에 있다. 그것도 본질을 생각하게 하는 질문에서.

내가 창의적인 무엇인가를 하려고 하면 반사적으로 내 생각의 경계 너머에 있는 어떤 것을 찾으려고 한다. 그러나 창의적 생각은 질문에서 시작된다. 질문이 본질을 건드리는 것일수록 나의 지식 깊숙한 곳에서 전혀 새로운 생각의 경계가 드러날 수 있다. 일상 속에서는 잘 드러날 수 없는 그런 경계가. 이런 경계는 또한 외부에서 던져진 질문이나 자극의 형태로 올 수도 있다. 이러한 질문은 새로운 관찰을 요구한다. 내 지식세계를 새롭게 관찰하게 하고 경계 너머의 지식세계를 들여다보게도 한다. 이전과는 다른 눈으로 관찰하게 한다. 이것이 질문의 힘이다. 세심한 관찰은 새로운 질문을 유발하고 이 질문은 다시 새로운 관찰로 나를 이끈다. 그리고 이 관찰은 나를 새로운 지식의 교차로 위에 서게 한다. 이것 자체가 창의적 사고과정이다.

이 책을 통해 독자들이 지식이라는 것을 자신과 분리해서 바라볼 수 있으면 하는 바람이 있다. 지식을 하나의 생명체처럼 생각해도 좋을 것이다. 내 안에서 잉태되고 성장하고 강화되기도 하고 쇠퇴하기도 하는 그런 생명체처럼. 그리고 왕성하게 활동할 때는 다양한 분야에서 능력을 발휘하는 그런 생명체처럼 말이다. 지식도 즐거울 때가 있고, 아플 때가 있고, 기형적으로 될 때가 있다. 되새김질과 궁금증으로 체력을 키우고 질문으로 활동역역을 넓혀가는 그런 생명체로 말이다.

이 책을 탈고하면서 필자 스스로에게 질문을 던져보았다. "이 책은 과연 독자를 어떤 새로운 생각의 경계로 이끌었을까?" 그리고 이제는 그 답을 듣고 싶다. 그 답 속에 필자가 미처 생각하지 못했던 놀라운 경계 너머의 세계가 있지 않을까?

| 참고자료 |

1   Paul Horgan(1903-1995). 미국의 소설, 비소설 작가. 역사 부문 퓰리처상을 1955, 1975년 두 번 받았다.

2   Zachary Shore (2008) Blunder. 번역본: 『생각의 함정』 임옥희 옮김. 에코의서재 출판.

3   Herta Muller(1953년생). 루마니아 출생 독일 문학자. 2009년 노벨문학상 수상.

4   Jules Henri Poncare(1854-1912). 프랑스 수학자. 당대의 모든 수학 분야에 영향을 끼쳤으며, 응용 수학 분야와 위상수학 분야의 토대를 마련하였다.

5   Root-Bernstein, R. and Root-Bernstein, M. (1999) Spark of Genius 번역본: 『생각의 탄생』 박종송 옮김. 에코의서재 출판. p. 42.

6   아서 코난 도일 (2010) 『셜록홈즈 걸작선 3』 옮긴이: 정태원. 시간과공간사.

7   Harry Beckwith (2011) Unthinking. 번역본: 『언씽킹』 이민주 번역, 토네이도 출판.

8   Gärdenfors, P. (2000) Conceptual Spaces: The Geometry of Thought. The MIT Press. p. 219.
Hanson, N.R. (1958) Patterns of Discovery. Cambridge: Cambridge University Press.
Kuhn, T. (1970) The Structure of Scientific Revolutions, 2nd ed. Chicago, IL: University of Chicago Press.

9   Einstein, A (1936) Physics and reality, The Journal of the Franklin Institute, Vol. 221, No. 3.

10   일본에 본사를 둔 온라인 조사연구업체 마크로밀코리아(Macromill Korea) 한국법인이 2011년 12월 14~15일 사이에 20, 30, 40대 총 3,000명을 대상으로 설문조사를 하였다. 세대 간 참여자 수가 골고루 분포하도록 조사하였다.

11   서로 연이어져 있는 주식가격의 변동은 상호간에 아무 관계가 없으며 동일 기간 동안의 가격 변동폭은 같은 확률적 분포를 따라서 발생한다는 이론이며, 따라서 과거 주식가격이 미래가격에 대한 예측에 쓸모없다고 한다.

12   미국 뉴욕에 있는 금융 중심 거리를 일컫는 용어다.

13   Gerd Gigerenzer (2000) Adaptive Thinking. Oxford University Press, p. 94.

14   Robert Wilhelm Eberhard Bunsen(1811~1899). 독일 화학자로서 광화학 분야의 개척자. 그가 개발한 분센버너는 광화학실험 분야에서 널리 사용되고 있다.

15 Gustav Robert Kirchhoff(1824~1887). 독일 물리학자로서 전기회로학, 분광학의 토대를 쌓았다. 또한 그는 흑체복사(black-body radiation)법칙을 발견하였는데, 이것은 훗날 양자역학(quantum mechanics)의 초석이 된다.

16 Ori Brafman & Rom Brafman (2008) Sway. 번역본: 『스웨이』 강유리 옮김. 리더스북 출판.

17 Peirce, C.S. (1932) Collected papers of Charles Sanders Peirce, Volume II, Elements of Logic. Hartshorne, C., and Weiss, P., eds. Cambridge, MA: Harvard University Press. p. 472.

18 Simpson's paradox 또는 Yule-Simpson effect라고 부른다. 이 역설은 여러 개의 소집단으로 구성된 집단이 있을 때, 소집단 내에서 나타나는 경향이 소집단을 무시하고 전체 집단에서 보면 사라지고 다른 경향으로 나타나는 현상을 말한다.

19 Eleanor Maguire. 영국 UCL(University College London)대학의 신경과학자. 2003년에 발표한 연구 결과다.
Maguire EA, Spiers HJ, Good CD, Hartley T, Frackowiak RS, Burgess N. (2003). Navigation expertise and the human hippocampus: a structural brain imaging analysis. Hippocampus 2003;13(2). pp. 250-259.

20 Thomas Kida (2006) Don't Believe Everything You Think. 번역본: 『생각의 오류』 박윤정 옮김. 열음사 출판.

21 원제목 'True Enough: learning to Live in a Post-Fact Society.' 권혜정 옮김. 비즈앤비즈 출판. 2011년 12월.

22 Roy J. Plunkett(1910~1994). 미국의 화학자. 듀폰(DuPont)에서 연구원으로 재직 시 테플론(Teflon)이라는 물질을 발견하였다.

23 Charles Goodyear(1800~1860). 미국의 발명가. 그는 보다 안정성이 있는 고무를 얻기 위해서 5년간 노력하다가 우연히 가황고무를 발견하였다.

24 Alexander Fleming(1881~1955). 영국의 생물학자이며 약리학자. 1945년에 노벨의학상 수상.

25 Burrhus Frederic Skinner(1904~1990). 미국의 심리학자이며 행동주의 심리학자, 사회학자. 그는 급진적 행동주의라고 부르는 과학철학을 창시하였다. 20세기의 가장 영향력있는 심리학자로 인정받았다.

26 William Bradford. Shockley Jr.(1910~1989). 미국의 물리학자 겸 발명가. 다른 동료 두 명(John Bardeen, Walter Houser Brattain)과 트랜지스터를 공동 발명한 공로로 1956년에 노벨 물리학상을 받았다.

27 Thomas Kida (2006) Don't Believe Everything You Think. 번역본: 『생각의 오류』 박윤정 옮김. 열음사 출판. p. 278.

28   Abbott, L.F., Rolls, E.T., and Tovee, M.J. (1996). Representational capacity of face coding in monkeys, Cerebral Cortex 6: 498-505.

29   Zhang, K. Ginzburg, I., McNaughton, B.L., and Sejnowski, T.J. (1998). Interpreting neuronal population activity by reconstruction: Unified framework with application to hippocampal place cells, J. Neurophysiol. 79:1017-1044.
      Brown, E.N., Frank, L.M., Tang, D., Quirk, M.C., and Wilson, M.A. (1998). A statistical paradigm for neural spike train deconing applied to position prediction from ensemble firing patterns of rat hippocampal place cells, J. Neurosci. 18:7411-7425.

30   Christof Koch (2004) The Quest for Consciousness: A Neurobiological Approach. Englewood, Colorado: Roberts and Company Pub. pp. 32-33.

31   Mark S. Albion(1951년생). 미국인. 가치기반 경영분야 전문가이며 하버드대 교수, 사회기업가다.

32   Christof Koch (2004) The Quest for Consciousness: A Neurobiological Approach. Englewood, Colorado: Roberts and Company Pub. 18장 참고.

33   Visual Thinking, 1969년 Berkeley: University of California Press 출간 (1997년 개정판).

34   Yadin Dudai(1944년생). 이스라엘 바이츠만 연구소(Weizmann Institute of Science in Rehovot)의 뇌 신경과학자.

35   토끼를 통한 실험에서 해마체 안의 시냅스 접속강도 변화를 관찰한 결과 시냅스로 통하는 자극을 강화할수록 시냅스반응강도가 높아지는 것을 확인하였는데,* 약한 자극과 강한 자극이 함께 들어가면 약한 자극을 받은 시냅스도 함께 강화되는 것을 밝혔다.

36   Kermoian, R. and Campos, J.J. (1988) Locomotor Experiences: A facilitator of spatial cognitive development, Child Development, 59, 908-17.

37   Spelke, E. (1994) Initial Knowledge: Six Suggestions, Cognition, 50, 431-45.

38   Kandel, E. (2006) In Search of Memory, New York: W.W. Norton & Company. 14장.

39   영국 런던에 본부를 둔 영국의 다국적 석유 및 가스회사.

40   Diekelmann, S and Born, J (2010) The memory function of sleep, Nature Reviews Neuroscience 11, 115 (February 2010), 114-126.
      Walker, MP and Stickgold, R (2010) Overnight alchemy: sleep-dependent memory evolution, Nature Reviews Neuroscience 11(3), 218 (2010 March).

---

* Bliss, T.V. and Lomo, T. J. (1973). Long-lasting potentiation of synaptic transmission in the dentate area of the anaesthetized rabbit following stimulation of the perforant path. J. Physiol. 232(2):331–56.

41 Wagner, U, Gals, S, Halder, H, Verleger, R, and Born, J (2004). Sleep inspires insight, Nature 427 (January 2004), 352-355.

42 Harvard Medical School and Beth Israel Deaconess Medical Center의 심리학교수인 Stickgold와 Harvard Health Letter의 편집자 Wehrwein의 글(Newsweek May 4, 2009, pp. 33-34)을 발췌한 것이다.

43 정약용(丁若鏞, 1762∼1836)은 조선 정조 때의 문신이며, 실학자·저술가·철학자·과학자·공학자다. 이익(李瀷, 1681∼ 1763)은 조선시대 후기의 문신으로 사상가·철학자·실학자·역사가·교육자로 조선 영조 때의 남인(南人) 실학자다.
박지원(朴趾源, 1737∼1805)은 조선 정조 때의 문신, 실학자이자 사상가·외교관소설가다. 청나라 견문록으로 유명한 『열하일기』를 남겼다.

44 Clay Shirky(1964년생). 미국인. 인터넷 기술의 사회적 경제적 영향에 대한 전문가이자 저술가.

45 Daniel Kahneman(1934년생). 이스라엘계 미국인 경제심리학자. 2002년에 노벨 경제학상 수상. 행동경제학분야를 개척하였다.

46 Kahneman, D. (2011) Thinking Fast and Slow. Penguin Books. p. 207.

47 Thomas Kida (2006) Don't Believe Everything You Think. 번역본: 『생각의 오류』 박윤정 옮김, 열음사 출판. p. 376.

48 Gerd Gigerenzer (2000) Adaptive Thinking. Oxford University Press. pp. 66-67.

49 국민의식 씨는 출산율 씨로부터 출산율과 '사교육비, 국민의식 수준, 공교육 내실화'와의 관계를 생각하게 하는 의견을 듣고, 출산율 씨는 국민의식 씨로부터 공교육 내실화와 '사교육비, 국민의식 수준, 출산율'과의 관계를 생각하게 하는 의견을 듣는다. 국민의식 씨 입장에서 생각해보자. 출산율 씨의 의견으로는 출산율이 사교육비에 직접 영향을 받는 것이 아니라 국민의식 수준에 직접 영향을 받는다는 의견에 동의한다. 그래서 [그림 40]의 관계도가 떠올려진다. 그런데 출산율 씨가 언급을 하지 않는 것을 보니 공교육내실화 부분에는 별로 관심이 없어 보인다. 곰곰이 생각해보니 출산율이 공교육 내실화에 영향을 받는다고 생각해도 출산율 씨의 의견과 일관성이 깨지지 않는 것처럼 느껴졌다. 과연 그럴까?

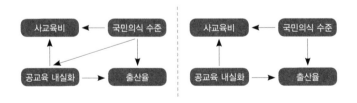

그림 40 [그림 25]에 나타난 국민의식 씨와 출산율 씨의 지식구조로부터 나올 수 없는 관계도 사례

좌측 관계도를 보자. 이 관계도에서 보면, '국민의식 수준'과 '공교육 내실화' 지식요소들이 '사교육비'와 '출산율'이라는 지식요소들에게 영향을 미친다는 지식구조다. 쉽게 예를 들면, '국민의식 수준'이 선진국수준이고 '공교육 내실화'가 선진국수준으로 잘 되어있다면, '출산율'은 오르고 '사교육비'는 떨어질 것이라고 해석할 수 있는 지식 내용이다. 또 그 반대로, '국민의식 수준'이 사회적 신뢰도가 낮은 수준이고 '공교육 내실화'도 관료적이고 집단적 교육방식의 보통이하 수준이라면 '사교육비'는 오를 것이고 '출산율'도 그만큼 낮아질 것이라고 해석할 수 있는 지식 내용이다. 좌측 관계도에서는 '사교육비'와 '출산율'이 '공교육 내실화'와 '국민의식 수준'요소에 의해서 영향을 받는 구조다. 즉, '사교육비'와 '출산율'이 '공교육 내실화'와 '국민의식 수준'를 통해서 상호 연결되어 있는 구조다. 이 상호 연결성은 '공교육 내실화'라는 지식 요소가 지식 관계도에 있건 없건 이 요소를 통한 연결성은 유지되어야 한다. 그런데 [그림 25]의 출산율 씨 관계도에서는 이 연결성이 결여되어 있다. 따라서 좌측 관계도는 출산율 씨의 지식관계도와 합치가 안 된다. 같은 이유로 [그림 40]의 우측관계도도 출산율 씨의 관계도와 합치가 안 된다.

한편, 국민의식 씨 입장에서 보면, 우측 관계도와 불합치 한다. 국민의식 씨는 '국민의식 수준'이 '공교육 내실화'에 영향을 준다고 생각하는 입장인데, 우측 관계도에서는 '국민의식 수준'과 '공교육 내실화'가 다른 요소에 영향을 미치는 관계이지만 이 두 요소 사이에 아무런 관계가 없기 때문이다.

50   Christof Koch (2004) The Quest for Consciousness: A Neurobiological Approach. Englewood, Colorado: Roberts and Company Pub. p. 44.

51   von der Malsberg, C. (1981) The correlation theory of brain function. MPI Biophysical Chemistry, Internal Report 81-2. Reprinted in Models of Neural Networks II, Domany, E., van Hemman, J.L., and Schulten, K., eds. Berlin: Springer (1994).

52   확률계산에서 역추론에 관한 이론이다. 예를 들어서, 어떤 환자가 유방암이 있을 때와 없을 때 각각에 대해서, 검사에서 양성반응이 나올 확률이 알려져 있다고 하자. 검사 결과가 양성반응이 나왔다고 할 때, 이 환자가 유방암일 확률을 계산하기 위해 사용하는 이론이다.

53   캐나다 온타리오주 맥마스터대학의 캐린 험프리(Karin Humphreys) 교수와 그녀의 연구진이 발표한 연구 결과다.
     Warriner, A.B. and Humphreys, K.R. (2008) Learning to fail: Reoccurring tip-of-the-tongue states. Quarterly Journal of Experimental Psychology, 61(4), pp. 535-542.

54   Meltzoff, A.N. and Moore, M.K. (1977) Imitation of facial and manual gestures by human neonates. Science 198, 75-8.

55   Peirce, C.S. (1932) Collected papers of Charles Sanders Peirce, Vol. II, Elements of Logic. Hartshorne, C., and Weiss, P., eds. Cambridge, MA: Harvard University Press.

56   Meltzoff, A.N. and Moore, M.K. (1977) Imitation of facial and manual gestures by human neonates. Science 198, 75-8.

57 2011년에 이탈리아 피사대의 연구진, Norscia와 Palagi가 밝혔다.

Ivan Norscia and Elisabetta Palagi (2011). Yawn contagion and empathy in homo sapiens. PLoS ONE 6(12): e28472. doi:10.1371/journal.pone.

58 영국문화원에서 2005년에 영어가 모국어가 아닌 국가 102개국의 4만 명을 대상으로 실시한 '가장 아름다운 영어 단어 70'을 묻는 설문조사 결과 1위가 'mother'라는 단어였다. 그 뒤로 passion, smile, love, eternity, fantastic 등의 순으로 나왔다.

59 조선일보 Weekly BIZ 2009.11.7-8면 참고.

60 Johnson, S. (2010) Where good idea com from. Riverhead Books, New York.

61 노나카 이쿠지로(1935년생)는 일본의 경영학자이며, 히토쓰바시대학 명예교수. 지식경영(Knowledge Management)의 권위자로 알려져 있으며, 2008년 5월 「월스트리트저널」에 의해 '세계에서 가장 영향력 있는 비즈니스 구루' 중 한 명으로 선정되었다.

62 Friedrich Nitzsche(1844~1900)는 독일의 철학자이자 문학 비평가. 유럽의 존재론, 포스트모더니즘 등의 사상적 영향을 많이 끼쳤다.

63 Wolfgang Ernst Pauli(1900~1958). 오스트리아의 이론물리학자이며 양자역학의 개척자. 1945년에 노벨 물리학상 수상.

64 Niels Henrik David Bohr(1885~1962). 덴마크 출신 물리학자. 원자구조이론과 양자역학 분야에 기초를 닦은 공로로 1922년에 노벨 물리학상을 받았다.

65 Frith, U. and Frith, C.D. (2003) Development and neurophysiology of mentalizing. In C. Frith and D. Wolpert (ed.), The Neuroscience of Social Interaction, Oxford.

66 Gärdenfors, P. (2000) Conceptual Spaces: The Geometry of Thought. p. 82.

67 김동명(1900~1968). 대한민국 시인, 정치평론가. 저서로는 『나의 거문고』, 『파초』, 『적과 동지』 등 다수가 있다.

68 Konstantin E. Tsiolkovsky(1857~1935). 러시아의 과학자. 로켓 분야와 우주비행학의 개척자다.

69 Jules Gabriel Verne(1828~1905). 프랑스의 문학자. 공상과학 분야에 큰 공헌을 하였다.

70 Root-Bernstein, R. and Root-Bernstein, M. (1999) Spark of Genius 번역본: 『생각의 탄생』, 박종송 옮김. 에코의서재 출판. p. 208.

71 금융시장의 파생상품(주가지수와 같이 금융시장에서 유통되는 지수나 가격을 바탕으로 만들어진 각종 거래수단을 금융상품화 한 것을 가리키는 용어)의 가격을 예측하는 데 유용하게 사용되는 수학적 모형인 , Black-Scholes equation은 열 온도의 변화를 표현하는 수학적 모형의 변형이다.

72 Root-Bernstein, R. and Root-Bernstein, M. (1999) Spark of Genius 번역본: 『생각의 탄생』, 박

종송 옮김. 에코의서재 출판. pp. 196-197

73 Mercier "Merce" Philip Cunningham(1919~2009)은 미국 무용수이며 전위적인 안무가다. 그는 미술, 음악 등 다른 분야 예술인들과 전위적인 예술을 확산시키는 데 많은 영향을 끼쳤다.

74 Root-Bernstein, R. and Root-Bernstein, M. (1999) Spark of Genius 번역본: 『생각의 탄생』, 박종송 옮김. 에코의서재 출판. p. 219.

75 헬렌 켈러(2008) 『사흘만 볼 수 있다면』 이창식·박에스더 옮김. 산해출판.

76 Root-Bernstein, R. and Root-Bernstein, M. (1999) Spark of Genius 번역본: 『생각의 탄생』, 박종송 옮김. 에코의서재 출판. p. 196.

77 William Stanley Jevons(1835~1882). 영국 경제학자 겸 논리학자. 경제학에서 Utility theory를 개척하였다. 인용 출처는 다음과 같다:
Jevons, W. Stanley (1958). Principles of sciences, Daedalus 87, no. 4, 148-54.

78 Jacques Salomon Hadamard(1865~1963). 프랑스 수학자로서 정수론, 복소함수론, 미분기하, 편미분 방정식 분야에 큰 기여를 하였다.

79 Schooler, J.W., Ohlsson, S., and Brooks, K. (1993). Thoughts beyond words: When language overshadows insight. J. Exp. Psychol. Gen. 122: 166-183.
Schooler, J.W. and Melcher, J. (1995) The ineffability of insight. In: The Creative Cognition Approach. Smith, S.M., Ward, T.B., and Finke, R.A., eds., pp. 97-133. Cambridge, MA:MIT Press.
Koch(2004)의 299쪽 참고.

80 Ellis Paul Torrance(1915~2003). 미국의 심리학자로서 창의성 분야에서 많은 업적을 남겼다.

81 인디애나대학교의 플러커(Jonathan Plucker) 교수가 조사한 결과다. 플러커 교수는 미국의 교육심리학자 겸 인지과학자이며, 창의성과 지능분야의 전문가다.

82 윌리엄메리대학의 김경희 교수의 연구에서 밝혀졌다.
Kyung Hee Kim (2012) Yes, there is a creativity crisis!, The Creativity Post, Jul. 10, 2012.

83 미국 조지아대학교의 런코(Mark Runco) 교수가 밝혔다. 『Newsweek』 2010년 7월 10일판 'The Creativity Crisis'에 관련 내용이 있다.

84 Frank Anthony Wilczek(1951년생). 미국의 이론물리학자 겸 수학자. 2004년에 노벨 물리학상 수상.

85 Threshold hypothesis. Torrance가 주장한 이론으로서 지능과 창의성이 낮은 수준에서는 양의 상관이 있지만 상대적으로 높은 수준이 될수록 상관정도가 낮아지거나 없어진다는 이론이다. 오랜 논란이 있었으며, 정설로 받아들여지지는 않았다.

86 Jonas Edward Salk(1914~1995). 미국 의학자. 소아마비 백신 최초 개발자.

87 Carl Gustav Jung(1875~1961). 스위스 심리학자. 그는 심리학, 종교학, 문학에 많은 영향을 끼쳤다.

88 Stanley Milgram(1933~1984). 미국의 사회심리학자. 그의 하버드대학 박사학위 논문인 「Small-world experiment」는 사회망(social networks) 연구에 커다란 기여를 하였다.

89 1950년대 미국의 컴퓨터 제조회사.

90 Clinton Richard Dawkins(1941년생). 영국의 비교행동학자이며 진화생물학자.

91 Rebecca Costa (2011) Watchman's rattle 번역본: 『지금, 경계선에서』 장세현 옮김, 쌤앤파커스 출판.

92 Brazil, Rusia, India, China, South Africa의 첫 글자로 만들어진 용어인데, 신흥경제대국 연합체를 가리킨다.

93 Eric Hoffer(1902~1983). 미국의 사회 철학자이며 저술가. 1983년에 미국의 최고 명예상인 대통령 자유메달을 받았다.

94 The Dow Chemical Company 간단하게는 Dow라고 한다. 미국의 세계적 다국적 화학상품 제조 회사다. 플라스틱제품, 화학재료, 농업용 화학제품을 생산한다.

95 Google Earth는 가상적인 지도와 지리적 정보를 제공하는 프로그램이다. 본명은 EarthViewer 3D 로서 Keyhole사에서 개발되었는데, 2004년에 구글에서 인수하였다. 지구표면 어느 곳의 지리적 정보든 지도로 제공받을 수 있다.